中等职业学校工业和信息化精品系列教材

计·算·机·应·用

办公设备使用与维护

项目式微课版

余智容 史金成◎主编

王荣英 龚琇永 秦小力◎副主编

人民邮电出版社

北 京

图书在版编目（CIP）数据

办公设备使用与维护：项目式微课版 / 余智容，史
金成主编. -- 北京 ：人民邮电出版社，2022.9
中等职业学校工业和信息化精品系列教材
ISBN 978-7-115-59333-7

Ⅰ．①办… Ⅱ．①余… ②史… Ⅲ．①办公设备－使
用方法－中等专业学校－教材②办公设备－维修－中等专
业学校－教材 Ⅳ．①C931.4

中国版本图书馆CIP数据核字(2022)第089596号

内 容 提 要

本书全面、系统地介绍计算机设备、打印设备、复印设备、光电设备、影像设备等办公设备的使用与维护等知识。

本书采用任务式进行讲解，每个任务主要由任务目标、相关知识和任务实施 3 部分组成，然后是强化实训。每个项目最后还配有课后练习，并根据项目的内容设置了相应的技能提升部分。本书着重对学生的动手能力进行培养，将办公场景引入课堂教学，让学生提前进入工作角色。

本书适合作为职业院校计算机网络技术、计算机应用、文秘办公等专业的教材，也可作为各类培训机构相关课程的教材，还可作为计算机爱好者和职场新人的自学参考书。

◆ 主　　编　余智容　史金成
　　副 主 编　王荣英　龚琇永　秦小力
　　责任编辑　刘晓东
　　责任印制　王　郁　焦志炜

◆ 人民邮电出版社出版发行　　北京市丰台区成寿寺路 11 号
　　邮编　100164　　电子邮件　315@ptpress.com.cn
　　网址　https://www.ptpress.com.cn
　　三河市君旺印务有限公司印刷

◆ 开本：889×1194　1/16
　　印张：12.5　　　　　　　　　　2022 年 9 月第 1 版
　　字数：241 千字　　　　　　　　2025 年 1 月河北第 2 次印刷

定价：49.80 元

读者服务热线：(010)81055256　印装质量热线：(010)81055316
反盗版热线：(010)81055315
广告经营许可证：京东市监广登字 20170147 号

前 言

2022年10月，中国共产党第二十次全国代表大会在北京召开，大会提出：教育、科技、人才是全面建设社会主义现代化国家的基础性、战略性支撑。必须坚持科技是第一生产力、人才是第一资源、创新是第一动力，深入实施科教兴国战略、人才强国战略、创新驱动发展战略，开辟发展新领域新赛道，不断塑造发展新动能新优势。统筹职业教育、高等教育、继续教育协同创新，推进职普融通、产教融合、科教融汇，优化职业教育类型定位。加强基础学科、新兴学科、交叉学科建设，加快建设中国特色、世界一流的大学和优势学科。

由此可见教育的重要性。本书主要是侧重职业教育，职业教育的目的是培养具有一定文化水平和专业知识技能的应用型人才，着重对实践技能和实际工作能力的培养。近年来，随着我国经济的快速发展，以及计算机技术的应用和发展，劳动力市场的需求在不断变化，社会对高素质实用型人才的需求更为迫切，与此同时，中等职业教育的招生人数也在不断增加，从而对教学的实用性、灵活性和新颖性都提出了更高的要求。

为了应对新形势的发展需要，我们根据现代职业教育的教学需要，组织了一批具有丰富教学经验和实践经验的优秀作者编写了本套"中等职业学校工业和信息化精品系列教材"。其中，"办公设备使用与维护"是中等职业学校计算机应用专业的核心课程，该课程以目前流行的常用办公设备为基础，主要介绍日常工作与生活中较为实用、流行的办公设备的相关知识，从而为培养应用型人才打下良好的基础，也为学生职业生涯的可持续发展做好办公能力方面的准备。

根据上述职业教育的发展趋势及课程的教学目标和要求，本书在编写上具有以下特色。

1. 打好基础，重视实践

"办公设备使用与维护"这门课的实践性和应用性都很强，为了让学生能够熟练使用日常生活和办公中的常用办公设备，本书从计算机设备、打印设备、复印设备、光电设备、影像设备等类型的设备中挑选了多种具有代表性的办公设备，分别介绍这些办公设备的类型、结构、重要性能指标、选用方法、使用和操作方法与技巧、日常维护与保养方法，以及常见故障的排除。本书选择目前常用的型号（不同型号设备的结构、操作方法等可能存在一定差异）进行讲解，便于学生系统地了解和认识各类办公设备。在教学上，本书采用讲练相结合的方式，让学生按任务进行相应的训练，逐步提高他们对办公设备的应用能力，同时采用实际操作与实际办公应用环境相结合的方式，激发学生的学习兴趣，全面提升学生的实践能力和动手能力。

前　言

2. 采用情景导入＋任务驱动式教学

为了适应当前中等职业教育教学的改革要求，本书的编写吸收了新的职教理念，教学中以学生为中心，以任务引导教材内容的安排，形成"情景导入—学习目标和技能目标—若干任务—实训—课后练习—技能提升"这样的教材讲解逻辑体系，并在各任务中设计了"任务目标""相关知识""任务实施"等板块，从而适应任务驱动下的"教学做一体化"的课堂教学组织要求，引导学生开动脑筋，提升动手能力。

本书的"情景导入"从日常生活或办公中的场景入手，以主人公的实习情景为例引入各项目的教学主题，让学生了解相关知识点在实际工作中的应用情况。书中设置的主人公如下。

米拉：职场新进人员。

洪钧威：人称老洪，米拉的同事，他是米拉在职场中的导师和引路者。

3. 注重素质教育

本书在板块设计和知识讲解上注重培养学生的思考能力和动手能力，在情景导入、任务目标板块，以及"职业素养"小栏目中适当融入相关元素，希望能在培养学生职业技能的同时提高学生的职业综合素养。

4. 提供微课等教学资源

本书将办公设备的使用录制成微课视频，学生可扫码观看，也可登录人邮学院网站（www.rymooc.com）或扫描封底的二维码，使用手机号码完成注册，在首页右上角单击"学习卡"选项，输入封底刮刮卡中的激活码，即可在线观看全书微课视频，跟随微课视频进行学习，从而提升自己的实际动手能力。需要注意的是，由于办公设备有不同的型号，不同型号设备的结构、操作方式等可能存在一定差异，因此在实际使用过程中要善于观察，灵活运用。另外，本书还提供了精美 PPT 课件、题库练习软件、电子教案等教学资源，有需要的读者可自行登录人邮教育社区网站（http://www.ryjiaoyu.com）免费下载。

本书由余智容、史金成担任主编，王荣英、龚琇永、秦小力担任副主编。由于编者水平有限，本书难免存在不足之处，敬请读者指正。

编　者

2023 年 5 月

目 录

目　录

目　录

目 录

项目一

办公设备使用与维护基础

01

情景导入

老洪：米拉，欢迎你加入我们公司，我是行政部的洪钧威，大家都叫我"老洪"，你的日常工作安排由我负责。作为一名行政人员，你需要先熟悉公司的办公环境，并掌握各种办公设备的使用方法。

米拉：我具体需要学习哪些办公设备的使用方法呢？

老洪：公司的办公设备比较多，包括计算机、打印机、复印机、传真机等，这些都是常用的办公设备。

米拉：看来我需要学习的东西还比较多。

老洪：在现代的网络化、移动化办公环境中，我们在日常办公中需要使用多种类型的办公设备，以提高工作效率。我先给你讲讲办公设备使用与维护的基础知识吧。

米拉：好的，请您多多指教。

学习目标

- 了解现代办公的相关知识
- 认识常用的办公设备和维护工具
- 掌握办公设备安全用电的方法
- 掌握检测办公设备故障的方法

技能目标

- 能识别各种办公设备
- 能安全用电
- 能检测各种办公设备的故障

任务一　认识现代办公设备

现代办公设备泛指与办公相关的设备，包括台式计算机、笔记本电脑、平板电脑、打印机、复印机、扫描仪、传真机、投影机、装订机和碎纸机等。

任务目标

作为信息时代的高素质人才，不仅需要了解自动化办公、网络化办公和移动化办公的概念和特点，还需要了解常用办公设备的分类。通过对本任务的学习，读者可以对现代办公设备有一个初步的认识。

相关知识

1. 现代办公概述

随着时代的不断发展，无论是政府机关，还是企业机构，只有拥有了现代化的办公条件，才能借助现代办公设备处理各种办公业务，达到提高工作效率和质量、方便管理和决策的目的。现代办公是信息革命的产物，也是社会信息化的重要技术保证，具有自动化、网络化和移动化3种形式。

● **自动化办公**。自动化办公是指利用先进的技术，使各种设备和人机信息系统协助完成各种办公业务活动，从而达到充分利用信息、提高工作效率和工作质量，以及提高生产率的目的。我国在20世纪70年代末80年代初提出了自动化办公的概念。

● **网络化办公**。网络化办公是指通过先进的计算机和通信技术建立一个智能化、高效率的办公网络，为日常办公和高层决策提供信息服务，能够提高办公效率、减轻工作负担和节约办公经费，实现无纸化办公和科学化决策的目标。

● **移动化办公**。移动化办公是指在自动化和网络化的基础上，办公人员摆脱了时间和空间的束缚，通过在手机、平板电脑上安装各种信息化办公软件来处理办公文件、控制办公设备的新型办公模式。

职业素养　现代办公所依靠的技术离不开国家科学技术的飞速发展，作为新时代的办公人员，不仅需要提高自动化办公、网络化办公和移动化办公的技能和职业素养，还要强化和加深对国家党政机关、企事业单位的办公环境的了解，熟悉现代化技术为国家建设和发展带来的变化、机遇和挑战。

2. 常用办公设备分类

现代办公设备按照具体的使用功能可以分为以下 6 种类型。

● **计算机设备**。计算机（俗称"电脑"）是现代办公中的核心设备，办公中常用的计算机包括台式计算机（简称"台式机"）、笔记本电脑、一体机和平板电脑，如图 1-1 所示。

图 1-1　计算机设备

● **打印设备**。打印是指把计算机或其他电子设备中的文字或图片等可见数据，通过打印设备输出在纸张等记录物上。办公中常用的打印设备主要是打印机，其类型包括针式打印机、喷墨打印机和激光打印机 3 种，如图 1-2 所示。

图 1-2　打印设备

● **复印设备**。复印设备在办公中的应用领域很广泛，包括高速数码复印、彩色复印、数码快印、图文处理、电子扫描、计算机刻绘、CAD 出图、氨水晒图、工程图纸复印、数码印刷、高清晰度图文电子扫描、图纸矢量化、制作国际通用的专业电子文档、叠图装订等。办公中常用的复印设备主要有数码复印机和一体化速印机两种，如图 1-3 所示。

知识补充

现代办公对打印、复印、扫描和传真功能的使用需求较大，但单独购买 4 种设备花费较大，于是集成了多种功能的一体机就产生了。通常具有以上功能中的两种功能的设备就可以称为多功能一体机，如图 1-4 所示。这类设备既可作为打印设备，也可作为复印设备。

数码复印机

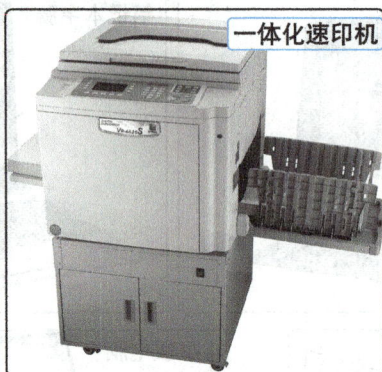
一体化速印机

图 1-3 复印设备　　　　　　　　　　　图 1-4 多功能一体机

● **光电设备**。办公中常用的光电设备主要有扫描仪和传真机，如图 1-5 所示，其功能主要是进行数字信号和光电信号的转换。

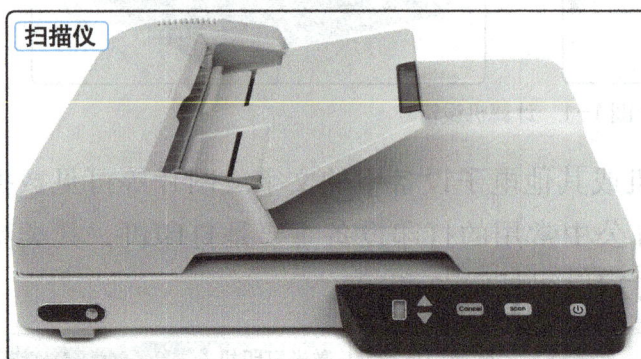
扫描仪

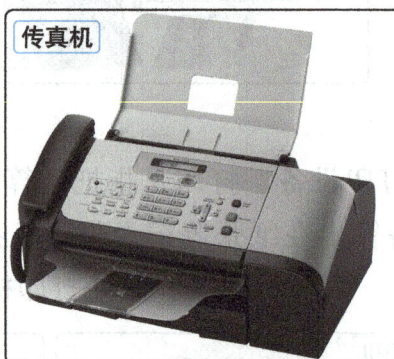
传真机

图 1-5 光电设备

● **影像设备**。办公中经常需要将一些影像拍摄并保存下来，在适当的时候再进行播放。负责完成这些工作的就是影像设备，影像设备主要有数码相机和投影机两种，如图 1-6 所示。

数码相机

投影机

图 1-6 影像设备

● **其他设备。**现代办公中还需要用到一些其他设备,例如装订机、碎纸机、路由器、考勤机、录音笔、高拍仪、摄像头、U盘和移动硬盘等,如图1-7所示。

图1-7 其他设备

知识补充

高拍仪是目前非常流行且实用的低碳办公设备,集成了人像拍摄、录音录像、身份证识别、指纹采集、磁卡读写和IC(Integrated Circuit)卡读取等功能,可以快速拍摄文件、合同、发票、名片等各类办公资料,并可以将这些资料一键生成为电子版的办公文档。

任务实施

1. 观察教师办公室中的办公设备

请同学们到教师的办公室中观察,看看有哪些现代化的办公设备,并将各种设备的名称、型号及它们在教学中的主要用途填写到表1-1中。

表1-1   教师办公室中的办公设备

名称	型号	主要用途

2. 探寻无线网络办公设备

无线网络几乎覆盖了现代办公的所有区域，很多办公设备都支持无线网络。请同学们说一说你所知道的无线网络办公设备，并上网查询其主要用途，将查询到的信息填写在表 1-2 中，然后交流自己是否使用过这些办公设备。

表1-2   无线网络办公设备

名称	主要用途	是否使用过

任务二   学习办公设备安全用电

现代办公离不开电力的支持，几乎所有的现代办公设备都需要用电能进行驱动，所以，了解安全用电的相关知识对使用与维护办公设备具有十分重要的意义。

🔍 任务目标

如果在使用办公设备的过程中不注意用电安全，可能会造成安全事故，例如，触电可能造成人员伤亡，设备漏电产生的电火花可能引发火灾、爆炸等。通过对本任务的学习，了解使用与维护办公设备时安全用电的方法。

💬 相关知识

1. 常见安全用电标志

明确统一的标志是保证用电安全的一项重要措施，其中，标志分为颜色标志和图形标志两种。颜色标志常用来区分不同性质、不同用途的导线，或用来表示某处的安全程度；图形标志一般用来告诫人们不要接近危险场所。图1-8所示为常见用电安全标志。

图1-8　常见用电安全标志

我国安全色标采用的标准与国际标准草案基本相同，一般采用的安全色有以下5种。

● **红色**。红色用来标志禁止、停止等，例如，信号灯、信号旗、机器上的紧急停机按钮等都用红色来表示"禁止"的信息。

● **黄色**。黄色用来标志注意危险，例如"当心触电""注意安全"等。

● **绿色**。绿色用来标志安全无事，例如"在此工作""已接地"等。

● **蓝色**。蓝色用来标志强制执行，例如"必须戴安全帽"等。

● **黑色**。黑色用来标志安全标志的图像、文字符号和警告标志的几何图形。

2. 安全用电常识

我们在生活和工作中接触的用电设备有很多，因此有必要掌握一些最基本的安全用电常识。

● 认识并了解电源总开关，学会在紧急情况下切断总电源。

● 不用手或导电物（铁丝、钉子、别针等金属制品）去接触、探试电源插座内部。

● 不用湿手触摸电器，不用湿布擦拭电器。

● 电器使用完毕后应拔掉其电源插头。插拔电源插头时不要用力拉拽电线，以防止电线的绝缘层受损从而引发触电；电线的绝缘皮剥落时，要及时更换或用绝缘胶布包好。

- 若发现有人触电，要设法及时关掉电源；或者用干燥的木棍等将触电者与带电的电器或电线分开，不要直接用手去救人；如果自己无法处理，应呼喊其他人帮助。
- 不随意拆卸、安装电源线路、插座、插头等。

3. 办公安全用电注意事项

作为现代社会里的办公人员，应树立安全意识、懂得安全知识、掌握安全技能，在使用与维护办公设备时，应注意以下 6 点。

- 办公室电器多使用插座供电，使用时切忌在同一插座上同时插用过多电器，以免造成插座、插头接触不良后发热失火。
- 不能只使用最方便或顺手的部分插座，而闲置其他插座，这样会加速常用插座电线的老化，甚至因电流过载导致火灾或爆炸。
- 移动办公设备通常体积较小、散热性差，容易出现自燃。因此，使用时应远离桌面、台布等可燃物体，并随时检查其工作温度。
- 将智能办公设备的电源管理系统设置成省电模式，让设备在不使用时自动"休眠"，以降低功耗，尽可能地消除火灾隐患。不要让设备长时间待机，否则容易造成设备损坏或诱发火灾。
- 最好在办公室里安装一个双连开关，便于下班时随手切断室内电源。
- 办公室内不要存放过量的易燃物品，切勿堵塞救火设备，且应学习如何使用紧急救火设备，例如灭火器等。

任务实施

1. 了解办公设备电气安全知识

很多办公设备上都会直接标注用电安全提示，请同学们结合本任务所学的知识，查看多种办公设备的铭牌或使用说明书，找到有关电气规格或用电安全的内容，从中选择几项最有代表性的电气安全规定填写到表 1-3 中。

表1-3　办公设备的电气安全规定

名称	电气安全规定

2．制订多媒体教室的安全用电操作规程

多媒体教室通常是具有最多办公设备的地方，请同学们根据所学安全用电知识，上网搜索相关知识，制订多媒体教室的安全用电操作规程，并填写入表 1-4 中。

表1-4　多媒体教室的安全用电操作规程

适用范围	本规程适用于我校在多媒体教室中使用与维护办公设备的教师和同学等
主要危险源	触电：
	漏电：
	火灾：
	其他伤害：电磁辐射造成人体损伤
作业程序的行为规范	
作业前	教室内保持整洁，不准带入易燃、易爆物品，无关人员未经允许不准入内
作业中	使用设备的教师和同学须在指定位置作业，并随时接受相关人员的安排
作业后	办公设备使用结束时必须按步骤关闭，最后切断电源，锁好门窗
应急措施	发生人员触电事故时，应立即拉闸断电，待触电者脱离电源后实施人工急救

任务三　了解办公设备维护基础

办公设备的维护包含维护与保养和故障排除两个部分，维护的目的是防止设备性能劣化和降低设备失效的概率。

任务目标

办公设备的软件与硬件容易出现一些故障，这时就需要办公人员能够处理一些简单的故障，并通过日常的维护和保养，延长办公设备的使用寿命。通过对本任务的学习，读者可以了解办公设备日常维护的相关知识，以及办公设备的常用维护工具，并学会常见故障的检测方法，为后面具体维护办公设备打下良好的基础。

相关知识

1. 办公设备的维护方式

办公设备的维护方式有以下 3 种。

● **预防维护**。这种方式是在设备发生故障之前进行维护，是为了防止设备突发故障造成停机而采取的措施。预防维护的间隔时间根据设备的规模或寿命等来定，可以一年一次、半年一次、一月一次、一周一次进行定期点检或修理。

● **预知维护**。这种方式是对设备的劣化状况或性能状况进行诊断，然后在诊断结果的基础上开展保养和维护活动，需要尽量正确并且高精度地把握好设备的劣化状况或性能状况。

● **事后维护**。这种方式是指在设备坏了之后再修理，因为修理作业的发生如果是突发性的，则很难在事前订立计划，所以可以采用事后维护的方式。

2. 办公设备的日常维护项目

办公设备的日常维护项目有以下 3 个。

● **清扫**。清扫的范围不只是设备表面，还要将设备的犄角旮旯清扫干净，让设备的磨损、噪声、松动、变形、渗漏等缺陷暴露出来，便于及时采取相关措施。

● **润滑**。润滑不良通常会使设备运转不正常、部分零件过度磨损，或者温度过高从而造成元器件损坏。所以，应定时、定量、定质添加润滑剂。

● **紧固**。紧固螺栓和螺母，避免因部件松动、震动、滑动、脱落而造成故障。

3. 办公设备的维护工具

维护办公设备会用到很多工具，通常将它们分为拆装工具、清洁工具、检测工具、焊接工具和辅助工具 5 种类型。

（1）拆装工具

高清大图

办公设备的
维护工具

维护办公设备时经常需要拆卸设备外壳，甚至是分离电路板，这时就需要使用拆装工具。常用的拆装工具是螺丝刀和钳子。

● **螺丝刀**。螺丝刀的主要用途是拆装办公设备外壳、功能部件及电路板上的固定螺丝。办公设备种类繁多，使用的固定螺丝也不同，因此需要使用与之相配的螺丝刀。图 1-9 所示为实际维护中常用的螺丝刀套件，其中有多个不同大小和类型的螺丝刀头，可以更换使用。

● **钳子**。钳子的主要用途是拆卸办公设备内部的连接线及断开部分引线。常用的有尖嘴钳（夹取压力辊等）和斜口钳（拆卸线束）两种，如图 1-10 所示。

图1-9　螺丝刀套件

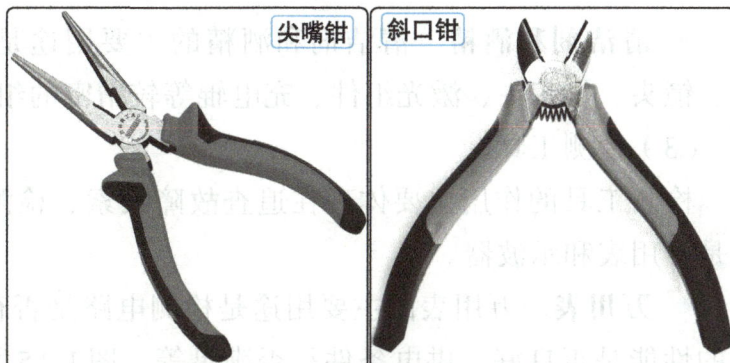

尖嘴钳　斜口钳

图1-10　钳子

（2）清洁工具

灰尘是所有办公设备的主要"敌人"，所以清洁工具是维护设备时最常用的工具之一。

● **清洁刷**。清洁刷的主要用途是清理办公设备内部的灰尘，便于对设备的内部组件或电路进行维修，如图 1-11 所示。

● **吹气球**。吹气球也被称为皮老虎、气吹，使用时将气口对准要吹气的地方，然后捏压球体，球体内的空气会成为一股气流冲出，从而将灰尘清理掉，如图 1-12 所示。

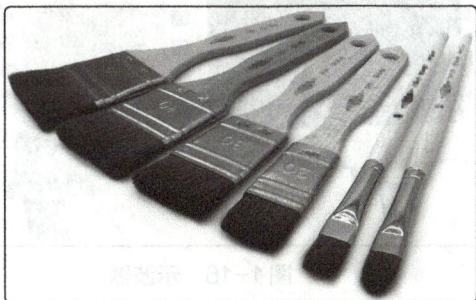

图1-11　清洁刷

图1-12　吹气球

● **吸尘器**。吸尘器的主要用途是清理办公设备内部的大量碳粉和灰尘。便携式吸尘器便是办公设备的清洁工具之一，如图 1-13 所示。

● **手提式电动吹风机（鼓风机）。** 手提式电动吹风机是一种清理办公设备灰尘的工具，主要用于清理设备表面的灰尘，且最好在室外使用，如图1-14所示，也可以使用电吹风来代替该工具。

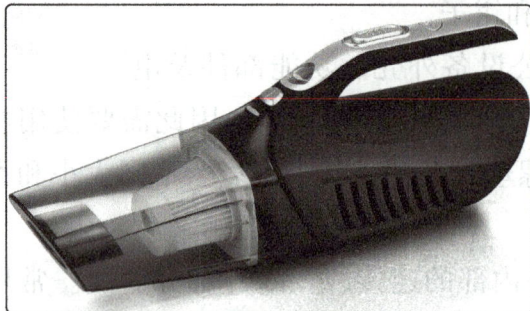

图1-13　便携式吸尘器

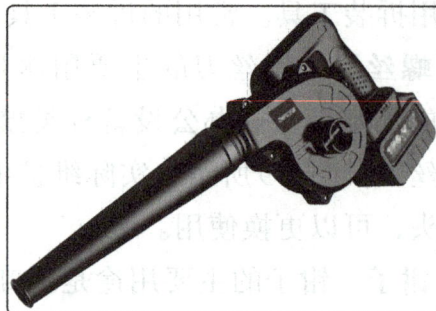

图1-14　手提式电动吹风机

● **清洁剂和酒精。** 清洁剂和酒精的主要用途是清洁办公设备中的玻璃稿台、反光镜、镜头、打印头、激光组件、充电辊等较精密的组件。

（3）检测工具

检测工具的作用主要体现在追查故障线索、检测元器件性能等方面。常用的检测工具是万用表和示波器。

● **万用表。** 万用表的主要用途是检测电路是否存在短路或断路的故障、电路中元器件的性能是否良好、供电条件是否满足等。图1-15所示为常见的指针式万用表和数字式万用表。

● **示波器。** 在办公设备的维护中，使用示波器可以方便、快捷、准确地检测出各关键测试点的相关信号，并将对应的波形显示在示波器的屏幕中。维护人员可以通过观测各种信号的波形判断出故障点或故障范围，这也是检修办公设备内部电路板时最便捷的方式之一。示波器售价较高，通常专业维修人员才会使用，如图1-16所示。

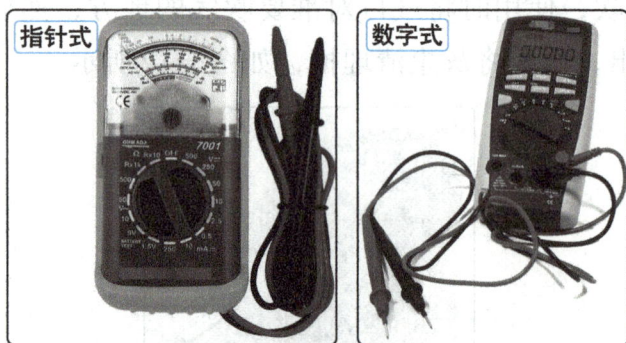

图1-15　万用表

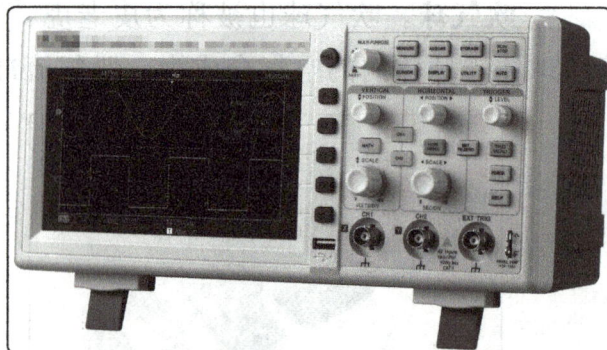

图1-16　示波器

（4）焊接工具

焊接工具的作用主要体现在办公设备元器件的拆装、替换方面。常见的焊接工具主要是电烙铁、吸锡器和焊接辅料。

● **电烙铁**。电烙铁的主要用途是对办公设备内部电路板的元器件进行拆焊或焊接操作，如图1-17所示。

● **吸锡器**。吸锡器的主要用途是在取下办公设备电路板中的元器件时，吸除引脚上和焊点周围的多余焊锡，如图1-18所示。

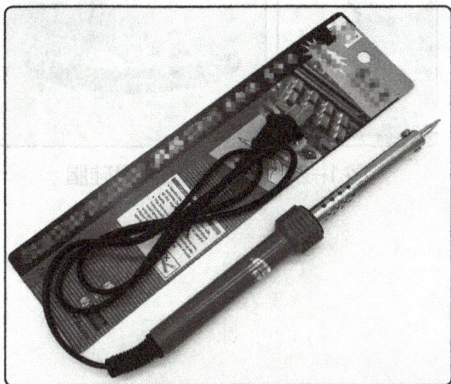

图1-17 电烙铁

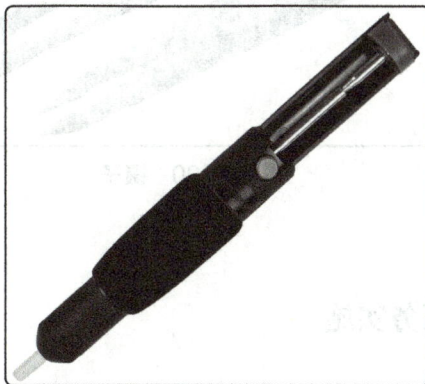

图1-18 吸锡器

● **焊接辅料**。常用的焊接辅料包括焊锡丝、松香和焊膏，如图1-19所示。焊锡丝的作用是熔化后在被焊金属表面形成合金，将被焊金属连接在一起；松香的作用则是在焊接后形成膜层，覆盖和保护焊点不被氧化；焊膏则发挥黏结作用，在形成合金前，使用焊膏可以使元器件保持在焊盘上，而无须再加其他的黏合剂。

图1-19 焊接辅料

（5）辅助工具

在维护办公设备时，可能还会用到一些其他的辅助工具，以提高维护工作的效率。

● **镊子**。镊子的主要用途是在维护办公设备时，夹出卡住的杂物（如螺丝、纸屑等），还可以使用镊子夹取色带盒内的色带盒导线，便于装配和安装，如图1-20所示。

● **注射器**。注射器的主要用途是吸取酒精或清洁剂，对办公设备的精密部件（如打印头、激光头）进行喷射冲洗，或者冲出夹缝中的污物。

● **润滑剂和润滑硅脂**。润滑剂和润滑硅脂的主要用途是润滑。润滑剂主要用于实现办公设备各种轨道结合处的润滑，润滑硅脂主要用于实现办公设备齿轮的润滑，如图1-21所示。

图1-20　镊子

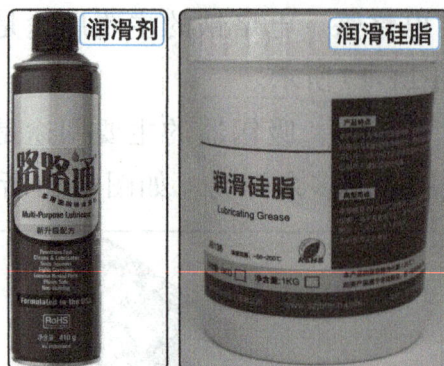

图1-21　润滑剂和润滑硅脂

任务实施

1. 检测办公设备故障

在办公设备出现故障后，首先需要检测故障产生的原因，以便于后面的故障排除。

（1）看

故障出现后，观察设备各部件是否在正常工作，具体操作如下。

❶ 观察办公设备的各连线与接口的连接是否正常，若连接正常，则说明办公设备内部出现故障；若不正常，则应重新进行连接，排除故障。

❷ 观察办公设备的工作情况，先推断出办公设备的大致故障范围，再对可能损坏的部件进行检修，从而大大提高检修效率。

❸ 查看办公设备控制面板中的故障提示（办公设备出现故障时，可能会在控制面板中显示故障提示、故障代码或故障灯），如图1-22所示，再根据提示找到故障产生的原因并进行排除（通常产品使用说明书中会详细说明常见的故障代码或故障灯）。

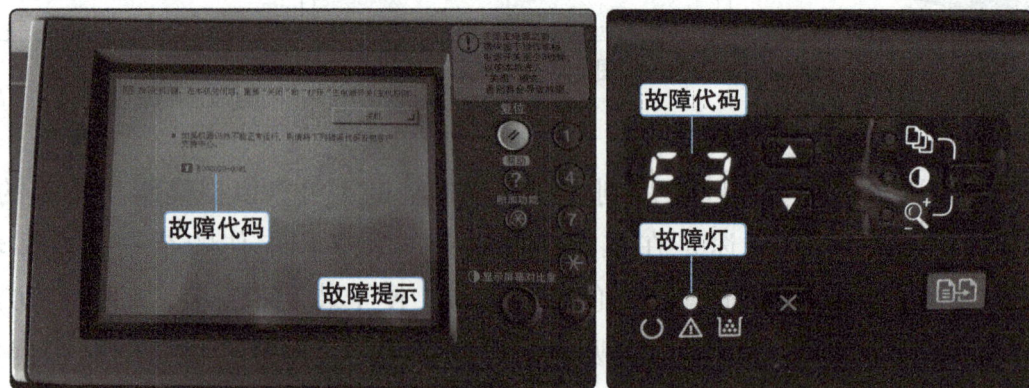

图1-22　办公设备控制面板中的故障提示

❹ 观察办公设备的输出品质，根据具体情况判断故障的类型，从而快速查找到故障点。

（2）听

办公设备出现故障时，很可能会出现异常的声音。通过听设备电源风扇、纸盒、压力辊等部件工作时产生的声音，可以判断设备是否产生故障及故障产生的原因。另外，如果电路发生短路，设备也会发出异常的声音。

（3）闻

当办公设备出现故障，并且有烧焦的气味产生时，说明某个电子元件已被烧毁，应尽快根据发出气味的地方确定故障区域并排除故障。

（4）摸

用手触摸办公设备元器件表面，通过感受到的温度可以判断元器件是否正常工作、板卡是否安装到位和是否出现接触不良现象等，从而判断故障产生的原因。

（5）替换部件

用另一个确认是正常的同型号的设备部件替换设备中可能出现故障的部件。如果设备使用正常，说明该部件出现了故障；如果故障依旧，说明故障不发生在该部件上。

2．归纳办公设备常见故障

办公设备在使用过程中会出现各种故障，请同学们根据自己的使用经验，或者上网搜索相关内容，搜集和归纳办公设备常见故障，将其填入表 1-5 中。

表1-5　办公设备常见故障

设备名称	常见故障
打印机	
复印机	
计算机	
扫描仪	
其他设备	

实训一　看图识别办公设备

【实训要求】

　　认识各种办公设备是使用与维护办公设备的基础，本实训需要读者根据办公设备的图片指出该设备的名称，进一步加深对常用办公设备的印象。

【实训思路】

　　本实训需要识别图 1-23 所示的办公设备，然后将对应的编号填写到表 1-6 中。

图1-23　办公设备

【步骤提示】

　　❶ 识别图 1-23 所示的办公设备，如果有不认识的，可以根据图中设备的细节在网上进行查询。

　　❷ 将图中设备对应的编号填写到表 1-6 中。

表1-6　办公设备

设备名称	图示编号	设备名称	图示编号	设备名称	图示编号
打印机		投影机		移动硬盘	
路由器		传真机		考勤机	
扫描仪		碎纸机		高拍仪	

实训二　开/关计算机

【实训要求】

　　计算机是比较常用的办公设备，下面按照正确的开机步骤启动计算机，然后按照正确的关机步骤关闭计算机。通过本实训，读者可掌握启动和关闭计算机的操作步骤，并总结日常办公设备的打开与关闭操作的基本思路与方法。

【实训思路】

　　启动计算机主要分为连接电源、启动电源、进入操作系统3个步骤，关闭计算机则只有关闭操作系统和断开电源两个步骤。本实训的操作思路如图1-24所示。

图1-24　开/关计算机的操作思路

【步骤提示】

　❶　将插线板的插头插入交流电插座中，将主机电源线插头插入插线板中，用同样的方法插好显示器电源线插头，打开插线板上的电源开关。

　❷　在主机箱的电源处找到开关，按开关为主机通电；找到显示器的电源开关，按开关接通电源。

　❸　计算机开始对硬件进行检测，然后显示检测结果，进入操作系统。

　❹　单击桌面左下角的"开始"按钮⊞，在打开的"开始"菜单中选择"电源"命令，在打开的子菜单中选择"关机"命令，退出操作系统，并关闭计算机。

5 按显示器的电源开关，关闭机箱的电源开关，关闭插线板上的电源开关，拔出插线板的插头。

课后练习

练习1：了解其他办公设备

通过网络搜索本项目中没有讲到过的其他办公设备，认识其外观并了解其主要功能。

练习2：认识办公设备的各种耗材

在网上搜索"耗材"的含义，并罗列几种办公设备常用的耗材。

技能提升

1. 构建小型企业办公系统

小型企业需要使用的办公设备通常较少，办公系统主要由计算机、路由器和打印机（或多功能一体机）组成，路由器通过连接非对称数字用户线（Asymmetric Digital Subscriber Line，ADSL）调制解调器形成企业的网络接口，计算机和打印机等设备通过有线或无线方式连接到路由器，形成整个办公系统，如图1-25所示。

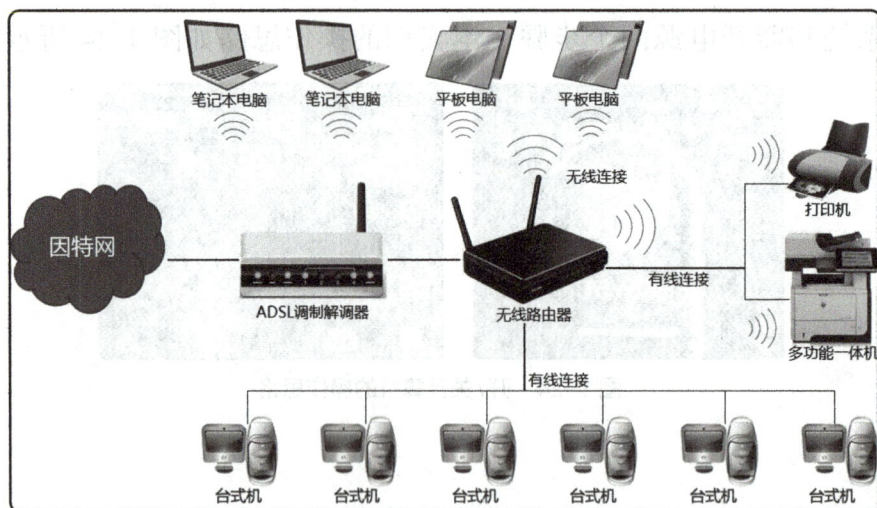

图1-25　小型企业办公系统

2. 办公设备的节能降耗

"节约能源、美化环境"是国家在新时期、新形势下提出的重要目标，所以在使用与维护办公设备的过程中，要减少不必要的办公设备用电，打印机、复印机等办公设备在不使用时要及时关机，下班时要切断电源开关。要加强制度规范、强化节约意识，养成自觉节约一度电、一滴水、一张纸的良好习惯。

知识链接

办公设备的
节能降耗

项目二

02

计算机设备使用与维护

情景导入

老洪：米拉，公司给每个部门都配备了笔记本电脑和平板电脑，你也可以选择台式机作为办公用的计算机设备。

米拉：我平时使用平板电脑的时间较多，很少使用台式机。

老洪：计算机属于办公的核心设备，很多办公设备都可以连接到计算机，并可以通过计算机进行各种输入和输出操作，因此使用与维护计算机设备是办公人员的必备技能之一。

米拉：那我需要了解哪些计算机设备呢？

老洪：台式机、笔记本电脑、平板电脑在办公中都经常使用，另外，一些直接与计算机连接的设备，如路由器（组成计算机办公网络的重要设备），其使用与维护方法也需要学习。

学习目标

- ◎ 了解计算机设备的类型、结构和重要性能指标
- ◎ 掌握选用计算机设备的方法
- ◎ 掌握使用计算机设备的方法
- ◎ 掌握维护计算机设备的方法

技能目标

- ◎ 能使用计算机完成日常办公
- ◎ 能对计算机进行日常维护与保养
- ◎ 能排除计算机的常见故障

任务一　使用与维护台式机

台式机是台式计算机的简称，也叫台式电脑，通常由主机（包括机箱和里面的硬件）和显示器两部分组成，其体积较大。台式机的主机、显示器等设备都是相对独立的，一般需要放置在桌子或者专业的工作台上，因此被命名为台式机。

任务目标

马上要到农历新年了，米拉需要使用计算机编辑一篇放假通知文档，并在放假前对公司的台式机进行一次日常维护。通过对本任务的学习，读者可以掌握台式机的基本操作，同时对维护台式机有基本的了解，并能排除台式机的常见故障。

相关知识

1. 台式机的类型

台式机主要分为品牌机和兼容机两种类型。

● **品牌机**。品牌机是指有注册商标的台式机，是计算机公司将计算机配件组装好后进行整体销售，并提供售后服务的计算机。

● **兼容机**。兼容机是指按用户的要求选择配件组装而成的台式机，具有较高的性价比。

2. 台式机的结构

台式机是由许多硬件组成的，各个主要硬件的结构介绍如下。

● **机箱的结构**。从外观上看，机箱一般为矩形框架结构，主要为主板、各种输入卡与输出卡、硬盘驱动器和电源等部件提供安装支架。图2-1所示为机箱的结构。

高清大图

台式机的结构

● **机箱的正面接口和面板**。许多机箱都在正面设置了音频插口和通用串行总线（Universal Serial Bus，USB）接口，以及各种按钮，有的机箱还添加了液晶面板，能实时显示机箱内部的各种信息，如图2-2所示。

> **知识补充**
>
> 不同机箱正面的按钮和指示灯的形状及位置可能不同，复位按钮一般有"🔄"标记或"Reset"字样；电源按钮一般有"⏻"标记或"Power"字样；电源指示灯在开机后一般显示为绿色；通常机箱正面也会有硬盘工作指示灯，只有对硬盘进行读写操作时才会亮起，显示为红色。

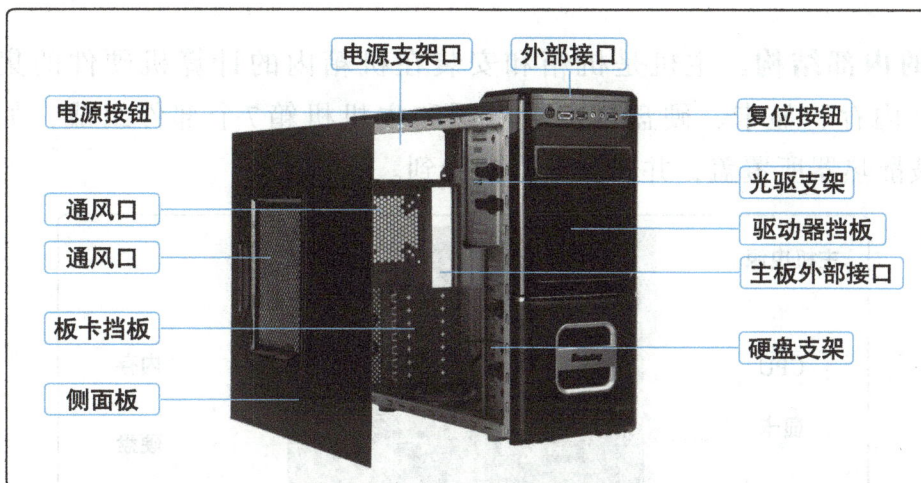

图2-1　机箱的结构

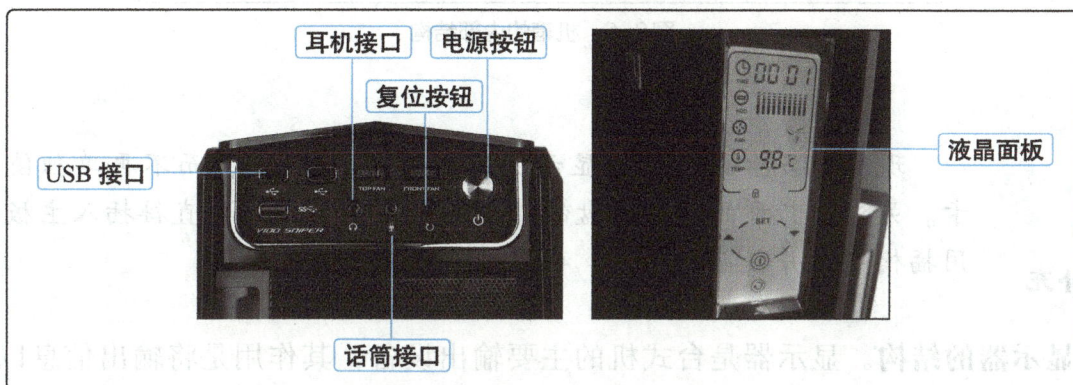

图2-2　机箱的正面接口和面板

● **机箱的背部接口**。机箱的背部接口主要包括电源接口、显卡接口和主板对外接口3种类型。电源接口主要连接主机电源线，如图2-3所示；显卡接口主要连接显示器，如图2-4所示；主板对外接口会使用不同的颜色和形状表示不同的接口，如图2-5所示，其作用是连接计算机的各种硬件设备。

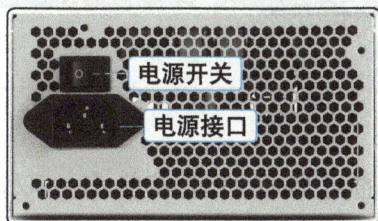

图2-3　电源接口

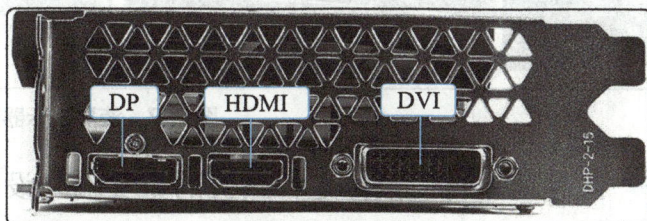

图2-4　显卡接口

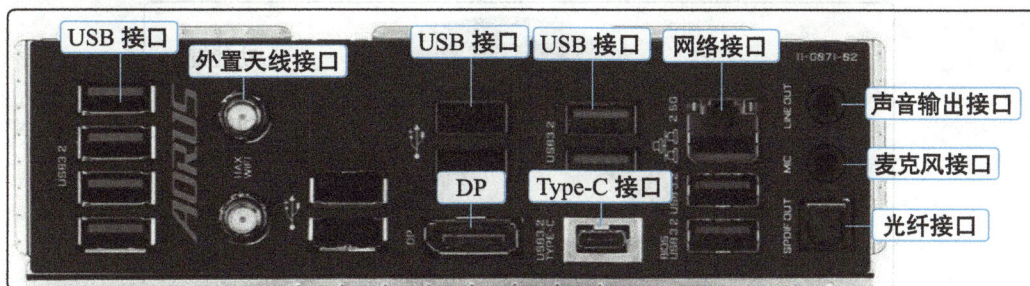

图2-5　主板对外接口

● **机箱的内部结构**。主机是机箱和安装在机箱内的计算机硬件的集合，主要由CPU、主板、内存、显卡、硬盘、主机电源和主机机箱7个部件组成，如图2-6所示，CPU通常会被散热器所覆盖，并不会被直接看到。

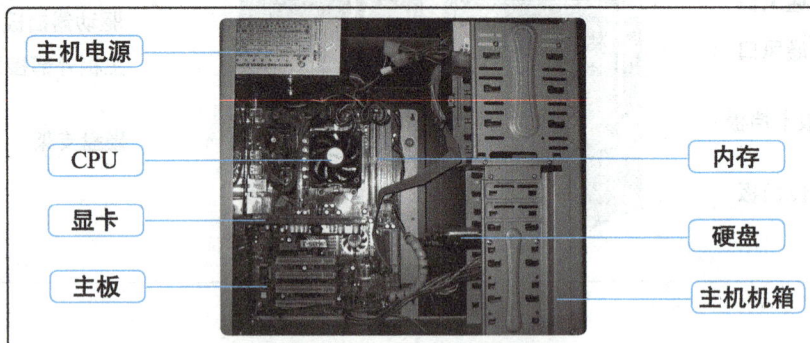

图2-6　机箱的内部结构

知识补充　　现在很多台式机都将显示功能集成到CPU中，而不再单独使用显卡。另外，新型的固态硬盘的外观和内存相似，可以直接插入主板的专用插槽中，并覆盖散热器，也不容易被看到。

● **显示器的结构**。显示器是台式机的主要输出设备，其作用是将输出信息以肉眼可见的形式表现出来。目前办公中常用的显示器是液晶显示器，如图2-7所示。

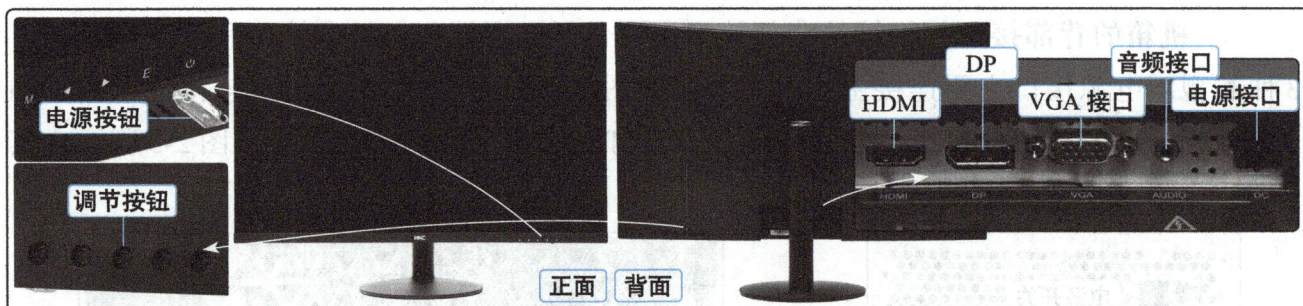

图2-7　液晶显示器的结构

● **鼠标的结构**。鼠标是台式机的重要输入设备之一，通过鼠标可完成单击、双击和选择等一系列操作，如图2-8所示。

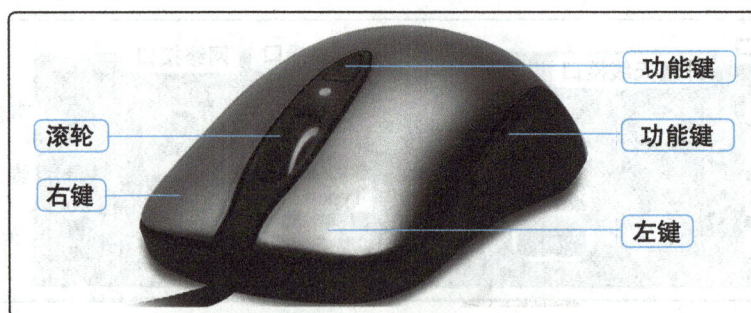

图2-8　鼠标的结构

● **键盘的结构**。键盘也是台式机的重要输入设备，主要用于进行文字输入和快捷操作，如图2-9所示。

图2-9　键盘的结构

3. 台式机的重要性能指标

台式机可以通过以下3项指标来评价其性能。

● **运算速度**。运算速度是衡量计算机性能的一项重要指标，一般采用CPU主频来描述运算速度，通常情况下，CPU主频越高，运算速度就越快。

● **主存储器容量**。主存储器又称内存，主要指计算机的内存。可以简单认为主存储器的容量越大，系统功能就越强大，能处理的数据量就越庞大。

● **辅助存储器容量**。辅助存储器容量通常是指硬盘容量（包括内置硬盘和移动硬盘等）。辅助存储器容量越大，可存储的信息就越多，可安装的应用软件就越丰富。

4. 台式机的选用

办公用的台式机需要既能完成各种办公操作，又能最大限度地节约企业的资金。因此，在选用时需要在品牌机和兼容机之间对比选择。

● **兼容性与稳定性**。每一台出厂的品牌机都是经过严格测试的，因此其稳定性和兼容性都有保障，很少会出现硬件不兼容的现象，因此在兼容性和稳定性方面占有优势。

● **产品搭配灵活性**。产品搭配的灵活性也就是配件选择的自由程度，在该方面兼容机具有品牌机无可比拟的优势。

● **价格比较**。价格上，同配置的兼容机往往要比品牌机便宜几百元甚至上千元，差距主要是由于品牌机的价格包括了正版软件捆绑费用及厂家的售后服务费用。另外，购买兼容机还有一点好处是可以协商价格。

● **售后服务**。品牌机的服务质量是毋庸置疑的，一般厂商都提供1年上门、3年质保的服务，并且有800免费技术服务电话，以及12/24小时紧急上门服务。

● **安全性**。办公用的台式机对系统安全要求较高，品牌机的设计考虑到了企业的应用需求，都采用了先进的系统安全保护技术，既保护了数据安全，又降低了维护成本。从这一个方面来看，品牌机拥有绝对的优势。

任务实施

1. 连接台式机

连接台式机是通过数据线和电源线将台式机的各组成部分连接起来，具体操作如下。

1 将鼠标和键盘的连接线插头对准机箱背后的主板对外接口处的 USB 接口并插入，再将显示器的数据线插头插入机箱背部的主板对外接口中，这里的显示器数据线应插入的是高清晰度多媒体接口（High Definition Multimedia Interface，HDMI），如图 2-10 所示。

2 将计算机电源线插头连接到机箱背部的电源接口中，并按电源开关（"○"表示打开；"—"表示关闭），如图 2-11 所示。

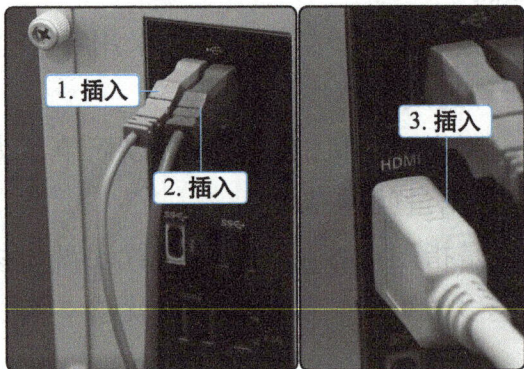

图2-10　连接鼠标、键盘和显示器数据线

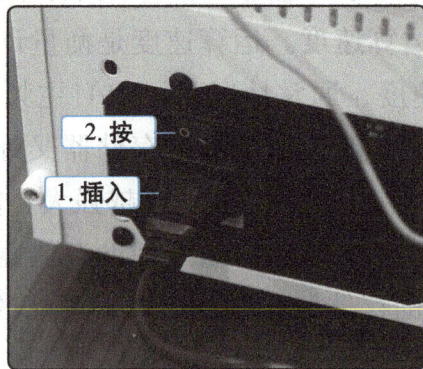

图2-11　连接电源线

3 将显示器的电源线插头插入显示器电源接口中，再将显示数据线的另外一个插头插入显示器后面的接口中，如图 2-12 所示。

4 将显示器电源插头插入插线板中，再将主机电源线插头插入插线板中，如图 2-13 所示。

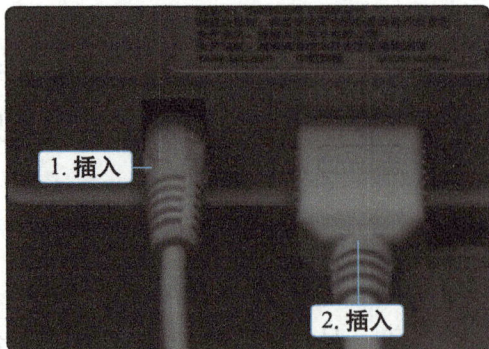

图2-12　连接显示器

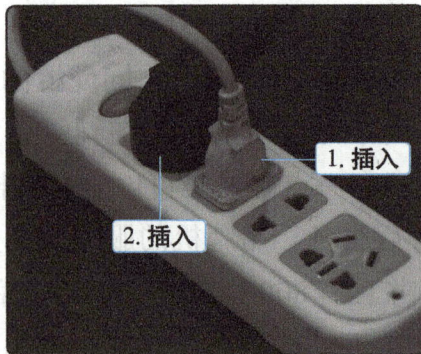

图2-13　台式机通电

5 按机箱上的电源按钮，并按显示器上的电源按钮，若台式机能正常开机并进入

操作系统界面，则说明连接成功。

2. 使用台式机编辑电子文档

微课视频

使用台式机编辑
电子文档

下面在台式机中利用写字板编辑放假通知文档，具体操作如下。

1 进入操作系统界面，单击桌面左下角的"开始"按钮 ⊞，在打开的"开始"菜单中选择"Windows 附件"/"写字板"命令，如图 2-14 所示。

2 在打开的"文档 - 写字板"窗口中输入通知文档的文本内容，将光标定位到通知文档的标题文本中，在工具栏的"段落"组中单击"居中"按钮，如图 2-15 所示。

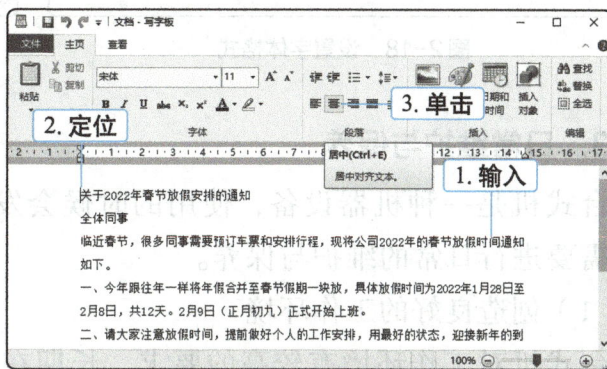

图2-14　启动软件　　　　　图2-15　设置标题居中

3 按住鼠标左键拖动选择通知文档的正文，在标尺栏中拖动上面的标尺滑块，如图 2-16 所示，将正文文本向右缩进。

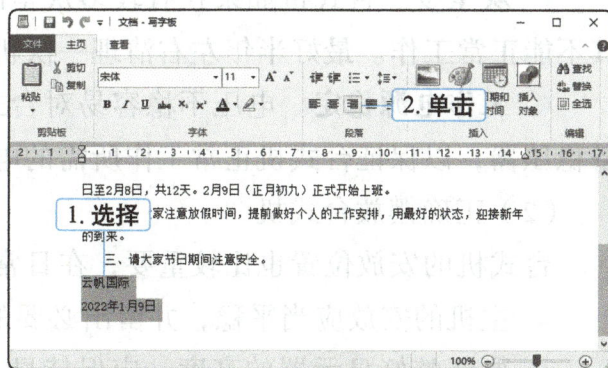

4 按住鼠标左键拖动鼠标指针选择通知文档的落款和日期文本，在工具栏的"段落"组中单击"向右对齐文本"按钮，如图 2-17 所示。

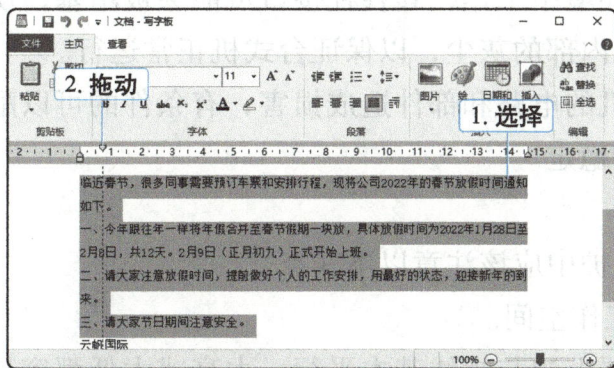

图2-16　设置文本向右缩进　　　　　图2-17　设置文本右对齐

5 按住鼠标左键拖动鼠标指针选择通知的标题文本，在工具栏的"字体"组中单击"加粗"按钮，在"字体大小"下拉列表框中选择"16"选项，在标题栏左侧单击"保存"按钮，如图 2-18 所示。

6 在打开的"保存为"对话框中选择文档的保存位置，并在"文件名"文本框中输入"关于 2022 年春节放假安排的通知"，单击"保存"按钮，如图 2-19 所示。

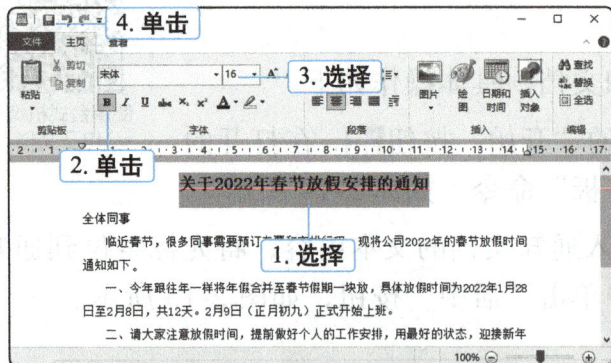

图2-18　设置字体格式

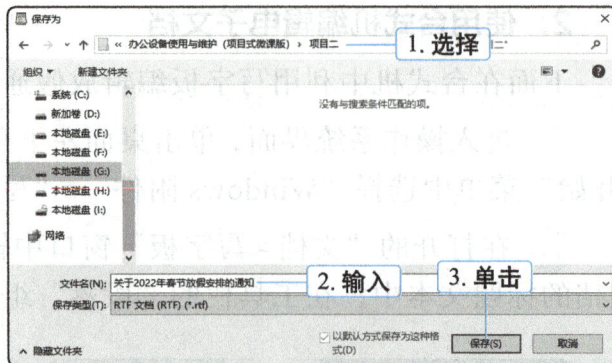

图2-19　保存文档

3. 日常维护与保养

台式机是一种机器设备，使用的时候会发生磨损，一旦磨损过多就容易导致故障，所以需要进行日常的维护与保养。

（1）创造良好的工作环境

台式机对工作环境有较高的要求，长期在恶劣环境中工作就很容易出现故障。台式机对工作环境有以下 4 点要求。

● **防静电工作已做好**。静电有可能造成台式机中各种芯片的损坏，因此，使用台式机前应用手接触暖气管或水管等可以放电的物体，放掉身体的静电。

● **震动和噪声小**。震动和噪声会造成台式机内部组件的损坏，如确实需要将其放置在震动和噪声较大的环境中，可以考虑安装防震和隔音设备。

● **灰尘少**。台式机如果在有较多灰尘的环境中工作，其各种接口可能会被堵塞，使其不能正常工作。最好半年左右清理一次机箱内部的灰尘，以保证台式机正常运行。

● **工作电源稳定**。电压不稳容易对台式机的电路和部件造成损害，有条件的可以配备稳压器，以保证台式机正常工作所需的电源稳定。

（2）正确摆放台式机

台式机的安放位置也比较重要，在日常维护中应该注意以下 3 点。

● 主机的安放应当平稳，并留出必要的工作空间。

● 要调整好显示器的高度，应保持显示器上边与视线基本平行，太高或太低都容易使操作者疲劳，如图 2-20 所示。

● 当台式机停止工作时，最好能为其盖上防尘罩，防止灰尘侵袭，但在台式机正常使用的情况下，一定要将防尘罩拿下来，以保证正常散热。

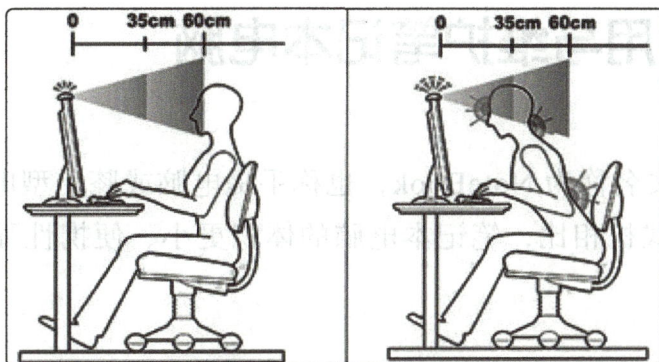

图2-20 显示器的摆放

4. 排除常见故障

台式机出现故障时，品牌机最好由相应的专业维修人员进行维护，而一些常见的故障则可以由办公人员自己排除，具体见表 2-1。

表2-1 台式机的常见故障

故障现象	故障分析	故障排除
宕机	内存条松动、虚焊或内存芯片质量有问题	重插内存或更换内存
	内存容量太小导致无法正常处理数据	增加内存容量
	显示器、电源、CPU 工作时的发热量非常大	增大散热功率或停止工作一段时间
	灰尘过多导致散热不良	清理灰尘
	使用质量低劣的硬件	更换正品硬件
蓝屏	程序出错	重新启动台式机
	显示蓝屏停机码	网上查询停机码，并找到解决方案
	安装了新硬件	重新安装或更换硬件
自动重启	劣质电源或电源供电不足	更换大功率新电源
	CPU 散热不良	增大散热功率
	台式机外接设备故障或与台式机不兼容	重新连接外部设备或更换设备
	机箱外部的重启按钮故障	更换重启按钮或断开该按钮连接

知识补充　　软件故障在计算机故障中所占比例很大，因此，在维护计算机的过程中，软件也需经常进行维护，软件维护主要通过系统安全软件进行，如 360 安全卫士等。

任务二　使用与维护笔记本电脑

笔记本电脑的英文名称为 NoteBook，也称手提电脑或膝上型电脑，是一种小型、可携带的计算机。与台式机相比，笔记本电脑的体积更小、便携性强，更加适合移动办公或无线办公时使用。

任务目标

为了统一管理和维护公司的计算机，技术部要求将所有的笔记本电脑连接到公司搭建的办公无线网络中。通过对本任务的学习，读者可以掌握笔记本电脑的基本操作，并能在生活和工作中对笔记本电脑进行日常维护。

相关知识

1. 笔记本电脑的类型

笔记本电脑从用途上可分为商务办公型、时尚便携型、影音娱乐型、特殊用途型 4 种。

● **商务办公型**。这类笔记本电脑的特点为移动性强、电池续航时间长，是现代办公中使用的主要类型。

● **时尚便携型**。这类笔记本电脑拥有时尚、轻薄的外观，更加强调便携性，可以承担一些文档的编辑、打印和扫描等普通办公任务。

● **影音娱乐型**。这类笔记本电脑有较强的图形、图像处理能力和多媒体的能力，还有较大的屏幕，用于播放视频和显示游戏等娱乐画面。

● **特殊用途型**。这类笔记本电脑主要服务于专业人士，可以在酷暑、严寒、低气压、高海拔、强辐射等恶劣环境下使用。

2. 笔记本电脑的结构

笔记本电脑的整体设计非常紧凑，它将液晶显示屏、键盘、触摸板及主机部分全部集成在了一起，其结构主要分为以下 4 个部分。

● **顶部和底部的结构**。从整体上看，笔记本电脑的液晶显示器和主机部分采用翻盖式设计，使得整个计算机好像一本书一样可以随意"展开"和"闭合"。图 2-21 所示为笔记本电脑顶部和底部的结构。

● **键盘面的结构**。笔记本电脑的键盘、触摸板、电源按钮等都位于笔记本电脑键盘面，如图 2-22 所示，其下方就是主机。

高清大图

笔记本电脑的
结构

图2-21 顶部和底部的结构

图2-22 键盘面的结构

● **侧面的结构**。笔记本电脑的侧面主要是各种接口,包括视频接口(VGA接口、HDMI)音频接口、USB接口、电源接口、网线接口、散热孔,以及光驱等,如图2-23所示。

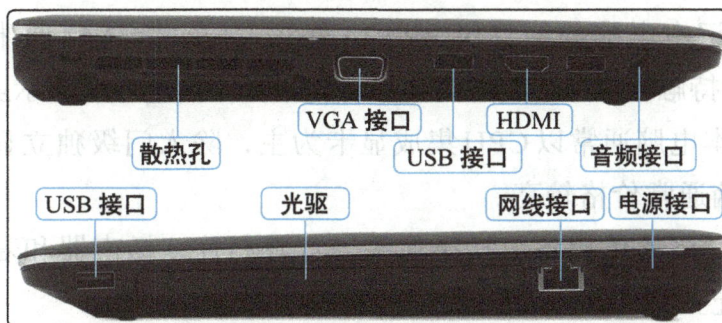

图2-23 侧面的结构

● **正面和背面的结构**。笔记本电脑的背面主要是电池、散热孔和转轴,可能有电源接口、USB接口,正面通常只有指示灯,如图2-24所示。

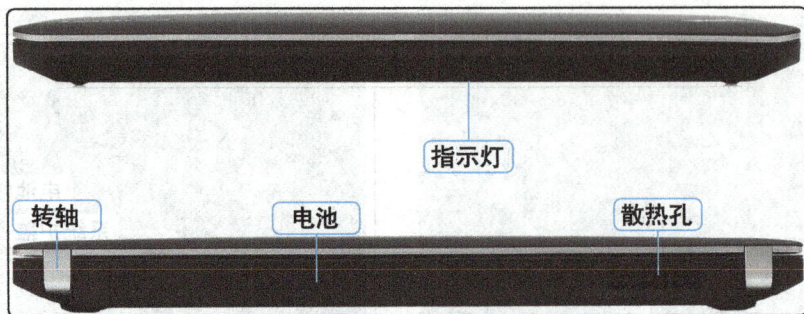

图2-24　正面和背面的结构

3. 笔记本电脑的重要性能指标

笔记本电脑的重要性能指标包括基本指标和硬件指标两个部分。

（1）基本指标

笔记本电脑的基本指标包括上市时间、重量和预装的操作系统等。

● **上市时间**。同一款笔记本电脑的上市时间越晚，通常其硬件设备就越新，性能也相对更强；且上市时间越早，通常其降价幅度越大。

● **重量**。主流笔记本电脑的重量不会超过2.5千克，1.5千克以下的通常都是比较轻薄的产品。

● **预装的操作系统**。笔记本电脑通常会预先安装操作系统，包括Windows和Linux。

（2）硬件指标

笔记本电脑的硬件指标包括中央处理器（Central Processing Unit，CPU）、存储设备、显示屏、显卡和多媒体设备等。

● **CPU**。笔记本电脑由于内部空间较小，所以其CPU的制造工艺往往比台式机CPU的更先进，在降低发热量和耗电量的同时尽量达到高性能。

● **存储设备**。由于笔记本电脑空间较小，因此大多配置的是固态硬盘。

● **显示屏**。笔记本电脑的屏幕尺寸以14英寸（1英寸≈2.54厘米）和15英寸为主。另外，色域和是否支持触控也是选购时需要参考的指标，高色域的显示屏的显示效果更好。

● **显卡**。笔记本电脑通常以CPU集成显卡为主，除入门级独立显卡外，使用其他独立显卡的笔记本电脑通常价格较高。

● **多媒体设备**。多媒体设备包括摄像头、音效芯片、扬声器和麦克风等，基本都是笔记本电脑的标准配置。

4. 笔记本电脑的选用

选用笔记本电脑时需要注意以下5个事项。

● **硬件配置**。大多数笔记本电脑包装箱上有硬件配置表（或在保修卡上），需要进行核对。

知识链接

笔记本电脑的
选用

● **序列号**。笔记本电脑包装盒上的序列号要与其基座底部的序列号相同，还要检查其是否有过被涂改、被重贴过的痕迹。

● **赠品**。检查应该有的赠品是否齐全，例如，品牌赠送的背包、U盘、鼠标等。

● **外观**。笔记本电脑外壳不能有碰、擦、划、裂等伤痕，显示屏不能有划伤、坏点和波纹，安装的螺丝不能有掉漆等现象，有以上情况的笔记本电脑可能不是新机。

● **电池**。新笔记本电脑的电池充电次数应该不超过3次，电量应该不会高于3%，充放电次数太多或电量太高都证明该机是被人使用过的。

> **知识补充**　选用笔记本电脑时，还有一些功能特点可以作为参考，例如，智能指纹识别功能、电源按钮和指纹键二合一、背光键盘、安全锁孔、复合式热管／水冷散热系统、整机和电池的多年质保服务等。

任务实施

微课视频

1. 使用笔记本电脑的触摸板

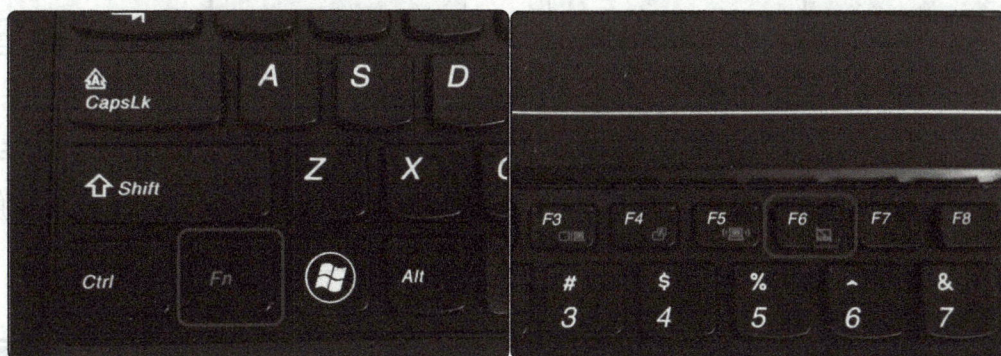

笔记本电脑可以使用触摸板实现同鼠标一样的操作，下面介绍启动笔记本电脑并使用其触摸板的操作方法，具体操作如下。

使用笔记本电脑的触摸板

❶ 按电源按钮，启动笔记本电脑，按【Fn+F6】组合键关闭触摸板，再次按【Fn+F6】组合键重新开启触摸板，如图2-25所示。

图2-25　开启触摸板

> **知识补充**　图2-25所示的【F6】键右下角有个触摸板标记，表示该按键具备开启与关闭触摸板功能。不同的笔记本电脑开启和关闭触摸板的按键可能不同，通常为【F1】~【F12】键。另外，笔记本电脑还可以使用软件控制触摸板的开启与关闭。

② 用一根手指轻轻在触摸板区域内滑动就可让鼠标指针移动，如图 2-26 所示。

③ 在触摸板区域轻轻连续点击两下，或者连按触摸板的左键两下，就能起到双击的作用，如图 2-27 所示。

图2-26　移动鼠标指针

图2-27　双击操作

④ 按触摸板的右键，能起到单击鼠标右键的作用，如图 2-28 所示。

⑤ 指尖沿着触摸板右侧的直线从上向下或从下向上滑动，能起到滚动鼠标滚轮的作用，如图 2-29 所示。

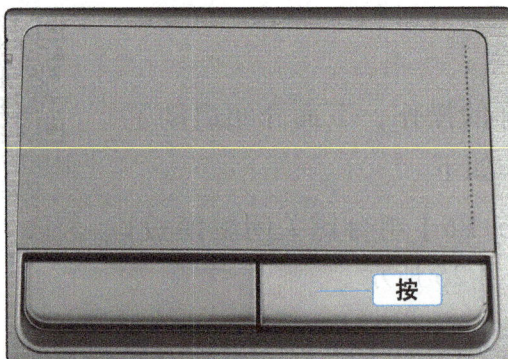

图2-28　按触摸板右键

图2-29　滚动鼠标滚轮

⑥ 把鼠标指针移到要拖曳的目标上，按住触摸板左键不动，用另一根手指在触摸板上移动将带动目标移动。或者连续两次点击触摸板，并在第二次点击时停留在触摸板上，滑动手指带动目标移动，可以起到按住鼠标左键移动所选对象的作用。

2. 连接无线网络

办公中经常需要将笔记本电脑连接到无线网络中，具体操作如下。

① 进入操作系统界面，单击桌面左下角的"开始"按钮⊞，在打开的"开始"菜单中选择"设置"命令，如图 2-30 所示。

② 在打开的"设置"窗口中选择"网络和 Internet"选项，如图 2-31 所示。

③ 选择"WLAN"选项，在右侧的"WLAN"栏中单击"显示可用网络"链接，如图 2-32 所示。

微课视频

连接无线网络

④ 操作系统桌面中将弹出搜索到的所有无线网络，选择需要连接的无线网络对应的选项，在展开的选项中单击"连接"按钮，如图2-33所示。

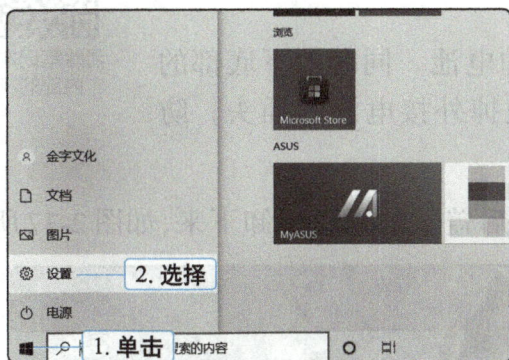

图2-30 选择"设置"命令

图2-31 选择"网络和Internet"选项

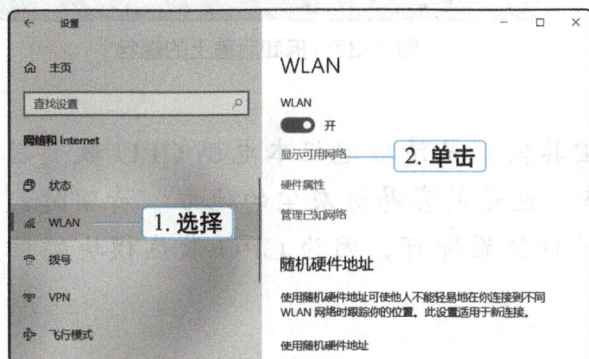

图2-32 设置WLAN

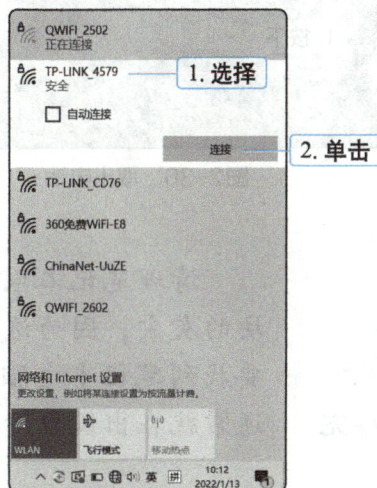

图2-33 选择需要连接的无线网络

⑤ 在"输入网络安全密钥"文本框中输入该无线网络的密码，单击"下一步"按钮，如图2-34所示。

⑥ 笔记本电脑将连接到所选无线网络，并显示"已连接，安全"字样，如图2-35所示。

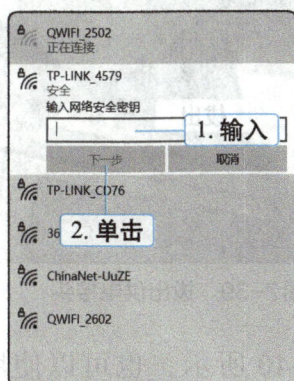

图2-34 输入密码

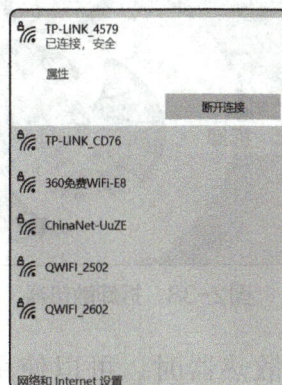

图2-35 完成连接

3. 清除笔记本电脑内部的灰尘

微课视频

清除笔记本电脑
内部的灰尘

清除笔记本电脑内部的灰尘，主要是清除 CPU 散热器和风扇上的灰尘，以及散热孔上的灰尘，具体操作如下。

1 在清理灰尘前，需要先取出笔记本电脑的电池。同时按下底部的电池锁，向外取出电池，如图 2-36 所示，并且拔掉外接电源的插头，防止短路。

2 使用十字螺丝刀将笔记本背部散热器模块后盖上的螺丝拆卸下来，如图 2-37 所示。

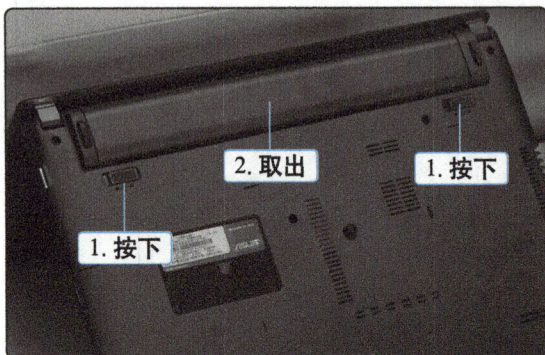

图 2-36　取出电池

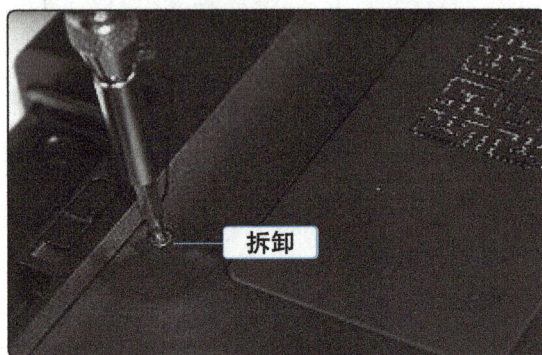

图 2-37　拆卸后盖上的螺丝

知识补充　　清理笔记本电脑内部灰尘其实就是清理笔记本电脑 CPU 散热器模块的灰尘，因为这是散热最多，也是最容易进灰尘的地方。清理时，只要找到笔记本电脑的散热出风口位置即可，因为 CPU 散热模块的位置通常就在出风口附近。

3 拆开 CPU 散热器模块的后盖后，再用螺丝刀将笔记本的散热器、散热风扇拆下来，如图 2-38 所示，一般灰尘不多的笔记本电脑也可以只拆下散热风扇。

4 当将散热器和散热风扇螺丝全拆掉后，需先将散热风扇的供电接头小心地拔出来，如图 2-39 所示。

图 2-38　拆卸散热器

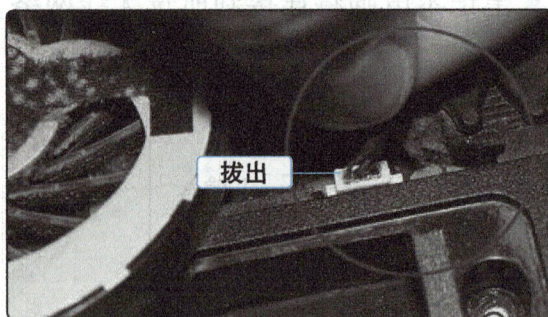

图 2-39　拔出供电接头

5 清理散热器时，可以使用清洁刷清理，如图 2-40 所示，也可以使用自来水冲洗（但冲洗后一定要完全晾干后才能重新使用）。

6 清理散热风扇时，一般用清洁刷扫干净就行，如图 2-41 所示，也可以使用电吹风将内部的灰尘吹出。如果有润滑油，可以把扇叶拿下来，并加点润滑油润滑。

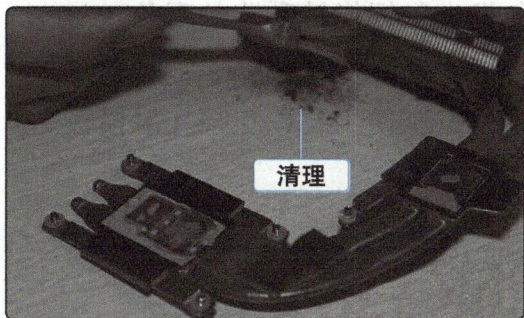

图2-40 清理散热器

图2-41 清理散热风扇

7 清理完笔记本电脑内部的灰尘后，重新安装 CPU 散热风扇和散热器。

8 重新安装外盖并放入电池，注意开机检查笔记本电脑是否正常，以及用手放在散热出风口感觉散热风扇是否在转，如果一切正常，即可结束清洁工作。

4．日常维护与保养

笔记本电脑的日常维护与保养主要是保护一些重要部件并定期进行清洁和除尘。

（1）液晶显示屏

液晶显示屏的维护与保养主要包含以下 5 个方面。

● 长时间不使用笔记本电脑时，可暂时关闭显示屏。

● 不能用力盖液晶显示屏上盖或放置任何异物在键盘与显示屏之间，避免因重压而导致内部组件受损。

● 不能用手指甲及尖锐的物品（硬物）碰触屏幕表面，以免刮伤。

● 液晶显示屏表面会因静电而吸附灰尘，建议购买液晶显示屏专用擦拭布轻轻擦拭以清洁屏幕，请勿用手指拍除。

● 请勿使用化学清洁剂擦拭屏幕。

（2）电池

电池的维护与保养主要包含以下两个方面。

● 在不能提供稳定电源的环境下使用笔记本电脑时，最好不要取下电池。

● 建议平均每3个月进行一次电池电力校正。

（3）键盘

键盘的维护与保养主要是清洁其中的灰尘。

● 可用清洁刷来清洁缝隙，或是使用吹气球将灰尘吹出，也可以使用掌上型吸尘器来清除键盘上的灰尘和碎屑。

● 清洁键盘表面时，可在软布上沾上少许清洁剂，在关机的情况下轻轻擦拭。

（4）触摸板

触摸板是笔记本电脑最容易受损的部件，一定要认真维护与保养。

- 使用触摸板时请务必保持双手清洁，以免发生鼠标指针乱跑的现象。
- 不小心弄脏触摸板表面时，可将干布沾湿一角轻轻擦拭。
- 不能使用尖锐物品在触摸板上书写，也不可重压使用，以免损坏触摸板。

5. 排除常见故障

办公人员可以自己排除笔记本电脑的一些常见故障，具体见表2-2。

表2-2　笔记本电脑的常见故障

故障现象	故障分析与排除
电源指示灯不亮	检查外接适配器是否与笔记本电脑正确连接，外接适配器是否工作正常
	如果使用了电池，则检查电池型号是否为原配；是否充满电；安装是否正确
电源指示灯亮但系统不运行，显示屏也无显示	按住电源按钮不放并持续4秒关闭电源，再重新启动检查是否启动正常
	检查内存是否插接牢靠
无显示	检查系统是否处于休眠状态，如果是休眠状态，按电源按钮唤醒
	检查是否插入电源
电池电量在操作系统中识别不正常	确认电源管理功能在操作系统中启动并且设置正确
	将电池充电3小时后再使用
	在操作系统中将电池充放电两次
	更换电池
触摸板不工作	检查是否有外置鼠标接入，并用鼠标测试程序检测是否正常

在职场中，办公网络资源通常只能用于工作，任何人都不能通过网络从事与工作无关的事项。任何部门或个人也都不得私自更改网络结构和办公设备的网络地址。

职业素养

任务三　使用与维护平板电脑

平板电脑（Tablet Personal Computer，Tablet PC）是一种小型、携带方便、无须翻

盖、没有键盘，且功能完整的个人计算机，以触摸屏作为基本的输入设备，允许用户通过触控笔或数字笔（而不是传统的键盘或鼠标）来进行操作。使用平板电脑可以直接连接显示设备进行操作和演示，在办公中比使用笔记本电脑更加方便。

🔍 任务目标

米拉所在的公司要召开一次线上会议，出差在外的员工需要通过配发的平板电脑连接网络参加视频会议。通过对本任务的学习，读者可以掌握平板电脑的基本操作，同时对选用和维护平板电脑有基本的了解，并能排除平板电脑的常见故障。

💬 相关知识

1. 平板电脑的类型

平板电脑从用途上可分为商用、通话、二合一和娱乐4种类型。

● **商用平板电脑**。这类平板电脑的电池续航时间长，多用在移动办公领域。

● **通话平板电脑**。这类平板电脑除了具备平板电脑的基本功能外，还能够插入电话卡作为手机使用。

● **二合一平板电脑**。这类平板电脑的性能比普通平板电脑更强大，外接键盘和鼠标后，可以作为笔记本电脑使用。

● **娱乐平板电脑**。这类平板电脑有较强的图形、图像处理能力和多媒体能力，还有较大的屏幕用于播放视频和显示游戏等娱乐画面。

2. 平板电脑的结构

平板电脑的结构主要分为以下3个部分。

● **正面和背面的结构**。平板电脑的外观相比笔记本电脑更加简单，整个设备的正面就是一个触摸式的显示屏，背面则是外壳和摄像头，如图2-42所示。

图2-42　正面和背面的结构

● **侧面的结构**。平板电脑的侧面主要是音量调节按钮和电话卡插槽等，如图2-43所示。

音量调节按钮

电话卡插槽

图2-43　侧面的结构

● **顶部和底部的结构**。平板电脑的上边和下边主要是电源按钮和数据充电接口等，如图2-44所示。

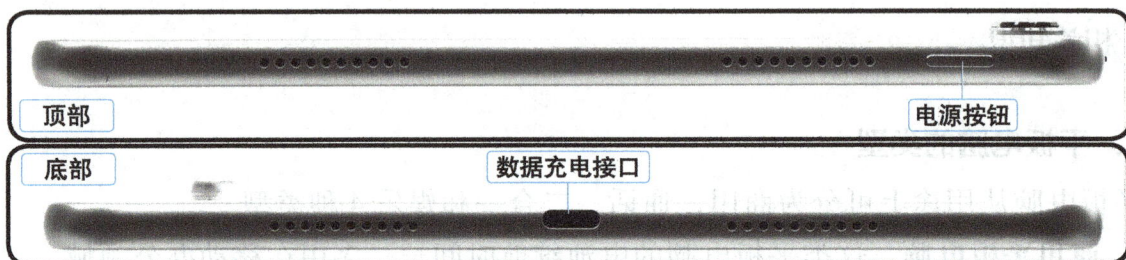

顶部　　　电源按钮

底部　　数据充电接口

图2-44　顶部和底部的结构

知识补充

有些平板电脑为了提升功能性，会在侧面、顶部或底部增加更多的接口，例如，外接电源接口、USB接口、麦克风接口和HDMI等，也会在侧面配备专用的触控笔。

3．平板电脑的重要性能指标

平板电脑的重要性能指标有以下4项，在选购时一定要认真对比。

● **处理器**。处理器相当于平板电脑的大脑和心脏，通常处理器主频越高，性能越强，现在主流平板电脑的主频大多数都在3GHz以上。

● **系统内存**。系统内存相当于计算机中的内存，主流平板电脑的容量在6GB以上，类型为LPDDR5。

● **存储容量**。存储容量相当于计算机中的硬盘容量，主流平板电脑的容量为128GB或256GB，有些平板电脑还支持存储扩展，能通过扩展卡增加存储容量。

● **触摸屏**。触摸屏主要涉及分辨率和材质，其中主流平板电脑的分辨率为2560px×1600px，而在材质上，IPS材质最好，但价格较高；中低端平板电脑多用TFT材质。

4．平板电脑的选用

选用平板电脑时还需要注意以下3个方面的内容。

知识链接

平板电脑的选用

● **外观及工艺**。平板电脑的外观是否有质感、有品位，工艺是否精细很重要。另外，还需要注意产品上是否有明确的品牌、型号等标注，有些产品上没有明确的产品品牌、型号信息，这样的产品违反了国家相关法律规定，因此在选择此类平板电脑时应慎重。

● **产品硬件配置及性能**。注意系统内存和存储容量的区别，有些销售商会误导消费者，当顾客问平板电脑的内存是多少时，很多销售人员回答64GB或128GB（这是存储容量），导致顾客对平板电脑的配置产生误解。

● **试用**。试用是对实际样品进行操作体验，主要包括触摸屏操作是否流畅，3D游戏及重力感应是否流畅、灵敏，能否流畅播放1080P高清电影，色彩是否清晰，试听音质效果如何等。

任务实施

1. 使用平板电脑

平板电脑的操作比较简单，通常是通过手指触摸进行，具体操作如下。

微课视频

使用平板电脑

1 使用手指在平板电脑屏幕上的某个项目上点击一下，可以执行一项操作（如启动应用程序、打开链接或执行命令），如图2-45所示，其功能类似于单击。

2 在平板电脑屏幕上的某个项目上长按，如图2-46所示，可打开一个有更多选项的菜单，其功能类似于单击鼠标右键。

图2-45 点击操作　　　　　　图2-46 长按操作

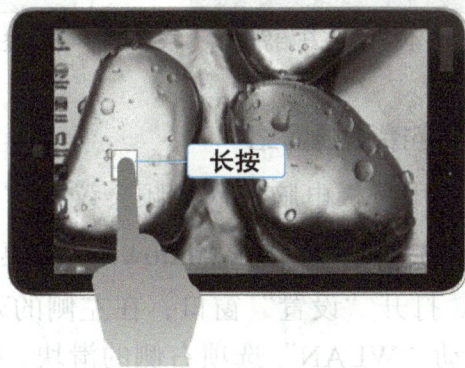

知识补充　和普通计算机相同，平板电脑中也需要运行操作系统，主要有Android、iOS、Windows和HarmonyOS这4种，HarmonyOS是我国具有自主知识产权的智能终端操作系统，未来将广泛应用于办公设备中，并建立起完整的网络办公生态系统。

❸ 按平板电脑顶部的电源按钮，启动设备，进入 Windows 操作系统的开始界面，在开始界面上点击桌面磁贴，如图 2-47 所示。

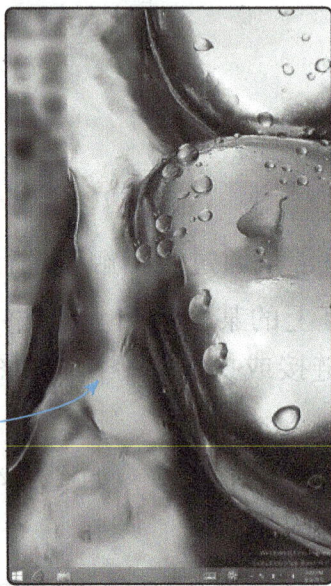

❹ 进入 Windows 操作系统桌面，在其中就可以进行各种操作。平板电脑中的操作系统与在台式机和笔记本电脑中使用的操作系统完全相同，如图 2-48 所示。

> **知识补充**
>
> 平板电脑中的 Windows 操作系统提供了搜索、共享、开始、设备和设置 5 个超级按钮，显示方法为使用一个手指从屏幕右边缘向中间滑动，直到显示超级按钮，如图 2-49 所示。

图2-47　打开开始界面　　　　图2-48　进入Windows操作系统桌面　　　　图2-49　显示超级按钮

2. 连接无线网络

要使用平板电脑加入视频会议，首先要连接到无线网络中，具体操作如下。

❶ 在平板电脑的 Windows 系统桌面中点击"设置"按钮。

❷ 打开"设置"窗口，在左侧的列表框中点击"无线和网络"选项卡，在右侧的列表中滑动"WLAN"选项右侧的滑块，搜索目前可用的无线网络，点击需要连接的无线网络，如图 2-50 所示。

❸ 打开该无线网络的连接界面，在"密码"文本框中输入该无线网络的密码，点击"连接"按钮，如图 2-51 所示。

❹ 平板电脑将自动连接该无线网络，连接成功将显示"已连接（网络质量好）"字样，并在平板电脑操作界面顶部显示无线网络的图标📶。

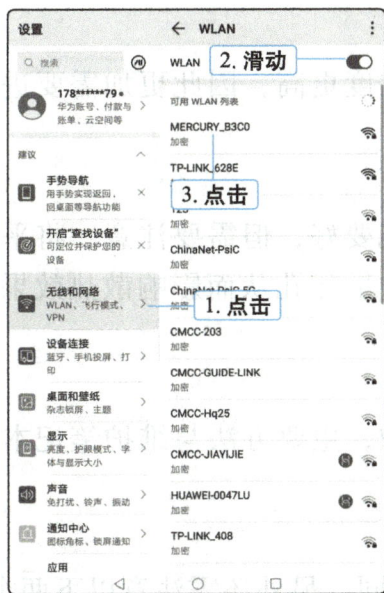

图2-50 选择无线局域网

图2-51 连接局域网

微课视频

使用平板电脑加入视频会议

3. 使用平板电脑加入视频会议

加入视频会议只需登录专业的视频会议软件并设置即可，具体操作如下。

① 启动腾讯会议 App，进入其登录界面，点击"加入会议"按钮，如图 2-52 所示。

② 打开"加入会议"界面，在"会议号"文本框中输入视频会议的号码，在"您的名称"文本框中输入称呼，在"入会选项"栏中滑动滑块，开启平板电脑的麦克风、扬声器和摄像头，点击"加入会议"按钮，如图 2-53 所示，即可加入视频会议。

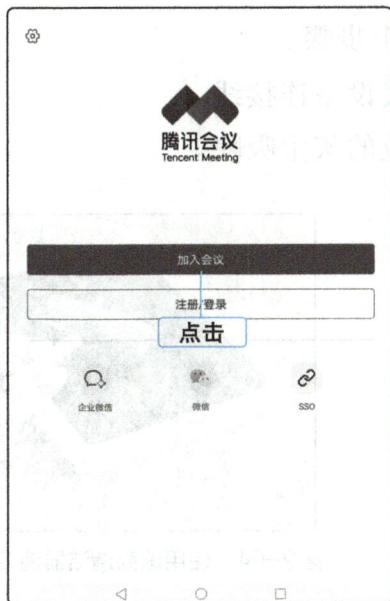

图2-52 登录

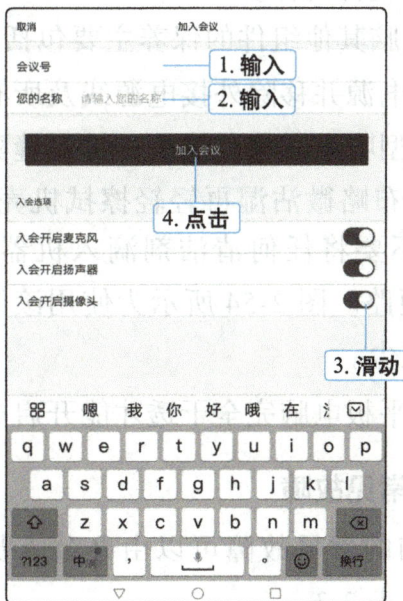

图2-53 进入会议

4．日常维护与保养

平板电脑比其他类型的计算机更轻薄、集成度更高，因此更加需要进行日常维护与保养。

（1）散热

平板电脑的散热性通常比其他类型的计算机要好，但需要注意，将平板电脑放置在柔软的物品（如床、沙发）上时，有可能会堵住散热孔从而影响散热效果，进而降低平板电脑的运作效率，甚至出现宕机的情况。

（2）保护显示屏

平板电脑的显示屏非常脆弱，需要重点保护，主要方法与维护笔记本电脑的显示屏完全相同，这里不再赘述。

（3）维护电池

平板电脑电池的维护与保养跟笔记本电脑相同，另外还需注意以下两个方面。

● 当无外接电源时，倘若当时的工作状况暂时用不到外接设备，建议先将外接设备移除，以延长电池的使用时间。

● 在可提供稳定电源的环境下使用平板电脑时，当电池充满电之后，最好关闭充电电路，防止发生过充的现象。

（4）维护机身

由于平板电脑的机身比较脆弱，因此也属于重点维护的对象。

● 累积灰尘后，可用清洁刷来清洁缝隙，或使用吹气球将灰尘吹去，或使用掌上型吸尘器来清除平板电脑缝隙里的灰尘。

● 尽量在平稳的状况下使用平板电脑，避免在容易晃动的地点操作平板电脑。

● 清洁平板电脑表面时可在软布上沾上少许清洁剂，在关机的情况下轻轻擦拭。

（5）其他组件的保养

对平板电脑其他组件的保养主要包括以下 4 个步骤。

1 关闭电源并移除外接电源线及所有的外接设备连接线。

2 用小型吸尘器将连接头、键盘缝隙等部位的灰尘吸除。

3 将干布略微沾湿再轻轻擦拭机壳表面，请注意千万不要将任何清洁剂滴入机器内部，以避免电路短路。图 2-54 所示为使用滚筒清洁器清洁机壳灰尘。

4 等待平板电脑完全干透才能开启电源。

5．排除常见故障

平板电脑的常见故障可以由办公人员自己排除，具体见表 2-3。

图2-54　使用滚筒清洁器清洁机壳灰尘

表2-3　平板电脑的常见故障

故障现象	故障分析与排除
打开平板电脑时，屏幕上没有显示任何内容	确认交流电源适配器已连接至平板电脑，且电源线插头已插入工作正常的电源插座
	确认平板电脑的电源已开启。再次按电源按钮 2 秒加以确认
	按住电源按钮 10 秒强制关闭平板电脑，然后再次按电源按钮 2 秒重启平板电脑
	如果这 3 项都已正确设置，但平板电脑依然黑屏，只能送去维修
正在运行时出现黑屏	按电源按钮或按 Windows 按钮使其从睡眠模式恢复运行
显示电池电量严重不足，并立即关闭	电池电量不足。将交流电源适配器连接至平板电脑
平板电脑不能从睡眠模式返回，并且平板电脑不工作	如果平板电脑不能从睡眠模式返回，则可能是电池电量耗尽
	如果平板电脑处于睡眠模式，则先连接交流电源适配器，然后按电源按钮恢复运行
	如果平板电脑处于关机状态，则先连接交流电源适配器，然后按电源按钮恢复运行
显示屏黑屏	按电源按钮确认平板电脑是否处于睡眠模式
	确保屏幕分辨率和颜色质量设置正确
平板电脑没有响应	若要关闭平板电脑，请按住电源按钮 10 秒或更长时间。如果平板电脑仍然没有响应，请拔下交流电源适配器
平板电脑在电池状态图标指示电量耗尽之前就已关机	对电池进行放电并再次充电

任务四　使用与维护路由器

路由器的作用是将多台计算机组成的内部网络，通过有线和无线两种方式与因特网（Internet）相连接，可广泛应用于家庭、学校、网吧、政府机构和企业等场所。

任务目标

公司需要选用一台无线路由器，为新成立的部门组建一个无线局域网，方便该部门的日常办公。通过对本任务的学习，读者可以掌握路由器的基本连接和设置等操作，并能在生活和工作中对路由器进行日常维护。

相关知识

1. 路由器的类型

路由器通常分为有线和无线两种，其中无线路由器更常见。

● **有线路由器**。这类路由器更多使用在需要连接很多有线网络设备的场所，通常具备多个网络接口，如图2-55所示。

● **无线路由器**。这类路由器是目前主流的路由器类型，又细分为家用、便携、办公用等多种类型，图2-56所示为便携无线路由器。

图2-55　有线路由器

图2-56　便携无线路由器

2. 无线路由器的结构

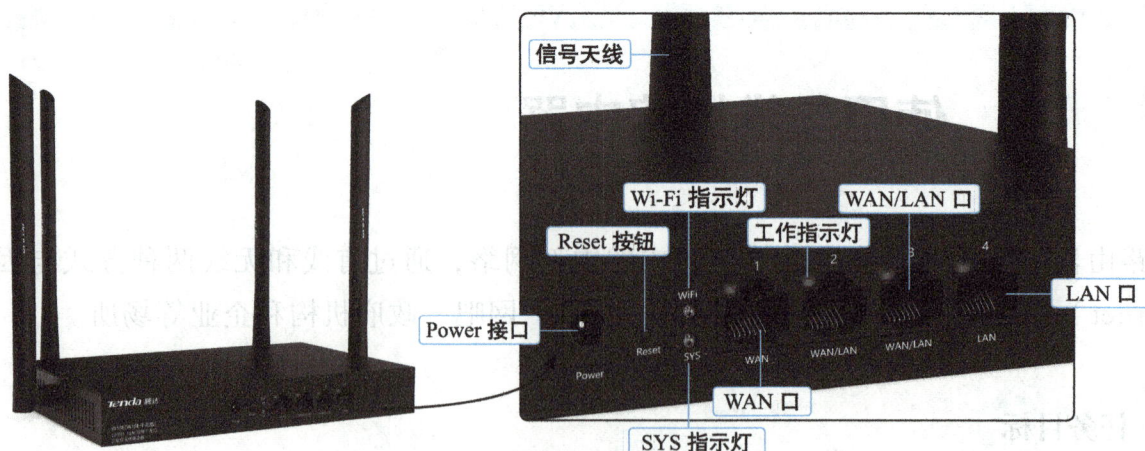

通俗地说，无线路由器的功能就是连接宽带调制解调器（ADSL Modem）和计算机，实现计算机联网的目的。无线路由器的结构主要由信号天线、指示灯、接口和按钮组成，如图2-57所示，其主要功能见表2-4和表2-5。

高清大图

无线路由器的
结构

图2-57　无线路由器的结构

表2-4 无线路由器接口和信号天线的主要功能

名称	主要功能
Power 接口	连接电源线
Reset 按钮	在无线路由器 SYS 指示灯闪烁状态下，按住此按钮约 8 秒，当指示灯全亮时，无线路由器将会恢复到出厂状态
WAN 口	外网接口，连接因特网，网线可能是从光 Modem、ADSL Modem、有线电视 Modem 接出来的网线，也可能是网络服务提供商直接提供的宽带网线
WAN/LAN 口	内外网共用接口，默认为内网接口，可登录无线路由器管理软件更改
LAN 口	内网接口，连接计算机、打印机等内部网络设备
信号天线	发送和接受无线信号

表2-5 无线路由器指示灯的主要功能

名称	状态	主要功能
Wi-Fi 指示灯	长亮	不同频率的无线功能已开启
	闪烁	正在通过无线传输数据
	熄灭	无线功能未开启
SYS 指示灯	长亮	系统正在启动或系统出现故障
	闪烁	系统运行正常
工作指示灯	长亮	对应接口没有数据传输
	闪烁	对应接口正在传输数据
	熄灭	对应接口未连接或连接异常

3. 无线路由器的重要性能指标

无线路由器的性能指标不同，数据传输能力也不同，其重要的性能指标有以下 5 项。

● **CPU**。无线路由器的CPU主频越高（主流的无线路由器的CPU主频通常都超过1.0GHz），其数据处理速度越快，能同时连接的计算机和无线办公设备的数量就越多。

● **内存**。无线路由器的运行内存越大，其运行越流畅，主流无线路由器的内存为256MB。

● **频率范围**。主流无线路由器的频率范围通常都支持双频（2.4GHz、5GHz）。

- **网络模式**。主流无线路由器的网络模式都支持3G/4G/5G。
- **传输速率**。无线路由器的传输速率越高，其能够连接的计算机和无线办公设备的数量就越多，主流无线路由器的传输速率达到了2976Mbit/s。

4．无线路由器的选用

选用无线路由器时需要注意以下一些事项。

知识链接

无线路由器的
选用

- **入户宽带**。若入户宽带线路 < 100MB，选用"百兆"端口路由器可满足需求；若入户宽带线路 ≥ 100MB，建议选用"千兆"端口路由器。
- **空间大小**。办公室面积对无线路由器的选择也有影响，例如，面积较小的办公室仅需一台无线路由器即可实现基本覆盖；面积较大的办公室则需要使用多台无线路由器组网来实现全面覆盖。
- **其他功能**。选用无线路由器时，一些功能特点也可以作为参考，例如，网络接口的数量、信号天线类型和数量、无线安全功能等。

任务实施

微课视频

连接路由器

1．连接路由器

路由器通过数据线和电源线与因特网、计算机连接，具体操作如下。

①　使用网线将路由器的 WAN 口与 ADSL Modem 的 LAN 口或宽带网口相连接。

②　使用网线将计算机的网络接口与路由器的任意 LAN 口相连接。

③　将电源适配器的插头插入路由器的 Power 接口，如图 2-58 所示。

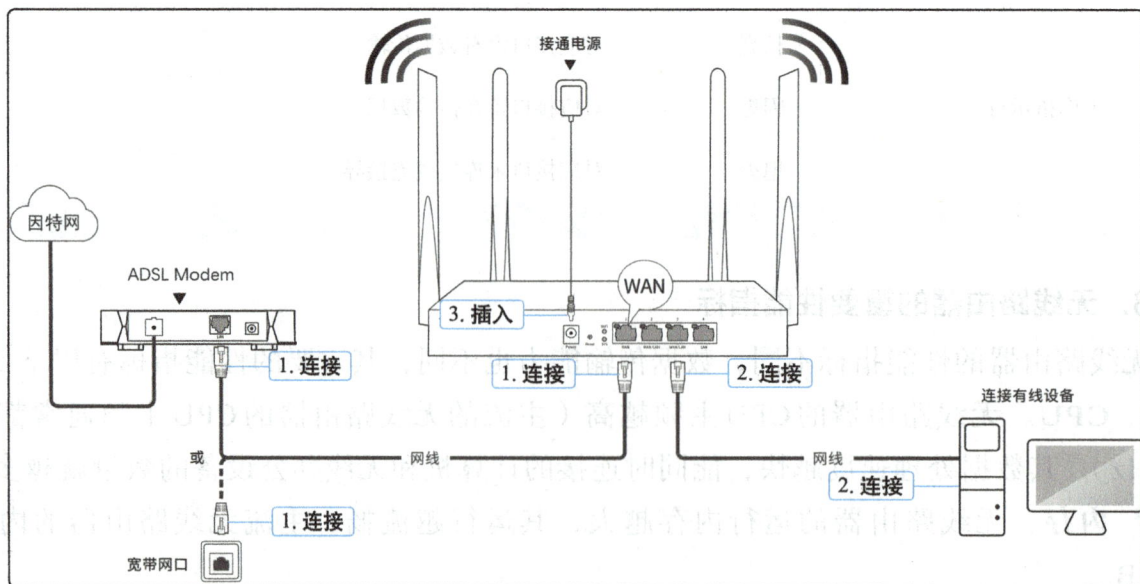

图2-58　连接路由器

2．设置路由器

微课视频

设置路由器

设置路由器主要包含设置有线网络和设置无线网络两个部分。

（1）设置有线网络

设置有线网络主要有两个重要步骤，一是为路由器设置 ADSL 拨号连接，二是为每台计算机设置单独的 IP 地址，具体操作如下。

1 打开浏览器，在地址栏中输入"192.168.0.1"或者路由器网址（具体可以查看路由器的用户手册），按【Enter】键进入路由器的设置界面。

2 打开"创建管理员密码"界面，在"设置密码""确认密码"文本框中输入相同的密码，单击"确定"按钮，如图 2-59 所示。

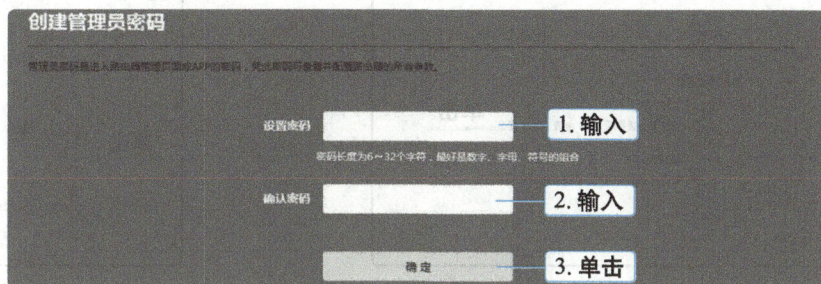

图2-59　设置管理员密码

3 打开"上网设置"界面，在"上网方式"下拉列表框中选择"宽带拨号上网"选项，在"宽带账号""宽带密码"文本框中分别输入宽带账号和宽带密码，单击"下一步"按钮，如图 2-60 所示。

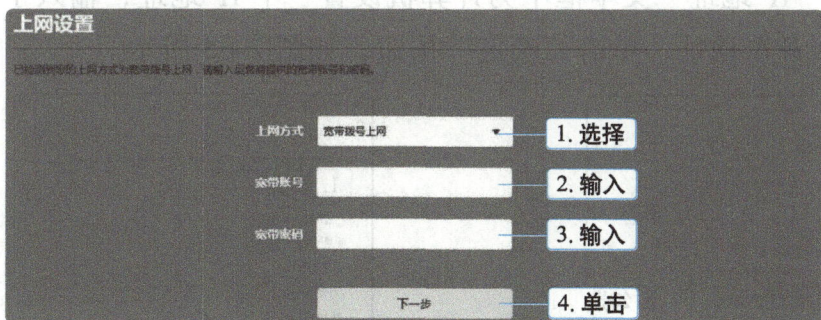

图2-60　输入宽带账号和宽带密码

4 在"上网方式"下拉列表框中选择"自动获得 IP 地址"选项，单击"下一步"按钮，如图 2-61 所示。

5 在确认这些设置无误的情况下，单击"保存"按钮保存设置。

6 在连接到路由器的计算机的 Windows 10 的"网络"图标上单击鼠标右键，在弹出的快捷菜单中选择"属性"命令。

7 在打开的"网络和共享中心"窗口的"查看活动网络"栏中单击"以太网"超链接，如图 2-62 所示。

8 在打开的"以太网 状态"对话框中单击"属性"按钮，如图 2-63 所示。

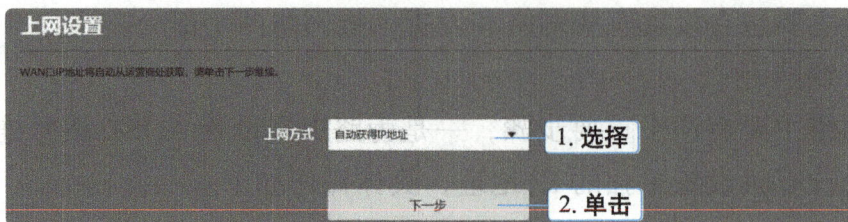

图2-61 设置IP

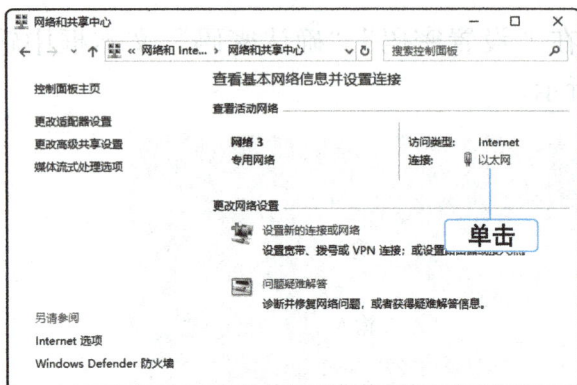

图2-62 "网络和共享中心"窗口

图2-63 "以太网 状态"对话框

9 在打开的"以太网 属性"对话框的"此连接使用下列项目"列表框中勾选"Internet 协议版本 4（TCP/IPv4）"复选框，单击"属性"按钮，如图 2-64 所示。

10 打开"Internet 协议版本 4（TCP/IPv4）属性"对话框，选中"使用下面的 IP 地址"单选项，在"IP 地址"文本框中为计算机设置一个 IP 地址，输入子网掩码、默认网关和首选 DNS 服务器地址，单击"确定"按钮，如图 2-65 所示。

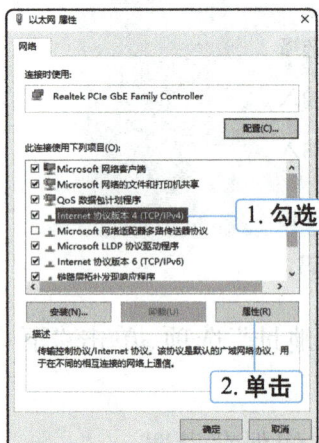

图2-64 选择Internet协议版本

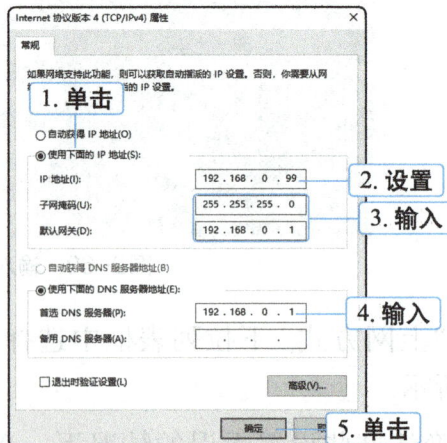

图2-65 设置IP地址

（2）设置无线网络

设置无线网络同样有两个重要步骤：一是为路由器设置无线连接；二是将无线设备连接到路由器中。具体操作如下。

①　进入"路由设置"界面，在左侧的列表中选择"无线设置"选项，打开"无线设置"界面，在"无线功能"栏中选中"开"单选项，打开路由器的无线功能，在下面的"无线名称""无线密码"文本框中分别输入网络的名称和密码，单击"保存"按钮，如图 2-66 所示，为路由器设置无线网络。

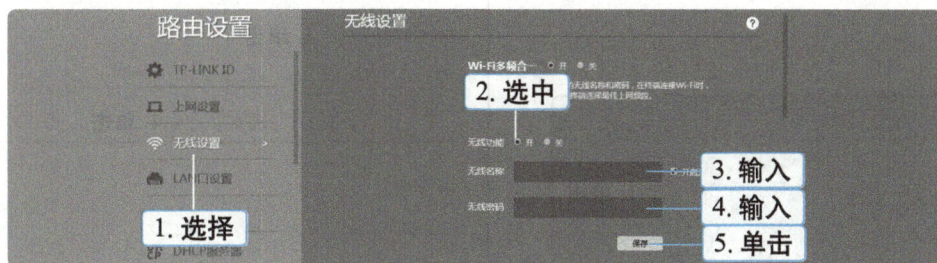

图2-66　设置无线网络

②　将笔记本电脑和平板电脑等无线办公设备连接到无线网络中的具体操作前面已经介绍过，这里不再赘述。

3. 通过路由器管理办公设备

利用路由器可以设置办公网络中各种办公设备的网速、上网时间和访问网站等，达到控制和管理小型网络系统的目的，具体操作如下。

①　进入路由器设置界面，单击"设备管理"按钮，进入"设备管理"界面，单击"禁用"按钮，可以禁止某个办公设备连接网络，如图 2-67 所示。

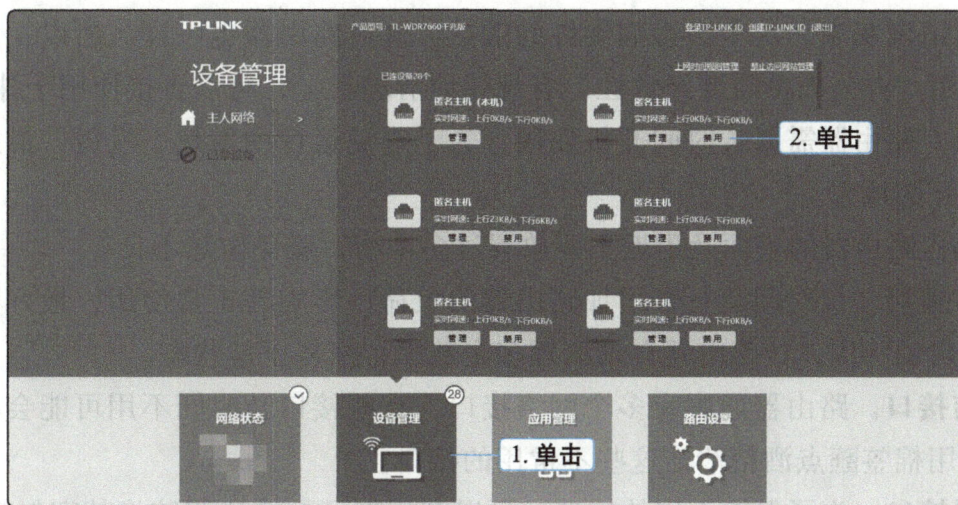

图2-67　管理网络系统

②　选择一台连接的计算机，单击"管理"按钮，进入该设备的上网管理界面，单击"限速"按钮，展开速度设置文本框，在其中可以输入允许该设备的最高网络速度，如图 2-68 所示。

③　在上网管理界面的"上网时间限制"栏中单击"允许添加上网时间段"链接，在

打开的对话框中单击"添加新的时间规则"按钮，打开设置上网时间的对话框，在其中可以进行设备的上网时间设置，包括时间段描述、开始时间、结束时间和重复，并依次单击"确定"按钮，如图2-69所示。

图2-68　设置限速

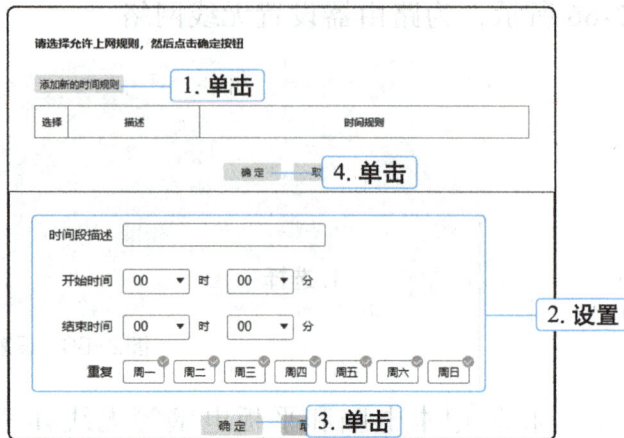

图2-69　设置上网时间段限制

④ 设置完成后，还可以单击"网站访问限制"栏中的"添加禁止访问的网站"链接，在打开的对话框中单击"添加新的网站"按钮，打开设置网络访问限制的对话框，在"网站"文本框中输入禁止访问的网站名称或域名，依次单击"确定"按钮。

4．日常维护与保养

路由器的日常维护与保养需要注意以下7点。

● **定时清理灰尘**。灰尘会影响硬件的散热，这对路由器也一样。所以，为了路由器能够长久使用，办公人员需要经常性、有规律地清理灰尘，可以直接使用干抹布擦拭。

● **通风**。路由器需要长时间开机使用，为了避免运行中发热、发烫，最好将其放在一个通风良好的地方。

● **散热**。路由器的表面及附近不要放置过多杂物，避免散热不良。

● **定时重启**。长时间运行会增加路由器的负荷，影响其正常使用，最好在使用一段时间后重新启动一次，让路由器自动清理多余数据，恢复正常状态。

● **清洁接口**。路由器通常有多个网络接口，有些接口长时间不用可能会积攒污垢和灰尘，可以用棉签蘸点酒精清洁这些不常用的接口。

● **密封接口**。为了保护不用的接口，可以利用创可贴或透明胶将其密封起来。

● **信号强度**。为了保证无线路由器的无线信号强度，最好将其放置在空旷处，尽量少穿越隔墙；放置位置也应该偏高一些，以便在较高的地方向下辐射，尽量减少信号盲区。

5．排除常见故障

办公人员可以自己排除路由器的一些常见故障，具体见表2-6。

表2-6 路由器的常见故障

故障现象	故障分析与排除
无法登录路由器设置界面	确认路由器连接正确，指示灯显示正常
	确认输入的登录域名或 IP 地址没有错误
	更换网线或者更换别的计算机进行尝试
	如果使用手机设置路由器，确认已关闭手机数据流量
	如果使用计算机设置路由器，确认计算机连接的是路由器的 LAN 口，且网线无松动现象（对应接口工作指示灯亮）
	将路由器恢复到出厂设置
搜索不到路由器的无线信号	查看路由器的 Wi-Fi 指示灯是否亮着，如果熄灭，用网线将计算机连接到路由器的 LAN 口，然后登录到路由器设置界面中，尝试以下方法： 检查无线网络是否已开启，如果关闭，则开启无线网络，再重新搜索； 如果无线网络已开启，则检查"隐藏无线网络"功能是否已开启，如果开启，则关闭"隐藏无线网络"功能，再重新搜索； 检查无线网络的名称是否含有中文字符，如果有，则设置为不含中文字符的名称
计算机或办公设备无法通过路由器上网	登录到路由器设置界面，确认路由器已连接到因特网。如果未连接，请连接
	如果连接 Wi-Fi 后无法上网，请确认已连接到正确的无线网络
	如果是网线连接到路由器 LAN 口的计算机无法上网，请确认计算机的 IP 地址获取方式为自动获取
手机搜索不到路由器的 5G 信号	只有兼容 5G 网络的设备才能搜索到 5G 信号，检查设备是否支持 5G

实训一 在计算机中安装操作系统

【实训要求】

安装操作系统是使用与维护计算机过程中常用的操作之一。本实训将介绍使用 U 盘为计算机安装 Windows 10 的方法，帮助读者学习使用与维护计算机的知识。

【实训思路】

本实训可运用计算机的使用与维护知识来操作，先将 Windows 10 的安装程序下载到 U 盘中，然后利用 U 盘将其安装到计算机中，如图 2-70 所示。

图2-70　在计算机中安装操作系统的操作思路

【步骤提示】

❶ 打开 Microsoft 的官方网站，进入 Windows 10 的下载网页，单击"立即下载工具"按钮，自动下载 Windows 10 的安装程序。网页中会弹出显示下载结果的对话框，单击该对话框中"打开文件"链接。

❷ 按照安装提示接受许可条款，选择为另一台计算机创建安装介质（U 盘、DVD 或 ISO 文件），将使用介质设置为 U 盘，下载 Windows 10 的安装程序，并将其存储到 U 盘中，同时 U 盘会被自动创建为启动盘。

❸ 将下载好 Windows 10 安装程序的 U 盘插入需要安装操作系统的计算机中，启动计算机后其中的安装程序将自动运行。

❹ 按照安装程序向导的提示安装 Windows 10，步骤包括设置系统语言、选择操作系统版本、接受许可条款、选择安装类型、选择安装分区、安装软件、准备设备、设置区域、设置输入法、设置账户、设置密码、确认密码、创建安全问题、发送活动记录、设置隐私和显示桌面等。

❺ 单击"开始"按钮▦，在打开的"开始"菜单中选择"Windows 系统"命令，在展开的列表的"此电脑"选项上单击鼠标右键，在弹出的快捷菜单中选择"更多"命令，在弹出的子菜单中选择"属性"命令，打开"系统"窗口，在"Windows 激活"栏中单击"激活 Windows"链接，通过产品密钥激活操作系统。

实训二　组建办公局域网

【实训要求】

局域网是目前办公中最常用的网络，几乎能够连接所有办公设备，其中计算机和路由器在办公网络中属于基础设备。本实训主要使用路由器和计算机来组建一个小型办公局域网，帮助读者进一步认识办公中的计算机设备。

【实训思路】

本实训将运用前面所讲的使用与维护计算机设备的知识进行操作。本实训首先通过网线连接台式机、路由器和 ADSL Modem，然后在台式机、笔记本电脑和平板电脑中设置有线和无线网络，如图 2-71 所示。

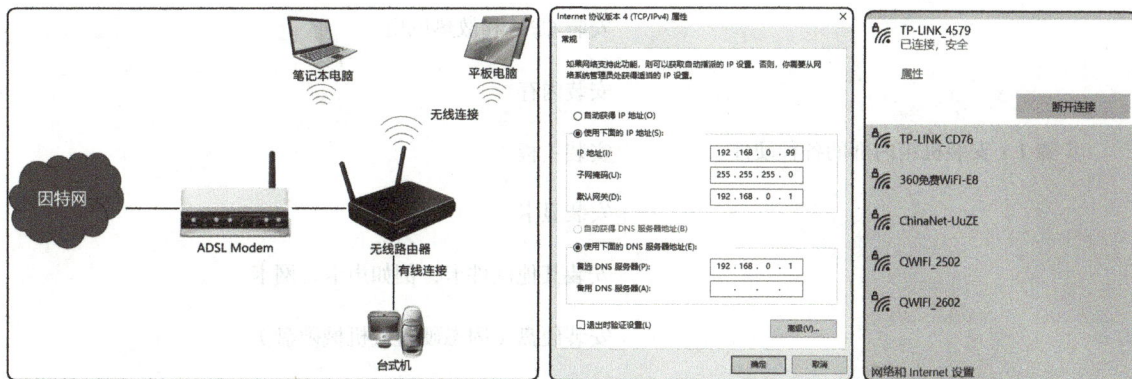

图 2-71　组建办公局域网的操作思路

【步骤提示】

① 连接路由器（WAN 口）和 ADSL Modem（LAN 口），再连接计算机网络接口和路由器（LAN 口）。

② 在台式机中进入路由器设置界面，输入上网账号和密码，并开启无线网络，设置无线网络的名称和密码。

③ 在台式机中自定义 IP 地址。

④ 在笔记本电脑中找到开启的无线网络，并输入密码连接到网络中。

⑤ 在平板电脑中找到开启的无线网络，并输入密码连接到网络中。

课后练习

练习 1：清理台式机的灰尘

打开台式机的机箱，使用清洁刷和电吹风将其中的灰尘清理掉。

练习 2：选购计算机设备

帮助某公司选购 10 台台式机、一台路由器和 6 台笔记本电脑，组建一个办公局域网。

技能提升

1. 组装计算机

组装计算机（台式机）的流程并不是固定的，但通常可以按照表 2-7 所示的流程进行。

微课视频

组装计算机

表2-7　组装计算机的流程

主要步骤	步骤内容
步骤 1：安装机箱内部的各种硬件	安装电源
	安装 CPU 和散热风扇
	安装内存
	安装主板
	安装显卡
	安装其他硬件卡，例如声卡、网卡
	安装硬盘（固态硬盘或机械硬盘）
步骤 2：连接机箱内的各种线缆	连接主板电源线
	连接硬盘数据线和电源线
	连接外部接口数据线
	连接内部控制线和信号线
步骤 3：连接主要的外部设备	连接显示器
	连接键盘和鼠标
	连接音箱
	连接主机电源

2．笔记本电脑的无线投屏功能

办公中经常需要将笔记本电脑中的文档投屏到电视上，其方法主要有两种。

● **方法**一。将笔记本电脑和电视都连接在同一个无线网络中，在笔记本电脑中需要投屏的文档上单击鼠标右键，在弹出的快捷菜单中选择"播放到设备"命令，然后在弹出的列表中选择需要投屏的电视名称，完成投屏操作。

● **方法**二。在进行无线投屏前，先要确定笔记本电脑使用的是 Windows 10，以及电视支持无线投屏，将电视的输入模式设置为投屏（或镜像、投影）后，在笔记本的操作系统界面中选择"开始"/"设置"命令，打开"Windows 设置"窗口，选择"系统"选项，打开"设置"窗口，在右侧的"显示"列表框的"多显示器设置"栏中单击"连接到无线显示器"链接，系统将搜索无线显示设备，并在右侧弹出列表显示所有搜索到的无线显示设备，单击需要投屏的电视对应的名称，完成投屏操作。

03

项目三

打印设备使用与维护

情景导入

老洪：米拉，我给你发送了一份公司新一年的主要工作安排文档，你把
它打印出来，贴在部门的公告栏上。

米拉：但我还不知道怎么用公司的打印机。

老洪：体积较大的这台打印机是激光打印机，此外，我桌上也放有一台
打印机，是喷墨打印机，你就用我那台打印机打印吧。

米拉：可是，我的计算机没有连接到你的那台打印机上。

老洪：这好办，我把打印机共享到网络中，你就可以直接打印了，我顺
便再给你讲讲打印设备的使用与维护……

学习目标

- 了解打印设备的类型、结构和重要性能指标
- 掌握选用打印设备的方法
- 掌握使用打印设备的方法
- 掌握维护打印设备的方法

技能目标

- 能使用打印机打印各种类型的办公文档
- 能对打印机进行日常维护与保养
- 能排除打印机的常见故障

任务一　使用与维护针式打印机

用打印针和色带以机械冲击的方式在纸张上印字的打印机就是针式打印机，它是一种典型的击打式打印机，能够完成其他打印机无法实现的多联纸一次性打印操作。对于一些需要打印多联单据和用户存底的行业，例如，医院、银行、邮局、保险、餐饮等，针式打印机是必备的办公设备之一。

任务目标

公司将通过快递为全体员工送出新年礼物，需要使用针式打印机打印所有的快递单。通过对本任务的学习，读者可以掌握针式打印机的基本操作，并能够使用和维护针式打印机。

相关知识

1. 针式打印机的类型

针式打印机可按照打印对象分为以下 4 种。

- **平推票据打印机。** 这类针式打印机主要用于打印支票、发票等办公票据。
- **存折证卡打印机。** 这类针式打印机主要用于打印存折、学历证书、户口本等证件。
- **微型打印机。** 这类针式打印机主要用于打印二维码、小票等小型票据。
- **通用打印机。** 这类针式打印机同时具备打印票据和证件的功能。

2. 针式打印机的结构

针式打印机的结构比较简单，主要由正面部件（主要是控制面板）和后部接口组成。

- **正面部件。** 图 3-1 所示为针式打印机的正面部件，其中控制面板中各组件的名称和功能见表 3-1。

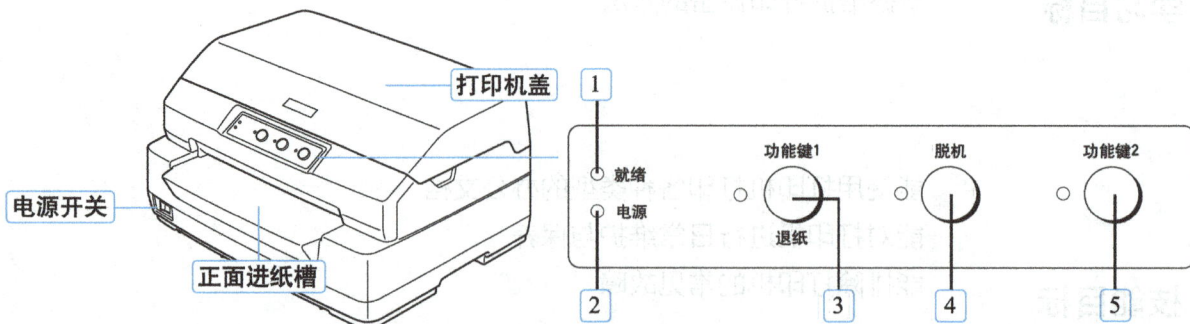

图3-1　针式打印机的正面部件

表3-1 针式打印机的控制面板

编号	组件名称		功能
1	就绪指示灯（黄色）		当打印机准备接收或已经接收数据时，此灯亮； 当打印操作出现错误时，此灯亮且闪烁
2	电源指示灯（绿色）		当打印机电源开时，此灯亮几秒； 打印机暂停时，此灯亮
3	功能键1	退纸按键	当打印机进入默认设置模式时，按此按键可选择下一个菜单
		退纸指示灯（黄色）	当打印机在PR2模式中，当退纸指示灯亮、灭或闪烁时都可进行程序设置
4	脱机按键	脱机按键	在打印机脱机和联机之间进行切换。当打印机进入默认设置模式时，按此按键可选择上一个菜单
		脱机指示灯（黄色）	打印机脱机时，此指示灯亮
5	功能键2	按键	当打印机进入默认设置模式时，按此按键可更改设置
		指示灯（黄色）	当打印机在PR2模式中时，仅可进行程序设置。在PR2模式中，当此灯亮、灭或闪烁时都可进行程序设置

● **后部接口**。图3-2所示为针式打印机的后部接口。

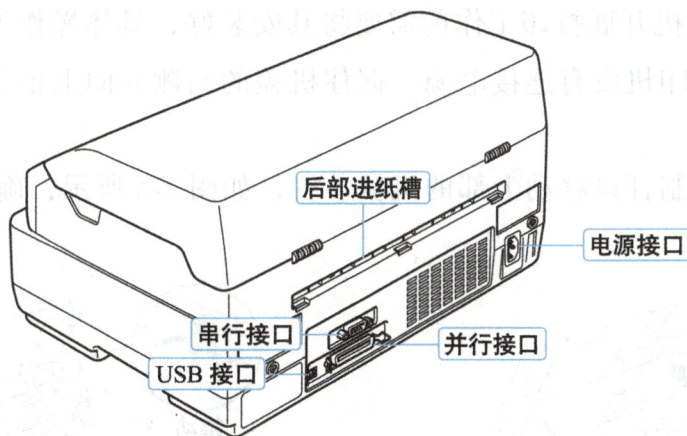

图3-2 针式打印机的后部接口

3. 针式打印机的重要性能指标

针式打印机的一些重要性能指标如下。

● **打印方式**。打印方式表示针式打印机在打印过程中所采用的模式，模式越多，用户可以选择的打印方式就越多，从而节省时间，提高打印速度和效率。

● **打印头**。主流的针式打印机都采用24针或48针的打印头，针的寿命有2亿次/针、

3亿次/针、4亿次/针和5亿次/针4种。

● **打印速度**。这是针式打印机重要的性能指标之一，厂家一般只给出打印一行西文字符或中文汉字时的打印速度。主流针式打印机的打印速度一般在200字/秒以上。

● **进纸方式**。一台好的针式打印机应具备多种进纸功能，一般情况下应有连续输送纸的链轮装置，以保证进纸的精度和避免进纸过程中的偏斜。另外，针式打印机是否具备单页纸和卡片纸的输送能力及是否具备平推进纸的能力，对票据打印十分重要。

4．针式打印机的选用

由于针式打印机具有特殊性，因此在选用时应该注意以下两个方面。

● **耐用性**。针式打印机色带的寿命是用户应考虑的因素之一，大容量、长寿命的色带能够减少耗材费用。影响色带寿命的原因有色带芯的质量、色带盒的大小和色带的长短等。

知识链接

针式打印机的
选用

● **服务质量**。除去产品的品质问题，厂家的售前、售中、售后服务质量往往关系到设备能否长期、良好地运行，因此这也是选购时应着重考虑的一项指标。

任务实施

微课视频

安装针式打印机

1．安装针式打印机

在使用针式打印机开展打印工作前需要将其安装好，具体操作如下。

① 确保针式打印机没有连接电源，握住机盖的两侧并向上抬起打开机盖，如图3-3所示。

② 向前推动控制杆以移动上部的机械装置，如图3-4所示，确保推动控制杆到锁定位置。

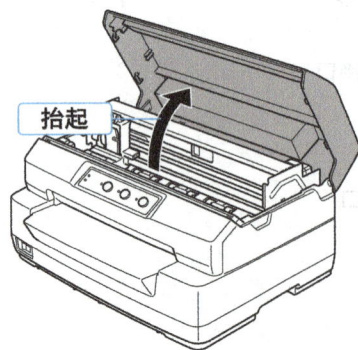

图3-3　打开机盖

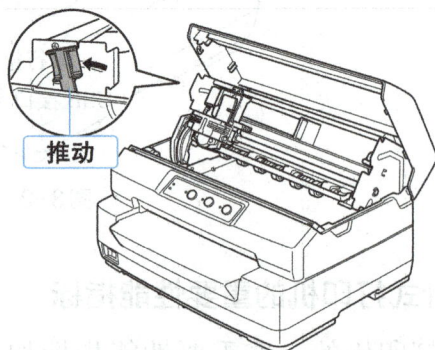

图3-4　推动控制杆

③ 用手将打印头移动到打印机中间位置，如图3-5所示。

④ 在打印机包装中找到色带架，将色带架的挂钩插入打印机的插槽中，按下色带

架的两端，直到听到"咔嗒"声，如图 3-6 所示。

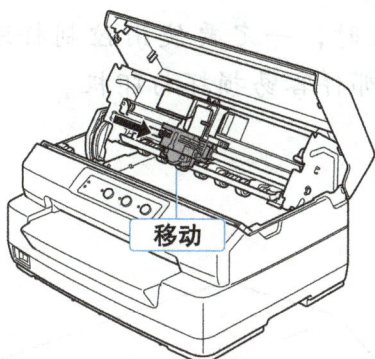

图3-5 移动打印头

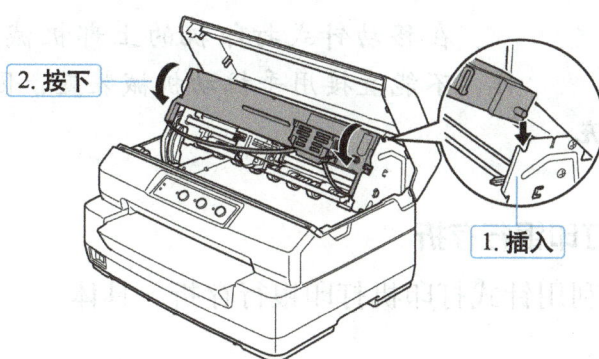

图3-6 安装色带架

5 用手握住色带导轨的两侧，并向下拉，直到拉出色带，如图 3-7 所示。

6 将色带导轨移动到打印头的下部，向上推动至锁定位置，如图 3-8 所示。

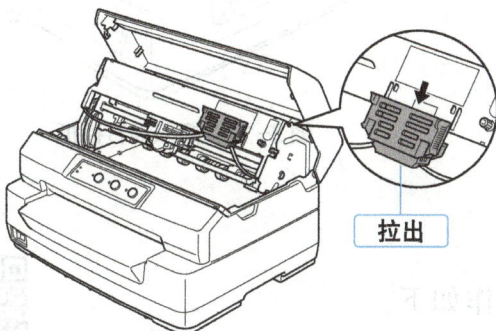

图3-7 拉出色带

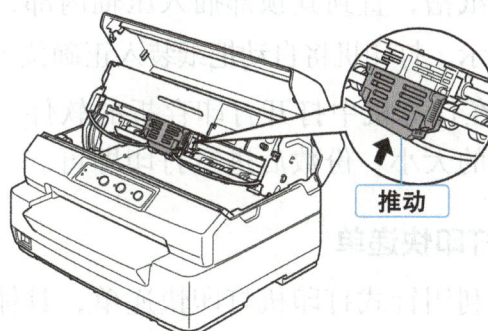

图3-8 安装色带

7 旋转色带的松紧旋钮，拉紧色带，如图 3-9 所示。

8 拉回控制杆，使上部机械装置移动到原位，如图 3-10 所示，确保控制杆锁定到位。

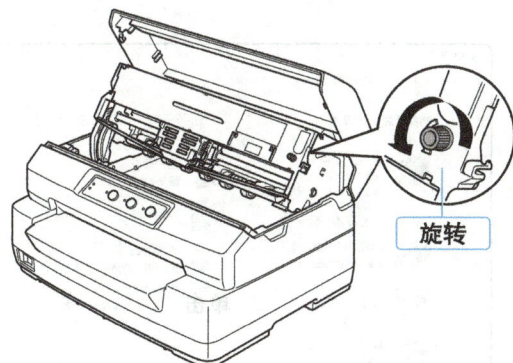

图3-9 拉紧色带

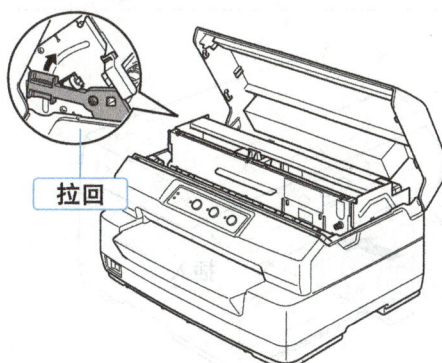

图3-10 拉回控制杆

9 关上打印机机盖，完成安装操作。

知识补充

在移动针式打印机的上部机械装置时，一定要使用控制杆进行操作，不能直接用手拉动机械装置，因为那样容易损坏打印机。

2. 打印银行存折

下面利用针式打印机打印银行存折，具体操作如下。

❶ 打开银行存折需要打印的页面，确保页面平整。

❷ 将银行存折可打印面朝上插入打印机的正面进纸槽，直到其顶部插入压轴内部，如图3-11所示，打印机将自动把纸装入正确位置。

❸ 在计算机中打开打印存折的软件，设置好打印的大小、份数后进行打印即可。

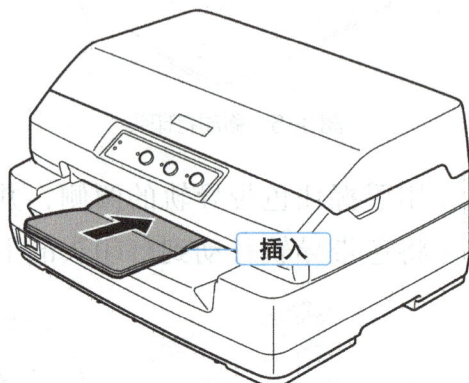

图3-11　插入银行存折

3. 打印快递单

下面利用针式打印机打印快递单，具体操作如下。

❶ 将打印纸正面朝上插入打印机的正面进纸槽，直到其顶部插入压轴内部，如图3-12所示，打印机将自动把纸装入正确位置。

❷ 在计算机操作系统中选择"开始"\"Windows 系统"\"控制面板"命令，打开"控制面板"窗口，单击"查看设备和打印机"链接，如图3-13所示。

微课视频

打印快递单

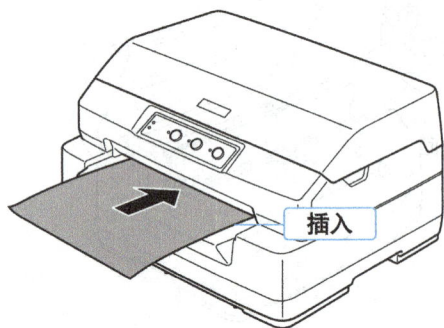

图3-12　插入打印纸

图3-13　"控制面板"窗口

❸ 打开"设备和打印机"窗口，在"打印机"栏中选择需要进行打印的针式打印机的选项，并在上面的工具栏中单击"打印服务器属性"按钮，如图3-14所示。

❹ 打开"打印服务器 属性"对话框，在"纸张规格"选项卡的"纸张规格名称"

文本框中输入"快递单",勾选"创建新纸张规格"复选框,在下面的"纸张规格描述(度量设置)"栏的"宽度"文本框中输入"22.9cm",在"高度"文本框中输入"12.8cm",设置快递单的纸张规格,单击"确定"按钮,如图 3-15 所示。

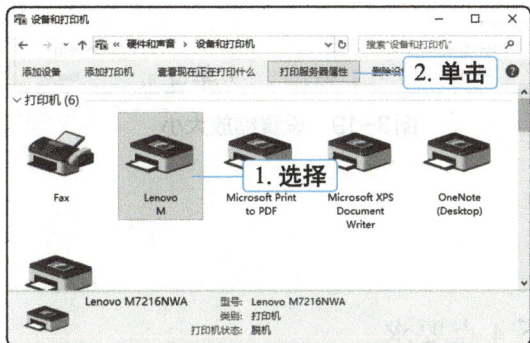

图3-14 选择打印机

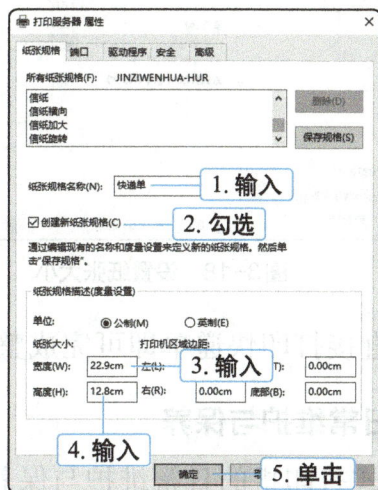

图3-15 创建快递单打印规格

5 返回"设备和打印机"窗口,在所选针式打印机选项上单击鼠标右键,在弹出的快捷菜单中选择"打印机属性"命令,如图 3-16 所示。

6 打开打印机的属性对话框,在"常规"选项卡中单击"首选项"按钮,如图 3-17 所示。

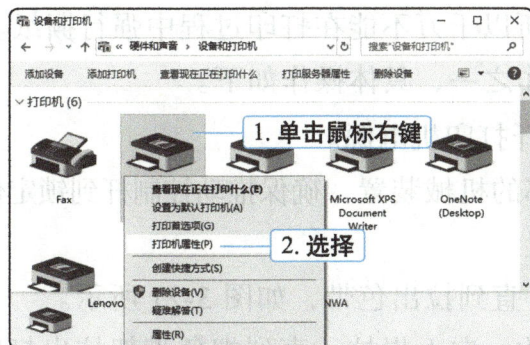

图3-16 选择"打印机属性"命令

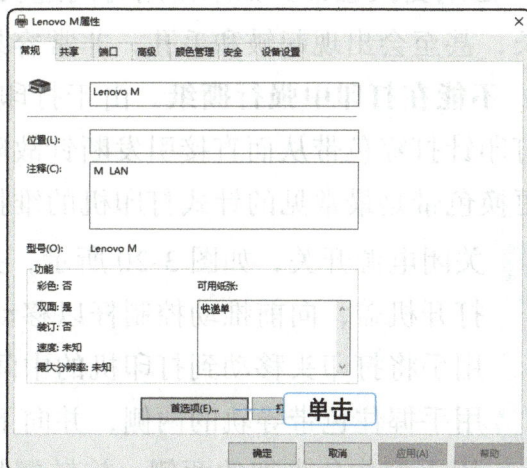

图3-17 设置打印机属性

7 打开打印机的打印首选项对话框,单击"基本"选项卡,在"纸张大小"下拉列表中选择"快递单"选项,如图 3-18 所示。

8 单击"高级"选项卡,在"缩放"栏中选中"调整至纸张大小"单选项,在其下拉列表中选择"快递单"选项,单击"确定"按钮,如图 3-19 所示。

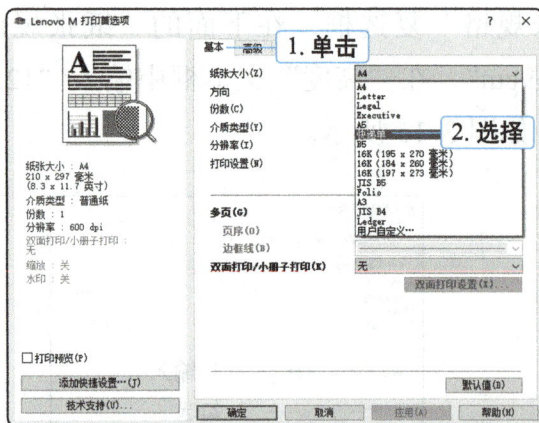

图3-18　设置纸张大小

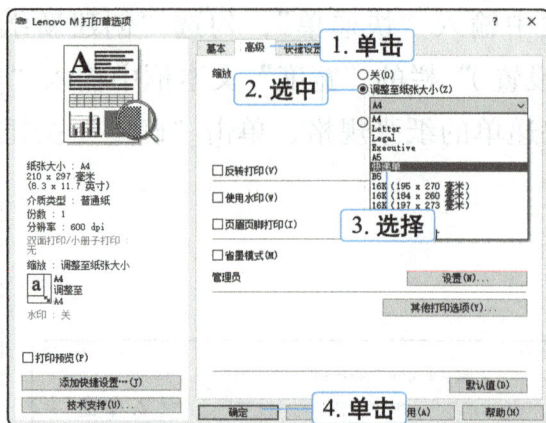

图3-19　设置缩放大小

9 直接打印快递单即可完成整个操作。

4. 日常维护与保养

对针式打印机的日常维护与保养主要有以下4点要求。

● **经常清洁打印头**。长期使用的针式打印机，色带的油墨和污垢会堵塞打印机的导针孔，容易使打印机产生断针故障。因此一般在使用3个月后清洗一次打印头，如果是使用频率较高的打印机，一般在使用1个月后清洗一次打印头。

● **使用高质量的色带**。质量低的色带采用的带基会有明显的双层接头，且油墨质量差，容易引发断针故障，因此应选择使用高质量的色带盒和色带。

● **定期更换色带**。如果使用时间过长，即使是高质量的色带也会出现弹性减弱、松弛变长，甚至会出现起皱和毛孔，非常容易引发断针故障，因此色带也需要定期更换。

● **不能在打印中强行撕纸**。由于打印中色带芯紧紧贴着打印头，此时撕纸会非常容易使打印针打穿色带从而直接引发断针故障，所以千万不能在打印过程中强行撕纸。

更换色带是最常见的针式打印机的维护操作之一，具体操作如下。

1 关闭电源开关，如图3-20所示，并断开打印机电源。

2 打开机盖，向前推动控制杆以移动上部的机械装置，确保推动控制杆到锁定位置。

3 用手将打印头移动到打印机的中间位置。

4 用手握住色带导轨的两侧，并向下拉，直到拉出色带，如图3-21所示。

5 用手握住色带架的两侧，旋转塑料挂钩，向上提拉，直到把色带架拉出打印机，如图3-22所示。

6 安装新的色带，具体操作前面已经介绍过，这里不再赘述，完成后关上打印机机盖即可完成更换色带的操作。

使用与维护喷墨类型打印机

购买的针式打印机标准配件中通常都有一个新的色带架，其各部件的名称如图3-23所示。

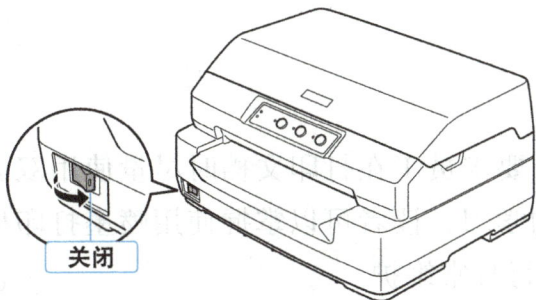

知识补充

图3-20 关闭电源

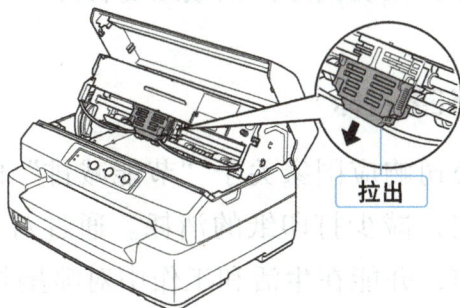

图3-21 拉出色带

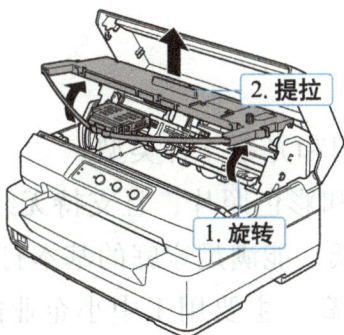

图3-22 取出色带架

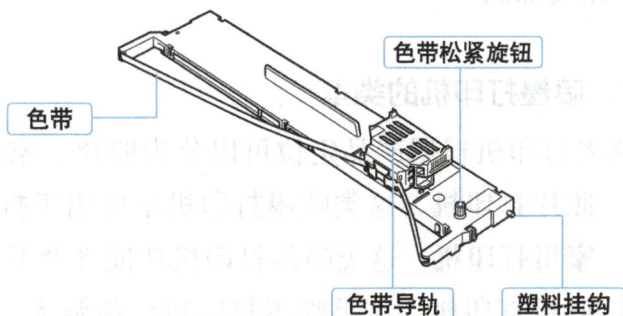

图3-23 色带架结构

5. 排除常见故障

在使用针式打印机时，最常见的就是色带故障，下面介绍4种排除针式打印机色带故障的方法。

● **色带断裂**。色带的拉力过大会拉断缝合线或打烂色带从而导致色带断裂。前一种情况可将断裂部分剪掉，再重新将色带缝合好；后一种情况则需要更换色带。

● **色带被卡**。色带的边缘脱丝、起毛后容易缠住色带轮，导致色带导轨被卡，色带不能正常缩回色带导轨。解决方法是打开打印机机盖，将色带轻轻拉回，然后关上打印机机盖，打开电源，打印机在自检后色带就会被装回色带导轨。

● **色带主动轮驱动带磨损或断裂**。这种故障是由于驱动带使用时间过长或字符链摩擦驱动带引起的。解决方法是调整字符链的位置，使其不再摩擦驱动带；已断裂的则需要更换。

● **色带运动传感信号无故中断**。先检查色带运动传感信号线是否已经损坏或没有插好，若断裂则需要更换信号线，没插好则需要重新插入。

任务二　使用与维护喷墨打印机

喷墨打印机是一种经济型的高品质打印机，其因具有强大的彩色功能和较低的价格等优势，在现代办公领域颇受青睐。

任务目标

公司响应国家关于"节能减排"的号召，要求员工在打印文档时尽量使用双面打印的方式，减少打印纸的消耗。通过对本任务的学习，读者可以掌握使用喷墨打印机的基本操作，并能在生活和工作中对喷墨打印机进行日常维护。

相关知识

1. 喷墨打印机的类型

喷墨打印机根据产品定位可以分为照片、家用、商用和光墨4种类型。

● **照片打印机**。这类喷墨打印机主要用于打印黑白和彩色照片，且支持无线网络。

● **家用打印机**。这类喷墨打印机功能齐全但性能较低，能满足家庭的基本打印需求。

● **商用打印机**。这类喷墨打印机性能强大、价格较高，主要用于中小企业的办公打印，且能够打印较高质量的图片或照片。

● **光墨打印机**。这类喷墨打印机融合了喷墨打印机和激光打印机的优势技术，在目前主流的桌面办公打印设备中，是打印速度较快的类型。

2. 喷墨打印机的结构

喷墨打印机的结构分为外部结构和内部结构两个部分。

● **外部结构**。外部结构比较简单，主要分为正面和背面两个部分，如图3-24所示。

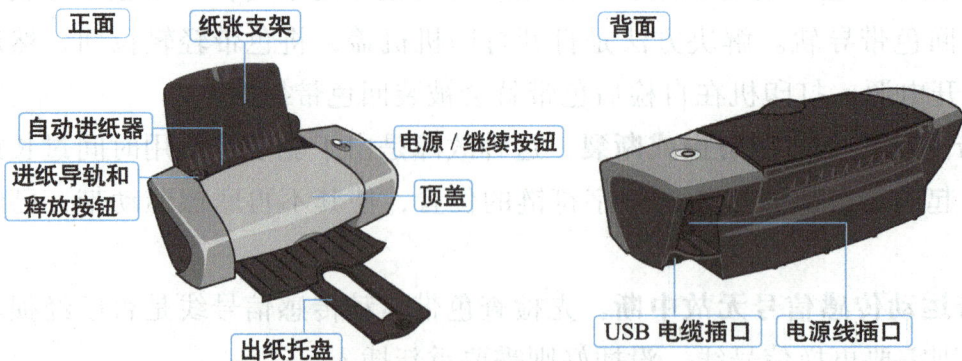

高清大图

喷墨打印机的结构

正面　纸张支架　背面

自动进纸器　电源/继续按钮

进纸导轨和释放按钮　顶盖

出纸托盘

USB电缆插口　电源线插口

图3-24　喷墨打印机的外部结构

喷墨打印机外部结构中主要部件的功能见表3-2。

表3-2 喷墨打印机外部结构中主要部件的功能

部件名称	主要功能
纸张支架	保持自动进纸器内的纸张平直
自动进纸器	自动传送纸张
电源／继续按钮	打开或关闭打印机的电源，送出打印机内的纸张，查看打印机状态
顶盖	安装或更换墨盒，清除卡纸
进纸导轨和释放按钮	确保纸张能够正确地进入打印机内
出纸托盘	盛放打印机送出的打印页
USB 电缆插口	将打印机连接到计算机上
电源线插口	为打印机连接电源

● **内部结构**。在喷墨打印机的内部结构中，需要了解的主要是墨盒拖车（墨盒架）和墨盒，如图3-25所示。墨盒拖车的功能是安装和移动墨盒，墨盒的功能是盛装打印墨水。

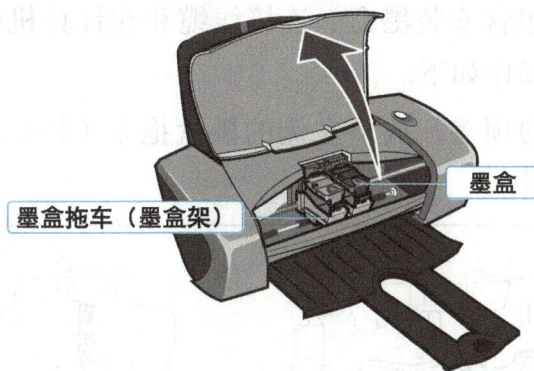

图3-25 喷墨打印机的内部结构

3. 喷墨打印机的重要性能指标

喷墨打印机的重要性能指标主要包括分辨率、色阶、打印速度和色彩调和能力。

● **分辨率**。一般的彩色喷墨打印机有黑白打印的分辨率和彩色打印的分辨率两种，目前市场上的主流彩色喷墨打印机的最高分辨率都可以达到1200dpi×1200dpi以上。

● **色阶**。办公中经常需要打印图片，除分辨率外，喷墨打印机还必须要有丰富的色阶，要不然打印出的效果也不好。

● **打印速度**。和分辨率一样，打印速度也分为两种，黑白打印相对比较简单，因此打印的速度比较快；而彩色的图案要处理的数据较多，因此打印速度比较慢。另外，打印速度与实际打印时设定的分辨率大小有关，设定的分辨率越高，打印速度越慢。

● **色彩调和能力**。目前主流彩色喷墨打印机通常是采用五色的彩色墨盒，加上原来的黑色墨盒，形成所谓的六色打印，打印效果更佳。

4. 喷墨打印机的选用

知识链接

喷墨打印机的选用

喷墨打印机适合在办公分组较多、组内人员少，或是家居办公型及小规模的公司等对打印需求量较小的办公环境中使用，其次还需要注意以下两个问题。

● **用途**。用途即购买喷墨打印机的主要目的。喷墨打印机的价格较便宜，但耗材相对较贵。如果办公中需要打印一些图文并茂的文档，可以选用彩色喷墨打印机。

● **耗材**。绝大多数喷墨打印机都可以使用非原装墨盒，还可以直接在墨盒中填充墨水，选用这类喷墨打印机可以节约办公成本。

任务实施

1. 安装喷墨打印机

微课视频

安装喷墨打印机

安装喷墨打印机主要包含安装墨盒、连接线缆和在计算机中安装驱动程序 3 个重要步骤，具体操作如下。

1 打开喷墨打印机的顶盖，放下左侧的墨盒拖车（该喷墨打印机只有彩色和黑色两种墨盒），如图 3-26 所示。

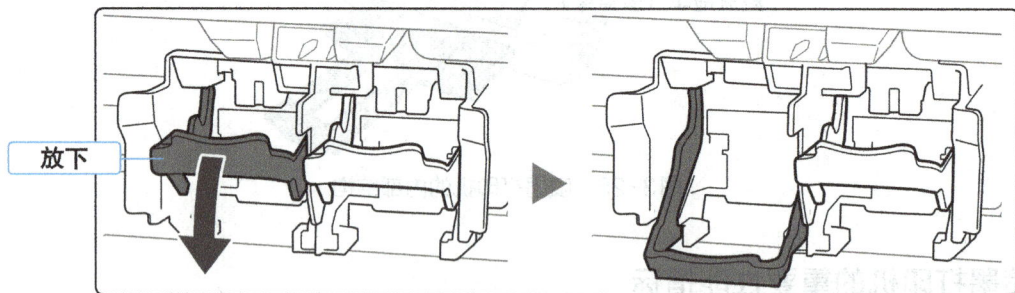

放下

图 3-26　放下墨盒拖车

2 从包装袋中取出彩色墨盒并撕下保护胶带，如图 3-27 所示。

知识补充

不要触摸保护胶带上的墨水，避免污染手或周围物品。另外，也不要触摸墨盒的安装金属接触面（图 3-28 所示圆圈标注的区域），避免打印机出现无法正常打印的故障。

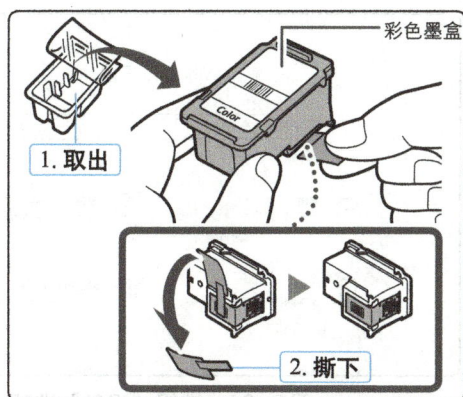

图3-27 撕下墨盒的保护胶带

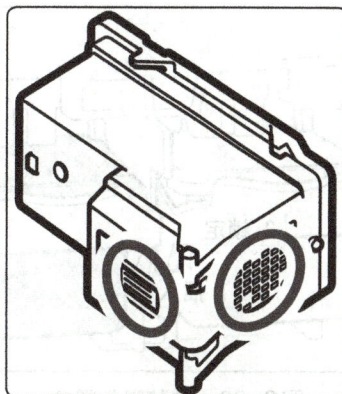

图3-28 墨盒的安装金属接触面

3 将彩色墨盒的安装金属接触面朝里，插入墨盒的固定器中，抬起墨盒拖车，锁定墨盒，如图 3-29 所示。

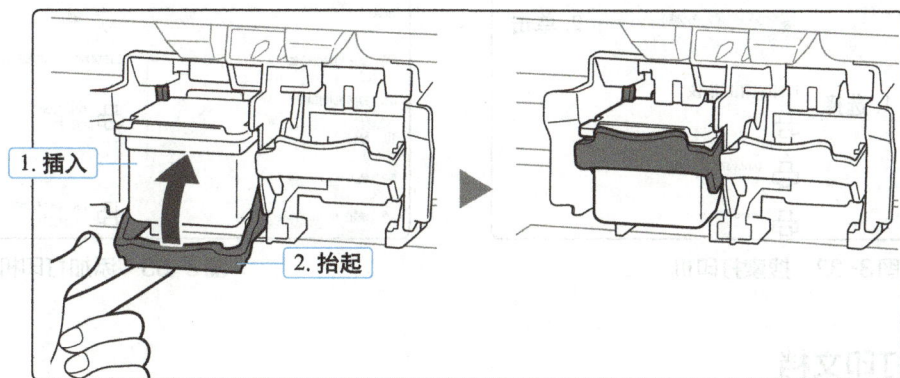

图3-29 插入和锁定墨盒

4 重复前面的步骤，将黑色墨盒安装到右侧的墨盒拖车中，如图 3-30 所示，关闭喷墨打印机的顶盖。

5 将打印机的数据线连接到计算机，将 USB 连线的两端分别插入计算机机箱后面相应的接口和打印机的 USB 接口中。

6 连接电源线，将电源线的"D"型头插入打印机的电源线插口中，将另一端插入电源插座插口。

7 按电源开关启动打印机，在计算机中选择"开始"—"设置"命令，打开"设置"窗口，选择"设备"选项，如图 3-31 所示。

8 打开"设置"窗口，选择"打印机和扫描仪"选项，在右侧单击"添加打印机或扫描仪"按钮，如图 3-32 所示。

9 计算机会自动搜索连接的打印机，并显示打印机的名称，选择相应的打印机选项，在展开的选项中单击"添加设备"按钮，如图 3-33 所示。

10 计算机会自动安装该打印机的驱动程序，并在下面的"打印机和扫描仪"列表框中显示该打印机，表示可以进行打印操作。

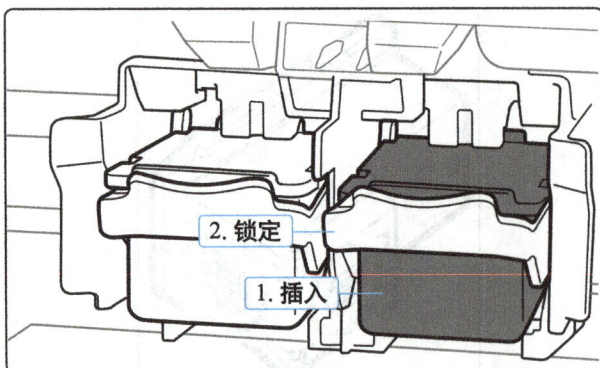

图3-30　安装黑色墨盒

图3-31　选择"设备"选项

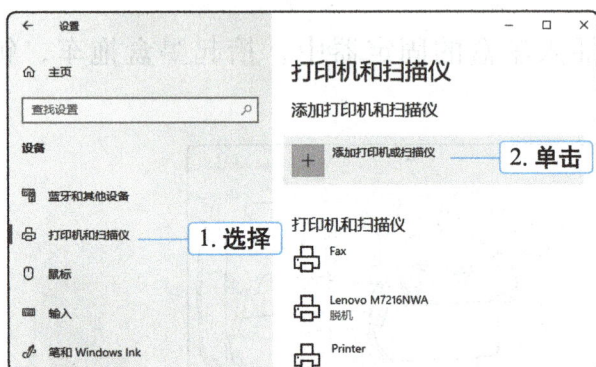

图3-32　搜索打印机

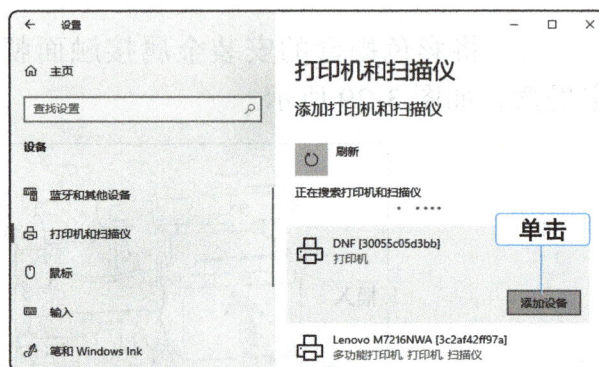

图3-33　添加打印机

2．双面打印文档

下面使用喷墨打印机双面打印文档，具体操作如下。

1 紧靠纸张支架垂直装入打印纸，如图3-34所示。

2 调节进纸导轨，使其滑动到纸张的左边缘，如图3-35所示。

微课视频

双面打印文档

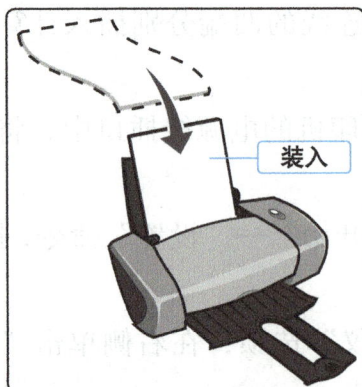

图3-34　装入打印纸

图3-35　调节进纸导轨

3 在Word中打开需要打印的文档，单击"文件"按钮，在展开的列表中选择"打印"选项，展开"打印"栏，在"打印机"下拉列表中选择喷墨打印机对应的选项，如图3-36所示。

④ 在"单面打印"下拉列表中选择"手动双面打印"选项，单击"打印"按钮，如图 3-37 所示。

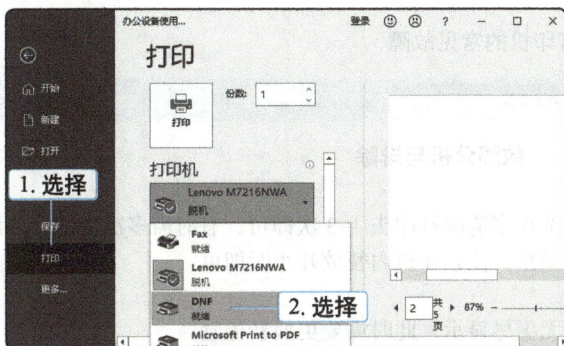

图 3-36 选择打印机

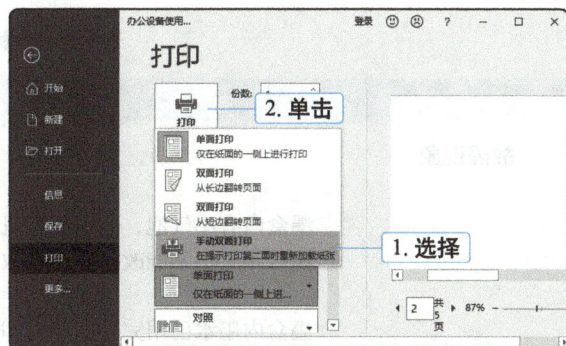

图 3-37 设置双面打印

⑤ 打印机开始打印文档，且打印出的文档页码均为奇数。

⑥ 系统打开一个提示框，提示"请将出纸器中已打印好一面的纸取出并将其放回送纸器中"，单击"确定"按钮，暂时不需操作。

⑦ 待所有奇数页文档打印完毕后，不要进行页序调整（如整篇文档为奇数页 5、7 等，最后一页在打印时会自动走纸出空白页），将打印完毕的纸张装入打印支架中，并将空白的一面朝向打印机打印头的方向。

⑧ 在打开的提示框中单击"确定"按钮，打印机将开始逆页序打印偶数页文档，完成双面打印操作。

3. 日常维护与保养

虽然现在购买喷墨打印机商家都会提供免费维修的保障（一般是一年内），但是如果平时注意日常的维护和保养，会让喷墨打印机时刻保持最佳的打印效果。

● **确保使用环境清洁**。使用环境灰尘太多，容易导致打印头的运动受阻，从而引起打印位置不准确或造成死机。因此需要保持导轴干净。

● **保证预热时间**。在刚开启喷墨打印机电源开关后，电源指示灯或联机指示灯会闪烁，这表示喷墨打印机正在预热，在此期间，不要进行任何操作，待预热完毕指示灯不再闪烁时才能进行操作。

● **选用质量较好的打印纸**。如果打印纸的质量太差，不但打印效果差，还会影响打印头的寿命。在装入打印纸时应注意正反面，因为只有使用打印纸正面的打印效果才好。在装纸器上不要上纸太多，以免造成一次进纸数张，损坏进纸装置。

● **注意墨水的有效期**。墨水是有有效期的，撕下保护胶带后的墨盒应立即装入打印机中，放置太久会影响打印质量。

● **不得随便拆卸墨盒**。为保证打印质量，墨盒不要随便拆卸，更不要随便打开，这样可能会损坏打印头，影响打印质量。

4. 排除常见故障

办公人员可以自己排除喷墨打印机的一些常见故障，具体见表3-3。

表3-3　喷墨打印机的常见故障

故障现象	故障分析与排除
打印时出现横纹、白条	墨盒内有小气泡，利用打印机自洗程序清洗打印头 1~3 次即可，有时需多次清洗；若清洗打印头仍不能改善，不要取出墨盒，让它在机内暂放几小时即可
	墨盒内墨水已用完，旧款打印机无墨尽显示，此时需要更换新墨盒
	打印头内有脏物，启动清洗程序清洗打印头
	打印机状态设置得不正确，需按操作说明书重新设置。当需要打印高质量图片时，应使用喷墨纸，且应将打印机设为高分辨率状态
新墨盒装机后打印不出水，显示墨尽	未按说明撕去标签，应将标签完全揭去，勿有残留，以便空气从导气槽（孔）进入墨盒上部（如果装机后再取出墨盒撕去标签，打印效果无法得到保证）
打印头堵塞	打印头已经损坏，应更换打印头
颜色不正确或不清晰	某种颜色的墨水已用完
	用了不匹配的打印纸，解决办法是更换墨盒、换相匹配的打印纸及清洁打印头
卡纸或纸背面被墨水弄脏	纸太薄、受潮、纸太多或是纸张调节杆位置不对，打印机出纸通道已脏。此时需换纸，翻动纸的边缘，避免使用受潮的纸，调整调节杆的位置，清洁出纸通道

> **职业素养**
>
> 在职场中，所有办公人员都应该正确使用办公设备，要做到爱护设备、正确操作和节约耗材。如果发现设备故障，应该及时排除或联系设备维护人员处理。

任务三　使用与维护激光打印机

激光打印机具有技术成熟、性能稳定、噪声小、使用成本低廉和输出质量高等优点，其打印速度和打印质量也是 3 种类型打印机中最好的。

任务目标

公司的激光打印机缺少碳粉，需要手动添加。通过对本任务的学习，读者可以掌握对激光打印机的操作，同时对选用和维护激光打印机有基本的了解，能判断激光打印机的常见故障并进行排除。

相关知识

1. 激光打印机的类型

激光打印机主要分为彩色激光打印机和黑白激光打印机两种类型，彩色激光打印机除了能打印黑白文档外，还可以打印彩色文档。

2. 激光打印机的结构

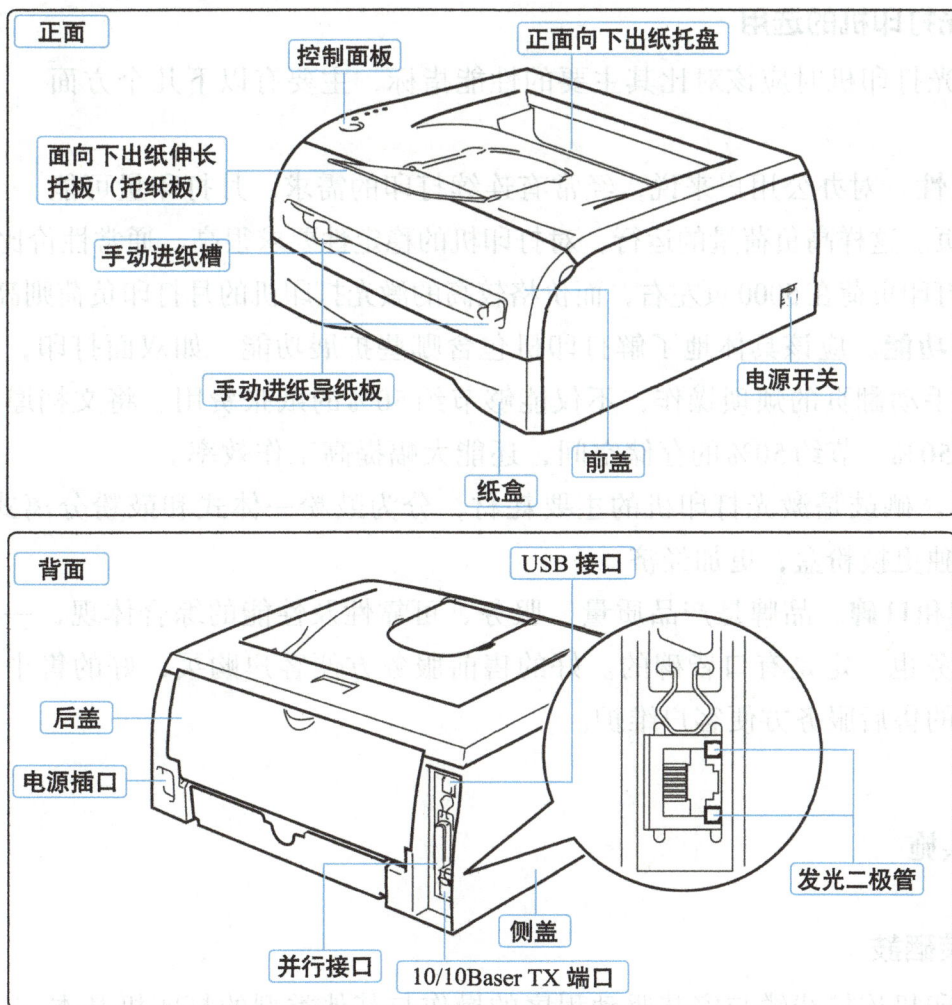

激光打印机的结构主要分为正面和背面，如图 3-38 所示。

图3-38 激光打印机的结构

3．激光打印机的重要性能指标

激光打印机有一些自身特有的重要性能指标，包括以下 5 项。

● **预热时间**。预热时间是指打印机从接通电源到加热至正常运行温度时所消耗的时间，通常普通办公型激光打印机的预热时间都在 30 秒左右。

● **首页输出时间**。首页输出时间是指激光打印机输出第一张页面时，从开始接收信息到完成整个输出所需要耗费的时间，通常普通办公型激光打印机的首页输出时间都控制在 10 秒左右。

● **内置字库**。激光打印机若包含内置字库，其内部的信息传输量就将变少，打印速度便会随之变快。

● **打印负荷**。打印负荷就是平常所说的打印工作量，这一指标决定了打印机的可靠性。这个指标通常以月为衡量单位，打印负荷大的打印机通常可靠性要高许多。

● **网络性能**。网络性能包括激光打印机在进行网络打印时所能达到的处理速度、安装操作方便程度、对其他网络设备的兼容情况，以及网络管理控制功能等。

4．激光打印机的选用

选用激光打印机时应该对比其主要的性能指标，主要有以下几个方面的内容。

知识链接

激光打印的
选用

● **稳定性**。对办公用户来说，经常有连续打印的需求，月打印量可能会达到数万页。这样高负荷量的运行，对打印机的稳定性要求很高。通常性价比较高的激光打印机的月打印负荷在 5000 页左右，而价格较高的激光打印机的月打印负荷则高达上万页。

● **扩展功能**。应该具体地了解打印机包含哪些扩展功能。如双面打印，可以避免传统单面打印手动翻页的烦琐操作，不仅能够节约 50% 的纸张费用、将文档厚度和重量都相应地减少 50%、节约 50% 的存储空间，还能大幅提高工作效率。

● **耗材**。硒鼓是激光打印机的主要耗材，分为鼓粉一体式和鼓粉分离式两种类型，后者可以单独更换粉盒，更加经济。

● **品牌和口碑**。品牌是产品质量、服务、可靠性及性能的综合体现，一个好的品牌背后，其服务也一定是有口皆碑的。好的售前服务方便客户购买，好的售中服务方便客户使用，好的售后服务方便客户维护。

任务实施

1．安装硒鼓

激光打印机连接线缆与安装驱动程序的操作与其他类型的打印机基本

微课视频

安装硒鼓

相同，这里不再赘述。下面介绍为激光打印机安装硒鼓的方法，具体操作如下。

1 准备好硒鼓单元，拉开纸盒，如图 3-39 所示。

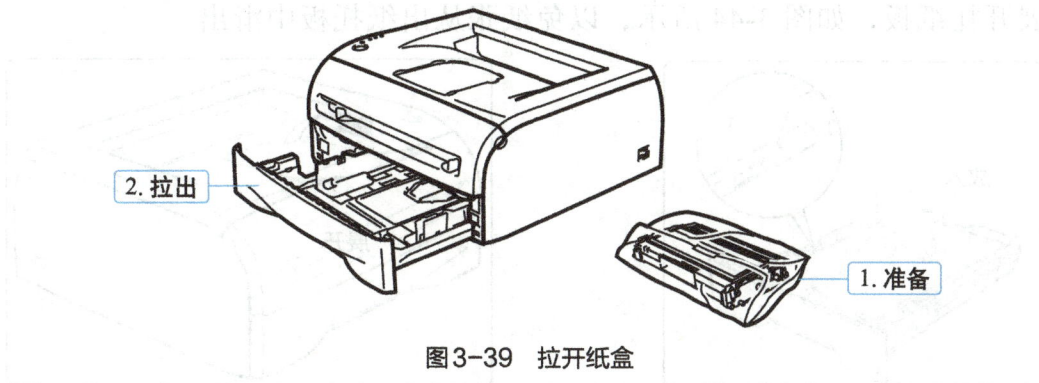

图3-39　拉开纸盒

2 左右轻轻摇晃硒鼓数次，使其中的碳粉在组件内分布均匀，将纸盒推入，打开前盖，将硒鼓单元装入打印机中，如图 3-40 所示，盖好前盖。

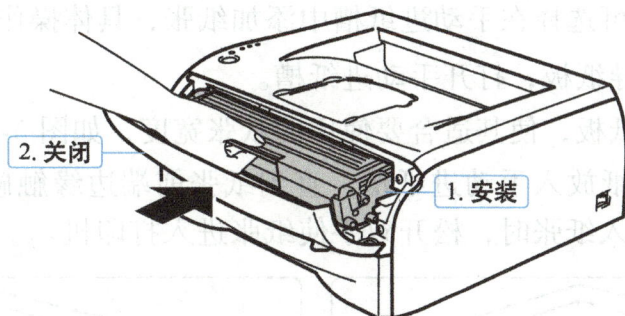

图3-40　安装硒鼓

2. 添加纸张

激光打印机有纸盒进纸和手动进纸槽进纸两种添加纸张的方式。

（1）在纸盒中添加纸张

微课视频

添加纸张

在纸盒中放入纸张后，打印机在打印时会自动从其中获取纸张。在纸盒中添加纸张的具体操作如下。

1 将纸盒从打印机中完全拉出，如图 3-41 所示。按下导纸释放杆，滑动导纸板以适合纸张大小，并确保其牢固地插入插槽中，如图 3-42 所示。

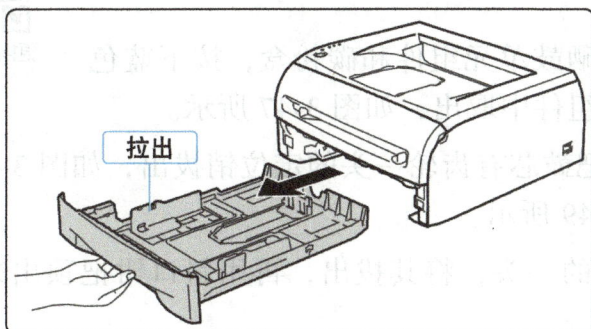

图3-41　拉出纸盒

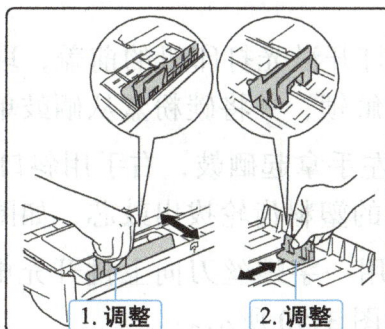

图3-42　调整导纸板

②将纸张放入纸盒中，确保纸张的厚度位于最大纸张限量标记之下，如图 3-43 所示。

③将纸盒牢固地装回打印机中。

④展开托纸板，如图 3-44 所示，以免纸张从出纸托板中滑出。

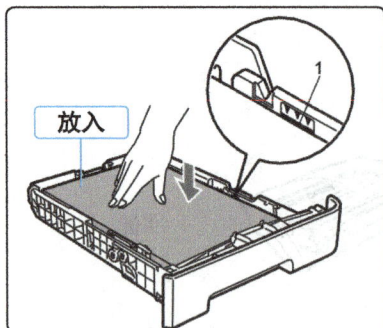

图 3-43 放入纸张

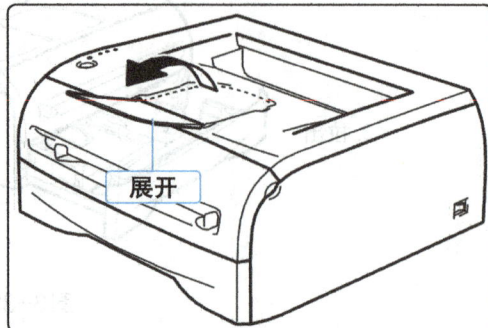

图 3-44 展开托纸板

（2）在手动进纸槽中添加纸张

除了纸盒，用户还可选择在手动进纸槽中添加纸张，具体操作如下。

①展开手动进纸导纸板，打开手动进纸槽。

②用双手滑动导纸板，使其适合要使用的纸张宽度，如图 3-45 所示。

③用双手将一张纸放入手动进纸槽，直到纸张前端边缘触碰到进纸辊，如图 3-46 所示。当感到打印机吸入纸张时，松开双手使纸张进入打印机。

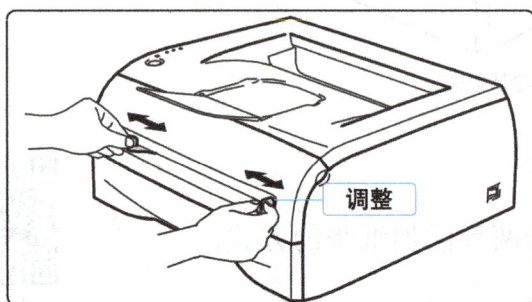

图 3-45 调整导纸板

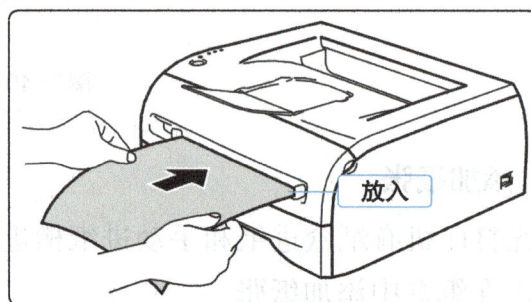

图 3-46 放入纸张

3．更换碳粉并清洁打印机

更换碳粉和清洁打印机都是维护与保养激光打印机的日常操作，具体操作如下。

①打开激光打印机的前盖，取出硒鼓单元组件和碳粉盒，按下蓝色锁杆进行解锁，并将碳粉盒从硒鼓单元组件中取出，如图 3-47 所示。

②左手拿起硒鼓，右手用斜口钳把鼓芯有齿轮一头的定位销拔出，如图 3-48 所示，抓住鼓芯的塑料齿轮拔出鼓芯，如图 3-49 所示。

③用一字螺丝刀向上挑开充电辊的一头，将其拔出，再用斜口钳把顶出来的铁销拔出，如图 3-50 所示。

微课视频

更换碳粉并清洁
打印机

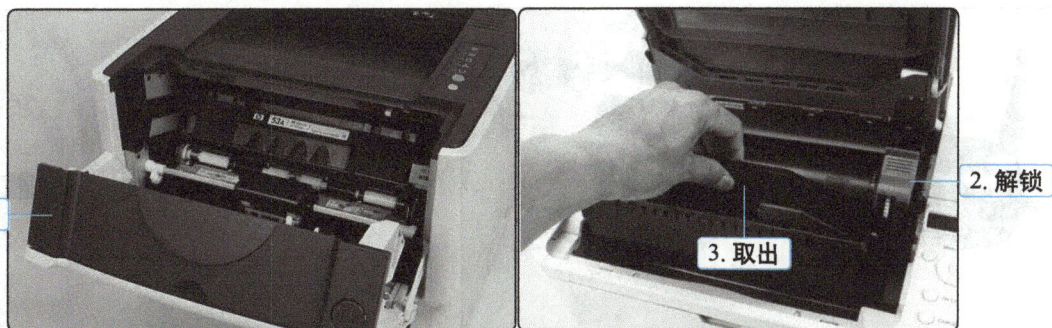

图3-47 取出硒鼓单元组件和碳粉盒

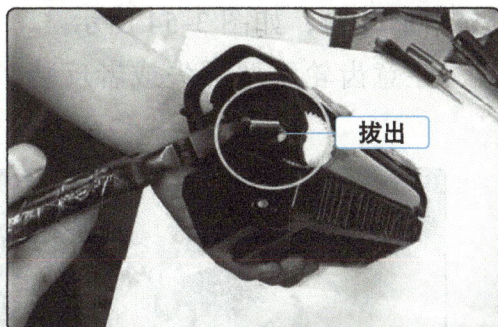

图3-48 拔出定位销

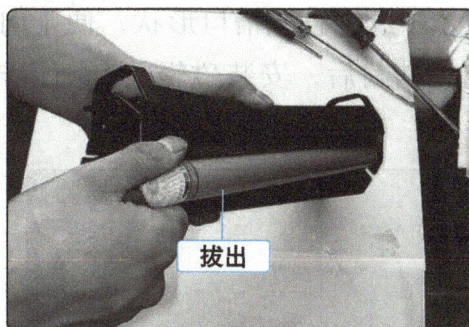

图3-49 拔出鼓芯

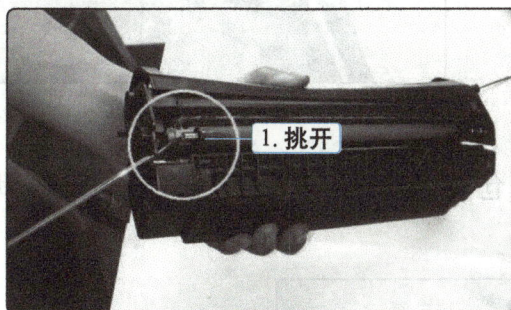

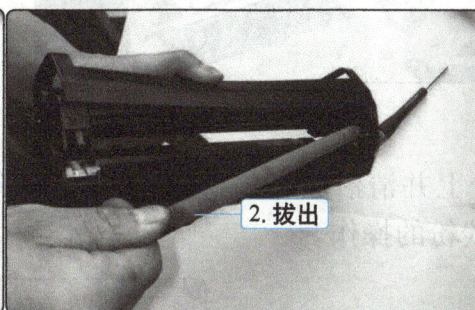

图3-50 拔出充电辊

④ 用螺丝刀拧开硒鼓另一头的螺丝，并把显影仓和废粉仓分开，如图3-51所示。

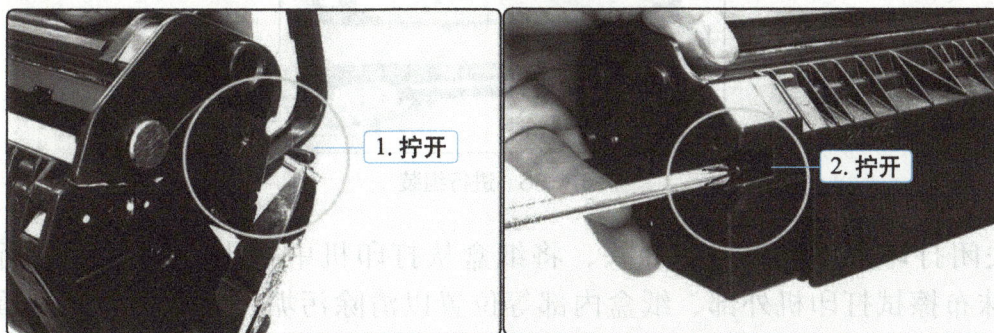

图3-51 分开显影仓和废粉仓

⑤ 取出显影仓上的磁辊，如图3-52所示，为防止所加碳粉和原碳粉不兼容，应先用布擦掉磁辊上原有的碳粉，如图3-53所示。

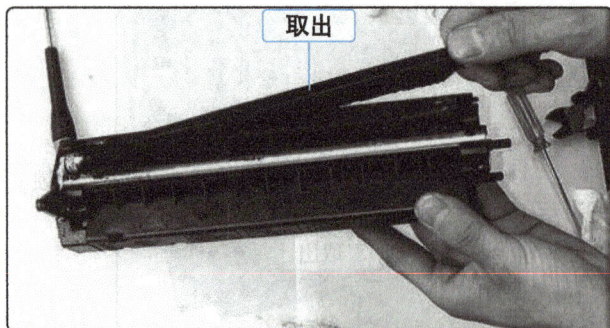

图3-52 取出磁辊   图3-53 清洁磁辊

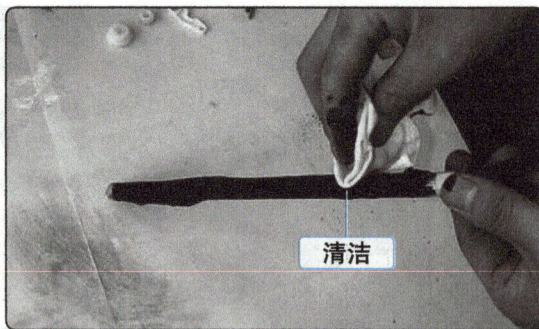

6 用一张废纸叠成槽口形状，便于向粉仓中加碳粉，如图 3-54 所示。

7 加完碳粉后，安装磁辊并合上齿轮盖，注意齿轮不要丢失或者反装，如图 3-55 所示。

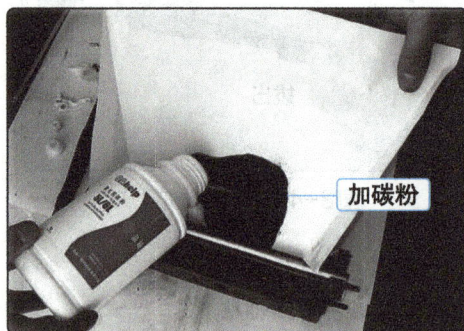

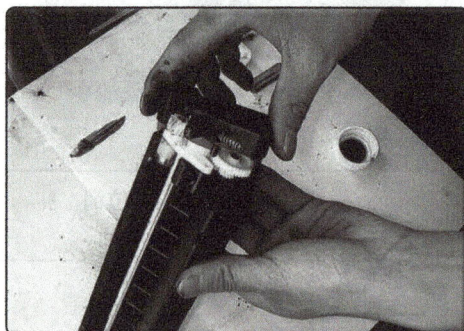

图3-54 加碳粉   图3-55 安装磁辊

8 合上并清洁加好碳粉的粉仓和显影仓，如图 3-56 所示，将各元件重新组装即可完成更换碳粉的操作。

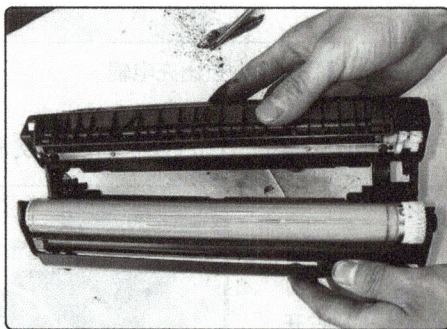

图3-56 进行组装

9 关闭打印机并拔下电源插头，将纸盒从打印机中拉出，如图 3-57 所示，用干燥的无绒抹布擦拭打印机外部、纸盒内部等位置以清除污垢，完成后将纸盒重新装回打印机。

10 打开打印机前盖，用干燥的无绒抹布擦拭激光器窗口，如图 3-58 所示，完成后将硒鼓单元组件和碳粉盒重新装入打印机，关闭前盖。

图3-57 拉出纸盒

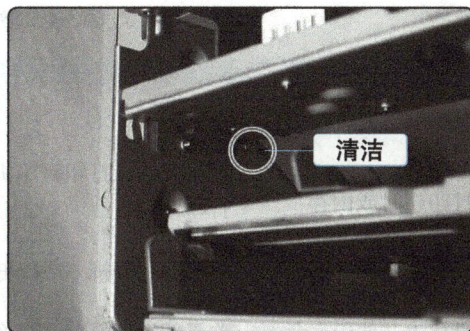

清洁

图3-58 清洁激光器窗口

4. 排除常见故障

激光打印机打印出错或出现问题，可以先按照图3-59所示的步骤进行判断，然后根据情况决定需要送修还是可以自己排除故障。

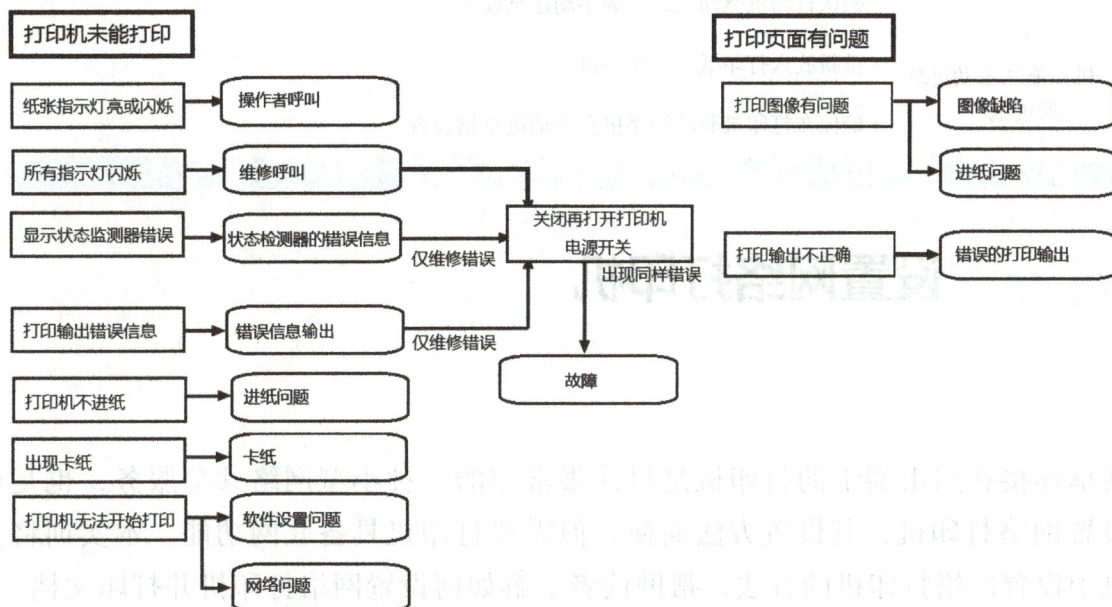

图3-59 判断激光打印机故障的步骤

> 卡纸是激光打印机日常维护中的常见问题，首先需要找出卡纸部位，如果是碳粉盒卡纸，需要取出硒鼓单元组件和碳粉盒，卡住的纸会随之一起取出。如果是纸盒卡纸，则需要将纸盒拉出，将卡住的纸从纸盒上方的纸盆中拉出。如果是硒鼓单元组件卡纸，需要按下硒鼓单元组件的蓝色锁杆，取出碳粉盒并清除卡住的纸；也可以打开后盖，左右滑动滑块，打开里面的部件，找到卡纸的位置，清除卡住的纸。

知识补充

激光打印机可以根据控制面板中提示的错误信息来排除常见的故障。表3-4所示为激光打印机常见故障的排除方法。

表3-4   激光打印机常见故障的排除方法

错误信息	故障分析与排除
打印超时或内存已满	按运行按钮打印打印机中的残余数据。如果要删除打印机中的残余数据，则需要取消打印作业
	降低打印分辨率或降低文档的复杂度
硒鼓接近其使用寿命	购买新的硒鼓单元替换正在使用的硒鼓单元
维修呼叫	检查面板指示灯是否异常（具体可以参见打印机的用户手册）
打印机不进纸	确认纸盒中的打印纸是平整的。如果打印纸卷曲，请在打印前将其抚平。有时可以将打印纸取出，翻转后再放回到纸盒中
	减少纸盒中的打印纸数量，然后重新打印
	确认打印机驱动未设置为手动送纸模式
打印机不能从手动进纸槽进纸	重新放入打印纸，一次一页
	确保在打印机驱动程序里有手动进纸槽设置

实训一   设置网络打印机

【实训要求】

共享连接在路由器上的打印机是目前很常用的一种小型网络共享服务，也是通常所说的设置网络打印机，其设置方法简便，但需要打印机具备联网功能。本实训将介绍在计算机中设置网络打印机的方法，帮助读者了解如何设置网络打印机并打印文档。

【实训思路】

本实训可运用前面所讲的使用与维护打印机的知识来操作。首先要根据使用说明书为打印机设置 IP 地址，然后在计算机中找到该打印机并安装驱动程序，如图 3-60 所示。

【步骤提示】

1 通过网线将打印机连接到办公局域网中路由器的 LAN 口，启动打印机，按照说明书的介绍，直接在打印机上操作，为其设置 IP 地址（如果打印机设置为自动获取 IP 地址，则每次启动时其 IP 地址会自动重新分配。小型网络中的其他设备都需要重新连接打印机，所以最好为打印机固定一个 IP 地址）。

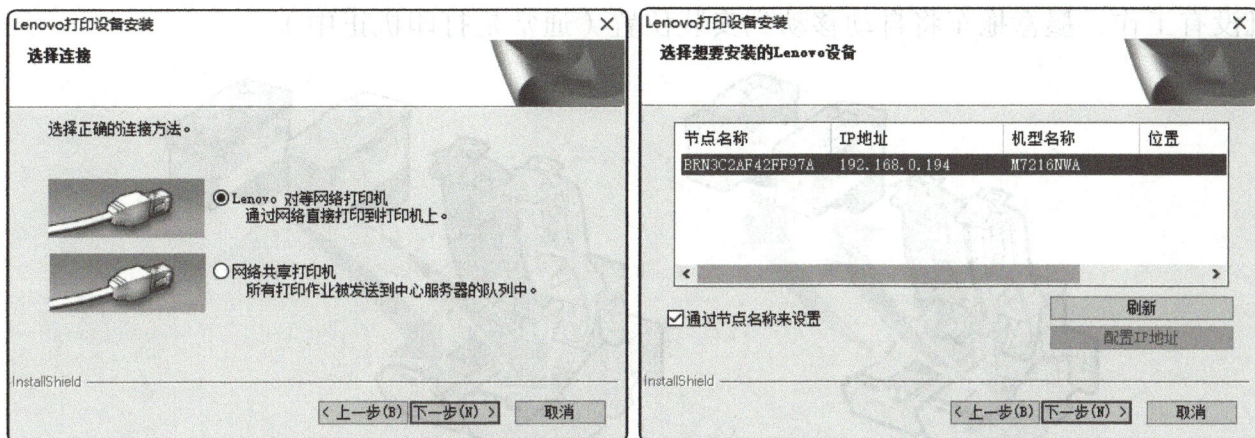

图3-60 设置网络打印机的操作思路

2 从打印机的官方网站下载对应型号打印机的驱动程序，启动该程序，进入打印机驱动程序的安装界面。

3 根据安装向导安装打印机的驱动程序，就可以通过办公局域网的打印机进行各种打印操作。

> **知识补充**
> 在计算机操作系统的"控制面板"窗口中单击"查看设备和打印机"链接，打开"设备和打印机"窗口，单击"添加打印机"按钮，然后选择共享在路由器中的打印机，单击"下一步"按钮，在安装驱动程序后也可以共享使用打印机。

实训二 更换墨盒

【实训要求】

喷墨打印机的墨盒是耗材，因而需要经常更换。本实训将讲解在喷墨打印机中更换墨盒的相关操作，帮助读者学会正确更换墨盒的方法。

【实训思路】

更换墨盒的步骤大致可以分为取出墨盒和安装墨盒两个步骤。本实训的操作思路如图3-61所示。需要注意的是，每个墨盒上面都标识有制造厂商、型号和适用机型，购买前必须了解清楚所需墨盒的种类，如果不敢确定，可以使用原来的墨盒去对比选择。不匹配的墨盒绝对不能使用，强行安装不匹配的墨盒，不仅会损坏墨盒，还会损坏打印机内部零件。

【步骤提示】

1 更换墨盒前应保持电源指示灯亮着，打开打印机的顶盖，通常情况下如果打印机没有工作，墨盒拖车将自动移动到安装位置（通常是打印机正中）。

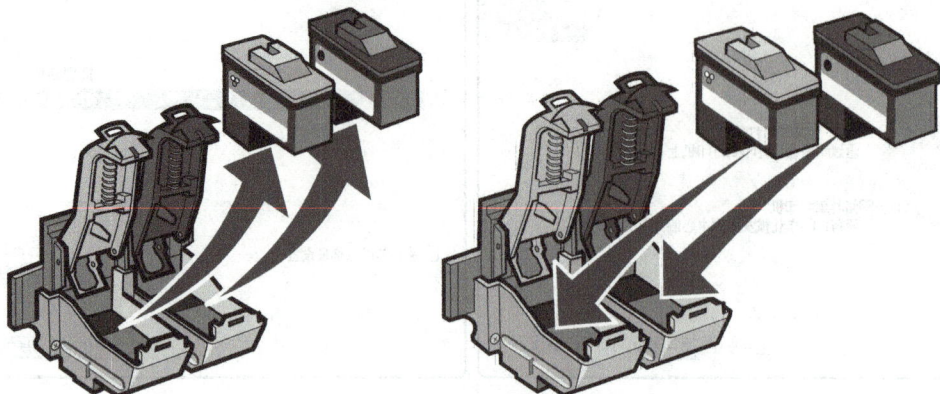

图3-61　更换墨盒的操作思路

② 用手压住墨盒保护盖上面的突起部分，打开保护盖，取出旧的墨盒，将它们保存在密封的容器中，或者进行妥善处理。

③ 打开新的墨盒的包装袋，撕掉墨盒底部的透明封条，注意不要用手触摸墨盒的金属接触面。

④ 将彩色的墨盒装入左侧的墨盒拖车内，将黑色的墨盒装入右侧的墨盒拖车内。注意，如果要延长彩色墨盒的寿命，请同时安装彩色墨盒和黑色墨盒进行打印。

⑤ 关闭墨盒保护盖并将墨盒拖车推至卡紧位置，关闭打印机的顶盖。注意打印机的顶盖必须完全关闭，才可以开始新的打印操作。

课后练习

练习1：打印图片

使用喷墨打印机打印一张图片，然后试着练习更换墨盒。

练习2：双面打印文档

使用激光打印机双面打印一份 Word 文档，并对打印机进行日常维护。

技能提升

1. 使用手机连接打印机

手机连接打印机进行打印是目前移动办公和无线办公的常用方式，根据手机操作系统的不同有不同的连接方式。

（1）使用苹果手机连接打印机

使用苹果手机连接打印机进行打印需要打印机支持无线的"隔空打印"功能，下面就在苹果手机中打印一张照片，具体操作如下。

1 在手机中找到需要打印的照片，点击左下角的 ⬆ 按钮。

2 打开选择该照片的选项界面，向下滑动，选择"打印"选项，如图 3-62 所示。

3 打开"打印机选项"界面，如图 3-63 所示，选择"打印机"选项。

4 在打开的"打印机"界面中选择一台支持隔空打印的打印机。

5 返回"打印机选项"界面，设置打印份数和其他选项。

6 在"打印机选项"界面中点击右上角的"打印"按钮，即可打印照片。

知识补充

如果在打印过程中需要取消打印，只需要在手机中切换到打印中心，打开"打印摘要"界面，点击"取消打印"按钮即可，如图 3-64 所示。

图3-62 选择"打印"选项

图3-63 "打印机选项"界面

图3-64 取消打印

（2）使用华为手机连接打印机

使用华为手机连接打印机使用的是鸿蒙操作系统，同样需要打印机支持无线的"隔空打印"功能，具体操作如下。

1 在手机鸿蒙操作系统的操作界面中点击"设置"按钮。

2 打开"设置"界面，选择"更多连接"选项。

3 打开"更多连接"界面，选择"打印"选项，如图 3-65 所示。

4 打开"打印"界面，在"打印服务"栏中选择"默认打印服务"选项。

5 打开"默认打印服务"界面，在"默认打印服务"选项右侧滑动滑块启用该服务，手机将自动检测周围的无线打印机，这里点击右上角的⋮⋮按钮，在弹出的菜单中选择"添加打印机"命令，如图3-66所示。

6 打开"手动添加的打印机"界面，在"根据IP地址添加打印机"对话框的"主机名或IP地址"栏中输入无线打印机的主机名或IP地址，点击"添加"按钮，如图3-67所示，即可连接到打印机进行打印。

图3-65 选择"打印"选项　　　　图3-66 添加打印机　　　　图3-67 手动添加打印机

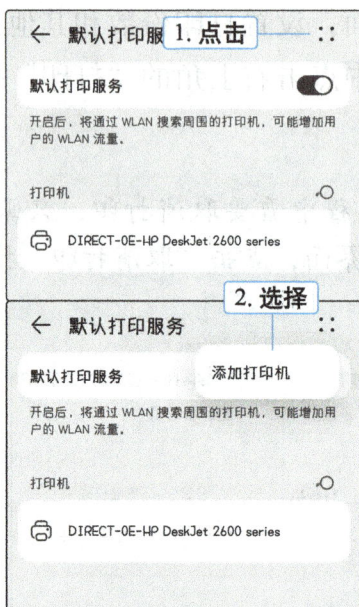

2. 使用照片打印机打印照片

首先需要连接照片打印机和计算机，然后取出照片打印机的纸盒，将照片专用打印纸放入纸盒中，并将纸盒放入打印机中，启动照片打印机。

在计算机中找到要打印的照片，单击鼠标右键，在弹出的快捷菜单中选择"打印"命令，在打开的照片查看器窗口中选择照片打印机和纸张尺寸、质量和布局等，单击"打印"按钮。

项目四

04

复印设备使用与维护

情景导入

米拉： 老洪，帮帮忙，我需要马上打印一百多份公司开展"助威冬季奥林匹克运动会健步走"活动的宣传单，但公司的打印机正在维护，有什么办法吗？

老洪： 你可以使用复印机啊，这样不是更快吗？

米拉： 复印机？公司好像只有一台复合机。

老洪： 那叫多功能一体机，具备复印、打印和扫描等多种功能。

米拉： 那太好了，你快教教我怎么使用吧！

老洪： 可以，刚好公司为了提升办公效率购买了一台一体化速印机，我今天就给你介绍一下多功能一体机、一体化速印机与普通复印机这3种复印设备的使用与维护的相关知识。

学习目标

◎ 了解复印设备的类型、结构和重要性能指标
◎ 掌握选用复印设备的方法
◎ 掌握使用复印设备的方法
◎ 掌握维护复印设备的方法

技能目标

◎ 能使用复印设备复印办公资料
◎ 能对复印设备进行日常维护与保养
◎ 能排除复印设备的常见故障

任务一　　使用与维护数码复印机

数码复印机（也称数码复合机）是以复印功能为基础，采用数码原理，以激光打印的方式进行文件输出的一种办公文档信息处理设备。

任务目标

本任务需要将"助威冬季奥林匹克运动会健步走"活动的宣传单复印 108 份。通过对本任务的学习，读者可以掌握数码复印机的基本操作，并能够维护和保养数码复印机。

相关知识

1. 数码复印机的功能

数码复印机的功能并不只有复印一种，还包括打印、扫描、联网等。

● **复印**。复印是数码复印机的核心功能，不仅可以存储复印的内容，而且衍生出了很多具有特色的复印功能，例如缩放复印、海报复印、名片复印和组合复印等，可以帮助用户实现多种非常实用的文件复印操作。

● **打印**。打印是数码复印机的一种延展功能，其打印速度、打印质量、纸张处理能力、打印功能与打印机完全一致。

● **扫描**。扫描同样是数码复印机的一种延展功能，相较于普通的扫描仪，数码复印机的扫描功能主要面向文档扫描，且没有片面追求扫描分辨率和色深，但对于文档中的文字和图片的扫描完全没有问题。

● **联网**。联网也是数码复印机的重要功能之一，数码复印机通过接入网络，与信息系统和办公系统融合，成为企业信息化系统的重要组成部分。数码复印机的人机交互能力也大大加强，大尺寸液晶显示屏和触摸输入方式的引入，使其本身成为一种高度智能化、可独立操作运行的信息处理终端。

2. 数码复印机的结构

数码复印机通常体积较大，会占用较多的空间。数码复印机的结构通常分为前侧、后侧、内部和控制面板 4 个部分。

● **前侧**。图 4-1 所示为数码复印机的前侧结构，对应名称见表 4-1。

● **后侧**。图 4-2 所示为数码复印机的后侧结构，对应名称见表 4-2。

● **内部**。图 4-3 所示为数码复印机的内部结构，对应名称见表 4-3。

高清大图

数码复印机的
结构

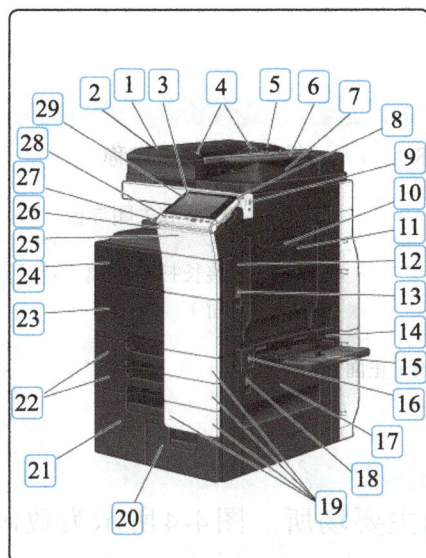

图4-1　数码复印机前侧结构

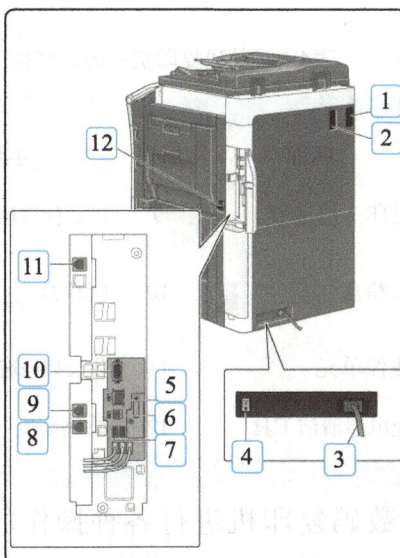

图4-2　数码复印机后侧结构

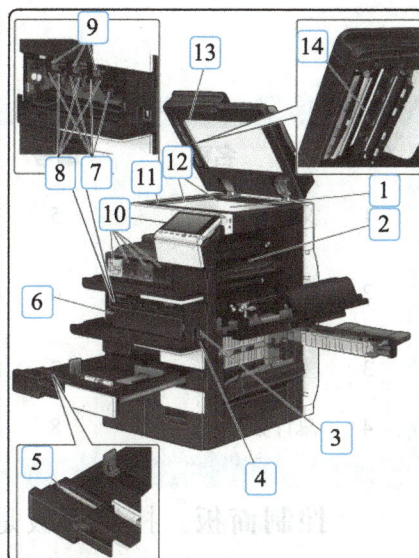

图4-3　数码复印机内部结构

表4-1　数码复印机的前侧结构

编号	名称	编号	名称	编号	名称	编号	名称
1	左盖	9	USB接口（A类）	17	下部右门	25	数据指示灯
2	左盖释放杆	10	自动双面器组件释放杆	18	下部右门释放杆	26	状态指示灯
3	控制面板	11	自动双面器组件	19	缺纸指示灯	27	出纸盘
4	横向导板	12	上部右门	20	纸盒4	28	电源键
5	双面扫描输稿器（ADF）	13	上部右门释放杆	21	纸盒3	29	状态指示灯
6	原稿进纸盒	14	手送纸盒门	22	纸盒1,纸盒2	—	—
7	原稿出纸盒	15	手送托盘	23	下部前门	—	—
8	铁笔	16	手送纸盒门释放杆	24	上部前门	—	—

表4-2　数码复印机的后侧结构

编号	名称	编号	名称	编号	名称	编号	名称
1	排纸处理器连接器	4	除湿加热器的电源开关	7	USB接口（A类）	10	RS-232C接口
2	过滤器	5	网络连接器	8	连接电话的接口	11	电话接口2（线路接口2）
3	电源线	6	USB接口（B类）	9	电话接口1（线路接口2）	12	臭氧过滤器

表4-3   数码复印机的内部结构

编号	名称	编号	名称	编号	名称	编号	名称
1	文稿台	5	打印头清洁器	9	锁定释放片	13	打开和关闭导板
2	定影单元	6	废粉盒	10	碳粉盒	14	狭长扫描玻璃（背面）
3	主电源开关	7	成像单元	11	狭长扫描玻璃（正面）	—	—
4	总计数器	8	充电器清洁工具	12	原稿刻度	—	—

● **控制面板**。控制面板是数码复印机进行各种操作的主要场所。图4-4所示为数码复印机的控制面板，对应名称见表4-4。

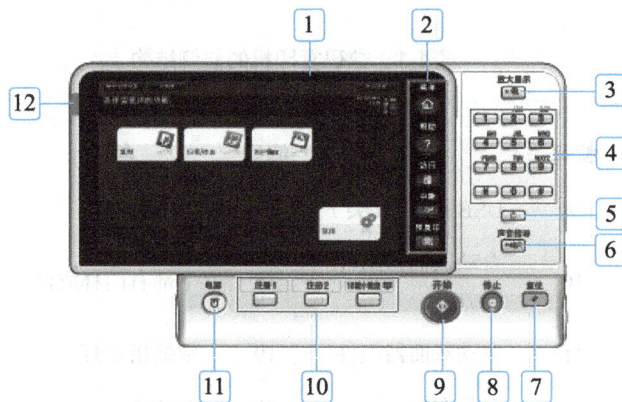

图4-4   数码复印机的控制面板

表4-4   数码复印机的控制面板

编号	名称	编号	名称	编号	名称	编号	名称
1	触摸屏	4	数字键盘	7	"复位"按钮	10	"注册1""注册2"和"10间小键盘"按钮
2	菜单按钮	5	清除按钮	8	"停止"按钮	11	"电源"按钮
3	"放大显示"按钮	6	"声音指导"按钮	9	"开始"按钮	12	状态指示灯

3. 数码复印机的重要性能指标

数码复印机有以下5项能体现复印性能的重要指标。

● **复印分辨率**。主流数码复印机的黑白或彩色复印分辨率都能达到600dpi×600dpi以上，能够满足日常办公的基本要求。

● **复印速度**。复印速度是指复印机每分钟能够复印的张数，单位是张/分，也是影响数码复印机运行速度的最主要因素，万元级的复印机的复印速度大多是20张/分左右，2万～3万元的复印机的复印速度则为30张/分左右。

● **预热时间**。预热时间是指复印机从开机到能够进行正常的复印工作这一段时间，预热时间越短越好，目前主流数码复印机产品的预热时间一般在30秒左右。

● **首页输出时间**。首页输出时间是指在复印机完成了预热和用户做好一切准备工作后，从按复印按钮到复印机输出第一张复印稿所花费的时间。目前市场上低端数码复印机的首页输出时间一般在5秒以上，而中高端数码复印机的首页输出时间则大多在5秒以内。

● **存储器**。数码复印机通常都带有存储器，其内存越大，档次越高。高端产品则大多带有外部存储器；而多数低端数码复印机，考虑到成本的原因通常是不带外部存储器的。

4. 数码复印机的选用

选用数码复印机时，可以从用户群、选购要点、选购品牌等方面进行分析。

（1）用户群

使用数码复印机的用户主要集中在办公团体、商业用户和教育机构内，而在中小型企业中数码复印机所占的市场份额很少，因为扫描仪和多功能一体机占据了很大一部分原本属于复印机的市场。但由于数码复印机具有精细的复制能力、快速的输出能力，以及方便的操作能力，其依旧占有着政府机关、学校等这些经常需要进行大量资料和文件的快速输送的市场。

（2）选购要点

在数码复印机的选用中，选购要点主要集中在以下两个方面。

● **产品价位**。数码复印机的价格差异巨大，从几千元到几万元，甚至十几万元不等。购买的原则应该是"经济适用"。每月最高复印量在1万份以下时，购买1台每分钟能复印15份左右的低速复印机即可满足要求，没有必要购买更高速度的机型。

● **性能指标**。数码复印机的性能是购买时考虑的关键因素，其性能指标除了前面介绍的以外，还有复印精度、复印幅面、特殊功能、扩展功能、售后服务等。

（3）选购品牌

目前的复印机市场中常见的品牌有方正、震旦、佳能、夏普、东芝、富士施乐、柯尼卡美能达、利盟、理光、京瓷等。

知识链接

数码复印机的选用

任务实施

1. 安装数码复印机

微课视频

安装数码复印机

安装数码复印机的操作与安装其他办公设备的类似，先连接电源线和数据线（网线为主），然后在计算机中添加复印机，具体操作如下。

1 在计算机操作系统中选择"开始"—"Windows 系统"—"控制面板"命令，打开"控制面板"窗口，单击"查看设备和打印机"链接。

2 打开"设备和打印机"窗口，在上面的工具栏中单击"添加打印机"按钮。

3 打开"添加设备"窗口，系统开始搜索需要安装的数码复印机，直接单击"我所需的打印机未列出"链接，如图 4-5 所示。

4 打开"添加打印机"对话框，在"按其他选项查找打印机"界面中选中"使用 TCP/IP 地址或主机名添加打印机"单选项，单击"下一页"按钮，如图 4-6 所示。

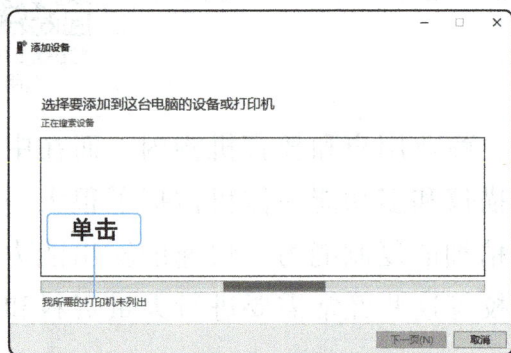

图4-5　"添加设备"窗口

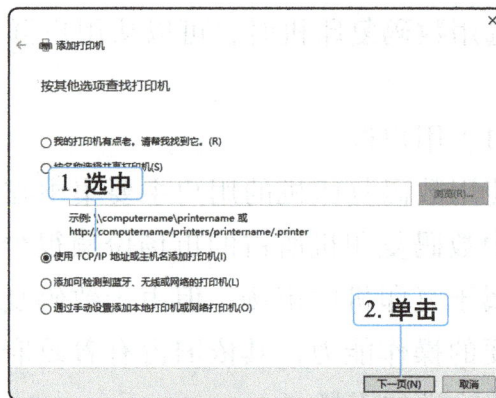

图4-6　选择添加复印机方式

5 打开"键入打印机主机名或 IP 地址"界面，在"主机名或 IP 地址"文本框中输入数码复印机对应的 IP 地址，单击"下一步"按钮，如图 4-7 所示。

6 打开"安装打印机驱动程序"界面，在"厂商"列表框中选择数码复印机的品牌厂商，在"打印机"列表框中选择数码复印机的型号，单击"下一步"按钮，如图 4-8 所示。

7 打开"键入打印机名称"界面，在"打印机名称"文本框中输入数码复印机的名称，单击"下一步"按钮，如图 4-9 所示。

8 在打开的界面中提示已经完成数码复印件的安装操作，单击"完成"按钮，如图 4-10 所示。

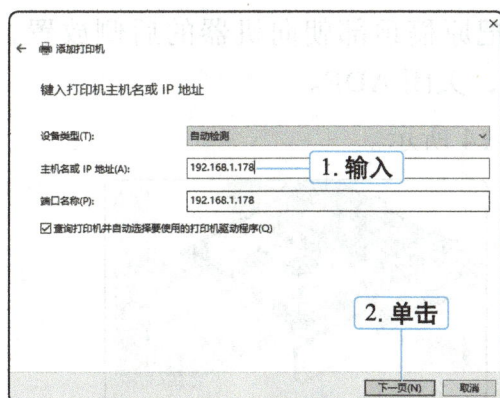

图4-7 输入复印机IP地址

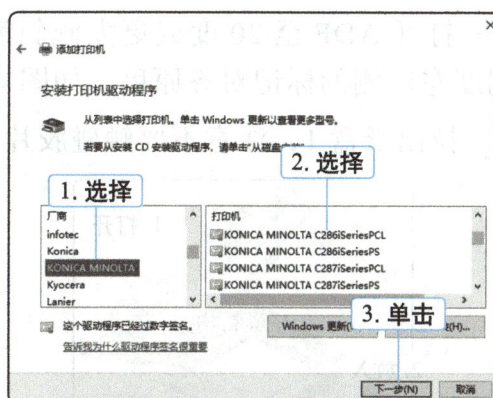

图4-8 安装驱动程序

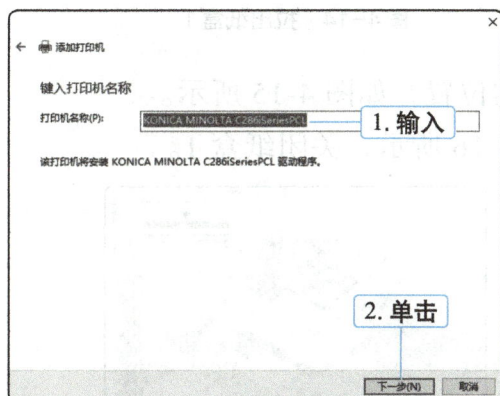

图4-9 输入名称

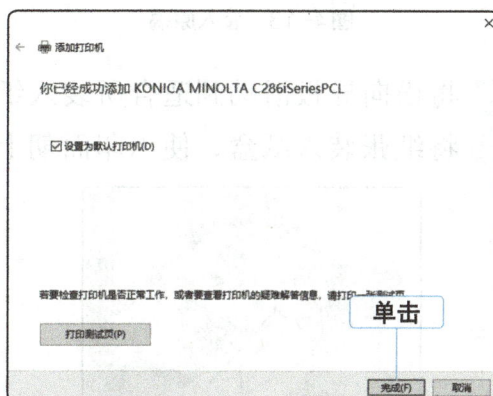

图4-10 完成安装

2. 复印文档

下面使用数码复印机复印文档，具体操作如下。

1 按主电源开关，将其设置为"｜"状态，如图4-11所示。

2 控制面板中的电源按钮发出黄光，并且触摸屏显示本机正在启动，当电源按钮发出蓝光时，表明复印机已做好准备可以使用，如图4-12所示。

微课视频

复印文档

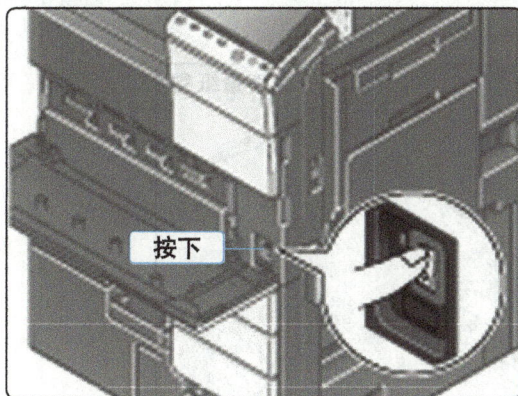

图4-11 打开主电源开关

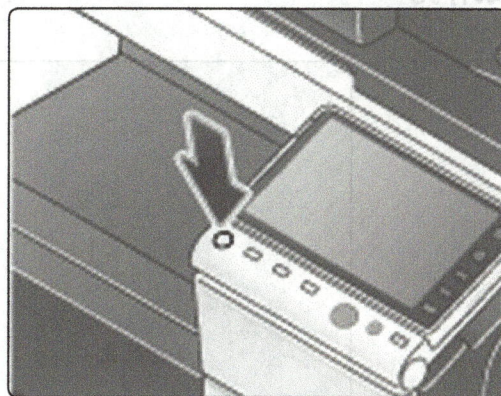

图4-12 显示电源按钮状态

❸ 打开 ADF 至 20 度或更大倾斜度位置，把原稿顶部朝向机器的后侧放置，并用原稿刻度左后侧的标记对齐原稿，如图 4-13 所示，关闭 ADF。

❹ 拉出纸盒 1，注意不要触碰胶片，如图 4-14 所示。

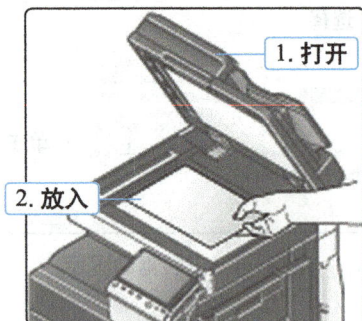

图4-13　装入原稿

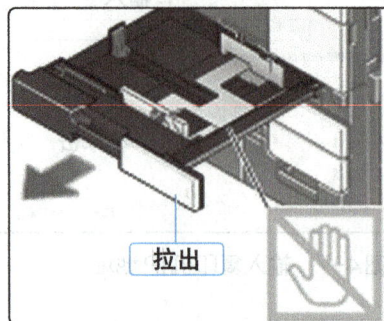

图4-14　拉出纸盒1

❺ 将横向导板滑动到适合所装入纸张尺寸的位置，如图 4-15 所示。

❻ 将纸张装入纸盒，使承印面朝上，如图 4-16 所示，关闭纸盒 1。

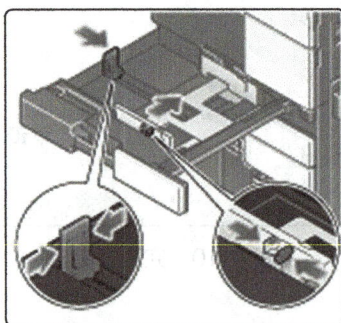

图4-15　调整位置

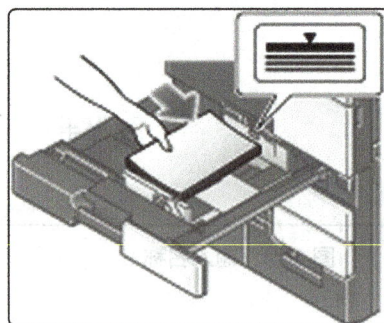

图4-16　装入纸张

知识补充

关闭复印机时，应该按主电源开关，将其设置为"○"状态。另外，由于数码复印机中可能有其他纸盒，所以，也可以将纸张装入其他纸盒，如手送托盘和大容量纸盒，如图 4-17 所示。

图4-17　其他纸张装入方式

7 在控制面板的菜单按钮中按"复制"按钮，如图 4-18 所示。

8 在控制面板的触摸屏中将显示复印的相关设置，如图 4-19 所示，这里保持默认的设置。

图4-18 按"复制"按钮

图4-19 复印设置

9 使用数字键盘输入"108"，如图 4-20 所示，也可以通过控制面板的触摸屏输入复印份数。

10 按"开始"按钮，如图 4-21 所示，原稿便会被扫描并开始复印，在原稿出纸盒中即可看到复印完成的稿纸，完成复印操作。

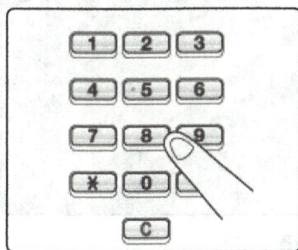

图4-20 输入复印份数

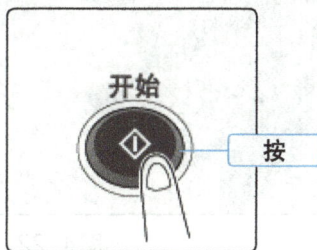

图4-21 按"开始"按钮

3. 日常维护

数码复印机的日常维护主要包括以下项目。

● 复印机放置的位置要注意防高温、防尘、防震和防阳光直射，同时要保证通风，尽量减少搬动，要移动的话一定要水平移动。放置数码复印机时，至少应在机器左右各留出90cm的空间，背面留出13cm的空间。操作和使用复印机应小心谨慎。

● 使用稳定的交流电，电源的定额应为220~240V、50Hz、15A。

● 上班后要打开复印机预热半小时左右，使复印机内保持干燥。

● 要保持复印机扫描玻璃干净、无划痕，不能有涂改液、手指印之类的斑点。

● 如果复印件的背景有阴影，那么复印机的镜头可能有灰尘，需要进行专业的清洁。

● 当控制面板显示红灯加粉信号时，就应及时为复印机补充碳粉，如果加粉不及时可能造成复印机故障或产生加粉撞击噪声。

● 添加复印纸前，先要检查一下纸张是否干爽、整洁，然后理顺复印纸并叠顺整齐，再放到与纸张大小规格一致的纸盘里，且纸盘内的纸不能超过复印机所允许放置的厚度。

● 下班时要关闭复印机电源开关，不可未关闭机器开关就直接拔掉电源插头。

● 当数码当复印机里发出异响、外壳变得过热、部分组件被损伤、数码复印机被雨淋或内部进水时，应立即关掉电源，并请专业维修人员检查、维护。

4．保养数码复印机

定期的清扫、整理、加油、调整是确保数码复印机正常运行的关键，必要的保养可以保证数码复印机的工作质量，延长使用寿命，节约维修费用，具体操作如下。

1 用蘸有酒精的软布将原稿玻璃和原稿扫描玻璃上的污物擦干净。同时需卸下原稿玻璃，并用蘸有酒精的软布将反射镜和透镜上的污物擦干净，如图 4-22 所示。

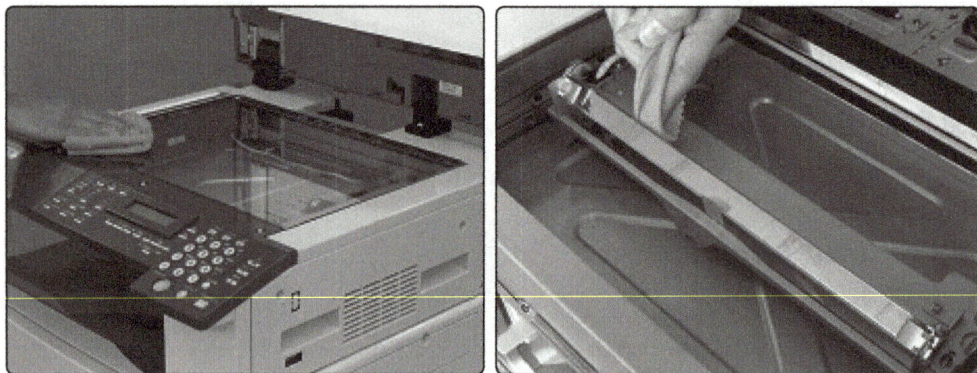

图4-22　清洁扫描玻璃、反射镜、透镜

2 拉开透镜盖两侧的压片，取下透镜盖。用蘸有酒精的软布将 CCD 传感器上的污物擦干净，如图 4-23 所示。

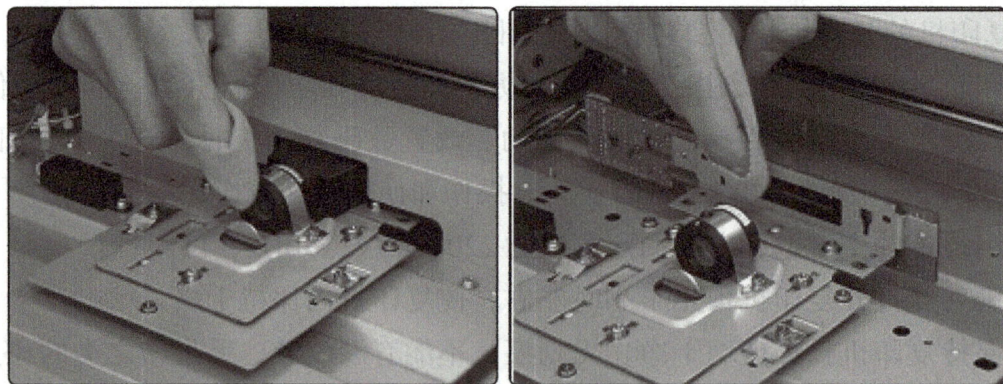

图4-23　清洁CCD传感器

3 用蘸有酒精的软布将扫描器轨道和衬套上的污物擦干净，卸下前盖、左盖和排纸盘，用清洁刷将散挡板表面上的灰尘和污物轻轻拂去，如图 4-24 所示。

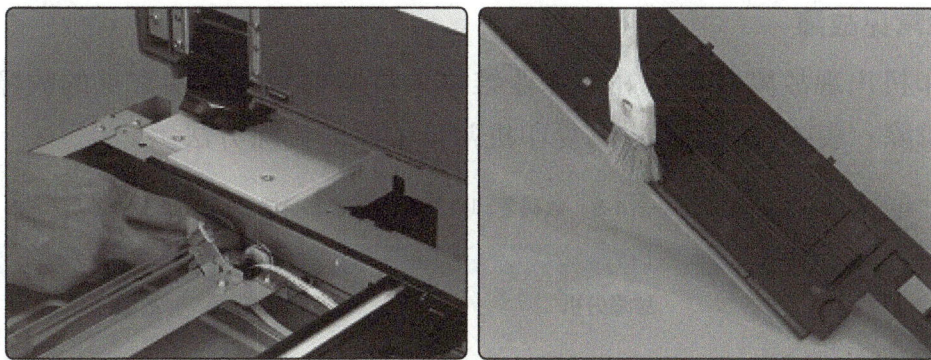

图4-24 清洁扫描器

5. 更换碳粉盒

在运行了一段时间后，数码复印机的易耗性零件可能需要进行必要的更换，这些操作也是数码复印机的重要维护和保养操作，下面以更换碳粉盒为例进行介绍，具体操作如下。

微课视频

更换碳粉盒

1 关闭复印机的电源，把复印机的外壳打开，可以看到复印机的两大部件：碳粉组件和粉盒，如图 4-25 所示。

2 把碳粉组件的挡盖往外拉开，如图 4-26 所示。

图4-25 打开复印机外盖

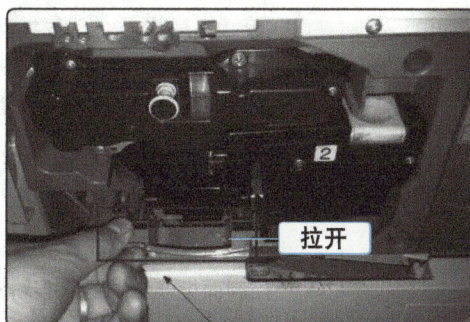

图4-26 打开碳粉组件挡盖

3 取出粉盒，如图 4-27 所示。

4 再把新的粉盒装入复印机内，如图 4-28 所示，启动复印机，等几分钟，复印机就可以正常使用了。

图4-27 取出粉盒

图4-28 完成操作

6．排除常见故障

数码复印机出现故障时，最好由专业维修人员来处理，一些常见的故障则可以由办公人员自己排除。表 4-5 所示为数码复印机常见故障的排除方法。

表4-5　数码复印机常见故障的排除方法

故障现象	故障分析	故障排除
复印机无法运行	复印机电源插头是否正确连接电源	将复印机电源插头插入接地的电源插座中
	电源开关是否打开	打开电源开关
复印的文件空白	原稿放置位置是否正确	将原稿面朝下放置在原稿玻璃上
复印的文件颜色深浅不一	复印浓度的设置是否正确	适当调整复印浓度
复印机经常卡纸	纸张放置得是否正确	正确放置复印纸张
	复印机中是否存在卡住的废纸	打开复印机检查并清理废纸
	纸张是否受潮或卷曲	更换新纸，且应平整地摆放在干燥区域
	是否使用了非标准纸张	使用标准纸张，非标准纸张应通过手送纸盒送纸
启动后无法进行复印操作	控制面板显示"预热"	等待复印机完成预热操作
	控制面板持续显示复印数量	复印机处于审计模式，需要等待
	控制面板显示"缺纸"	需要装入复印纸
	是否安装碳粉盒	安装碳粉盒
	控制面板显示"更换碳粉盒"	更换碳粉盒

任务二　使用与维护一体化速印机

一体化速印机又称速印一体机、速印机、高速数码印刷机，可将原稿通过扫描制版后高速印刷，是一种印刷速度在每分钟 100 张以上的办公复印设备。

任务目标

公司购买的一体化速印机到了，现需使用该设备快速复印 108 份办公资料。通过对本任务的学习，读者可以掌握一体化速印机的基本操作，并能在生活和工作中对一体化速印机进行日常维护与故障排除。

相关知识

1. 一体化速印机的特点

除复印平均成本比较低廉外，一体化速印机还有以下4个特点。

● **自动调节**。一体化速印机最高复印速度可达130张/分，印刷速度也可以自动调节，有的型号可以提供多达5级变速（60张/分、80张/分、100张/分、120张/分、130张/分）的选择。

● **缩放自如**。一般的机型都可以支持从最大A3（297mm×420mm）到最小名片（50mm×90mm），并且提供多级的缩放比例，如4级缩放比例有94%、87%、82%和71%这4个级别供用户自主选择。

● **自动辨别**。文字及图片自动辨别制版模式可将一张原稿上的文字和图片自动分开，用不同的扫描模式做出最佳处理，得出最佳的印刷效果。

● **功能多样**。一体化速印机不仅可以通过计算机直接进行制版印刷，还可以接入网络环境，实现网络的共享印刷（局域网）和远程印刷（远程通信）。

2. 一体化速印机与数码复印机的区别

从外形上看，一体化速印机和数码复印机非常相似，且在功能上也有许多相似之处，其主要不同之处有以下3点。

● **工作原理**。一体化速印机的印刷需要通过印版进行，而在完成印刷后，这张印版也将报废，无法反复使用。而数码复印机的印刷主要通过光学和半导体感光成像的原理来进行，在复印结束之后，通过放电等手段可以消除感光板上的印象，从而可以反复使用。

● **印刷速度**。一体化速印机的印刷速度可以达到每分钟100张以上，有的甚至可以更高，而数码复印机是很难达到这种印刷速度的。

● **印刷成本**。一体化速印机的印刷成本要比数码复印机低得多。

3. 一体化速印机的结构

一体化速印机的结构主要分为外部结构和控制面板两个部分。

● **外部结构**。图4-29所示为一体化速印机的外部结构，对应名称见表4-6。

高清大图

一体化速印机的
结构

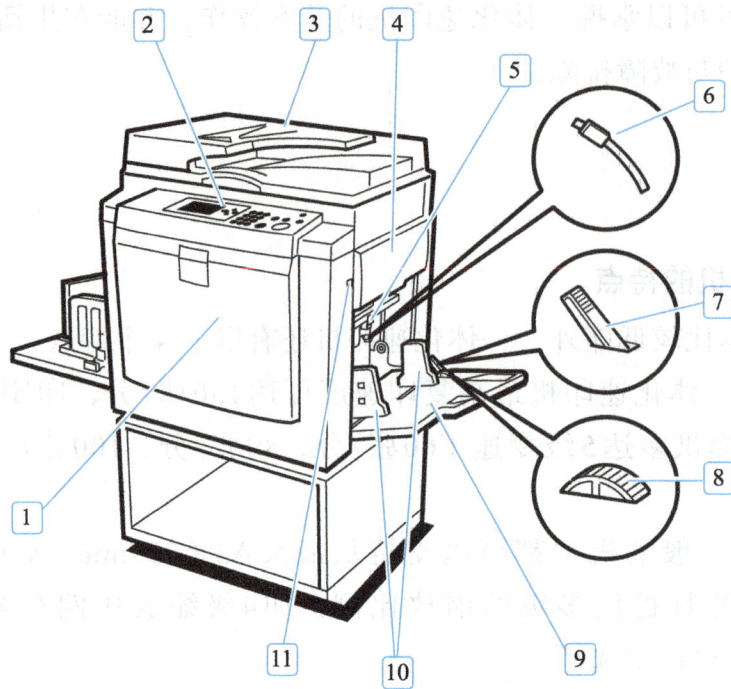

图4-29　一体化速印机的外部结构

表4-6　一体化速印机的外部结构

编号	名称	编号	名称	编号	名称	编号	名称
1	前盖	4	版纸纸盘	7	进纸导向板锁定杆	10	进纸导向板
2	控制面板	5	搓纸辊压力杆	8	纸盘侧向微调旋钮	11	进纸盘下降键
3	曝光玻璃盖或 ADF	6	分离压力杆	9	进纸盘	—	—

● **控制面板**。图4-30所示为一体化速印机的控制面板，对应名称见表4-7。

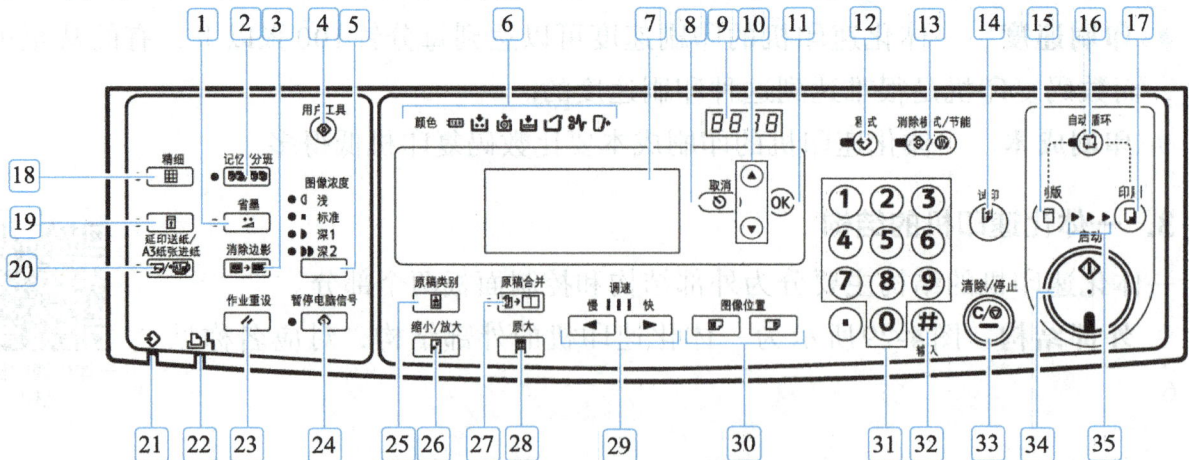

图4-30　一体化速印机的控制面板

表4-7 一体化速印机的控制面板

编号	名称	编号	名称	编号	名称	编号	名称
1	"省墨"按钮	10	选择按钮	19	"保密"按钮	28	"原大"按钮
2	"记忆/分班"按钮	11	"OK"按钮	20	"延印送纸/A3纸张进纸"按钮	29	"调速"按钮
3	"消除边影"按钮	12	"程式"按钮	21	数据输入指示灯（绿色）	30	"图像位置"按钮
4	"用户工具"按钮	13	"消除模式/节能"按钮	22	错误指示灯（红色）	31	数字按钮
5	"图像浓度"按钮	14	"试印"按钮	23	"作业重设"按钮	32	"#"按钮
6	指示灯	15	制版模式选择按钮	24	"暂停电脑信号"按钮	33	"清除/停止"按钮
7	面板显示屏	16	"自动循环"按钮	25	"原稿类别"按钮	34	"启动"按钮
8	"取消"按钮	17	印刷模式选择按钮	26	"缩小/放大"按钮	35	处理指示灯
9	计数器	18	"精细"按钮	27	"原稿合并"按钮	—	—

4．一体化速印机的重要性能指标

一体化速印机的重要性能指标中，下面4项最能体现其性能。

● **分辨率**。这是衡量一体化速印机印刷精度的主要参数之一，该值越大表明一体化速印机的印刷精度越高，通常都在300dpi×300dpi以上。

● **缩放比例**。缩放比例指一体化速印机能对原稿进行放大或者缩小的比例，复印比例相差数值越大，说明一体化速印机可放缩的范围越大，性能相对也越好。

● **印刷速度**。印刷速度是指每分钟打印的页数，一体化速印机的印刷速度可以自动调节。

● **载纸量**。载纸量是指一体化速印机所能一次性装下的最大的纸张数量，越多越好。

5．一体化速印机的选用

选用一体化速印机首先应该注意其主要的性能指标，其次还需要注意以下4个方面。

● **有效印刷幅面**。标准一体化速印机的有效印刷面积为8开的纸张大小，最大印刷面积可达A3幅面，若达不到该标准最好不要选购。

知识链接

一体化速印机的选用

- **印刷方式**。根据需要选择相应印刷方式的一体化速印机，其印刷方式主要有单张原件印刷和书刊印刷两种。

- **其他功能**。根据需要决定是否需要一台可与计算机连接并能直接印刷计算机中图像的一体化速印机。

- **主要品牌**。目前市场上性能较好、价格较优、销量较高的一体化速印机品牌主要有理想、荣大、基士得耶、理光、迪普乐等。

任务实施

1. 复印文档

使用一体化速印机印刷文件主要分为准备印刷、放置原稿、设置和开始印刷4个步骤。下面使用一体化速印机复印文档，具体操作如下。

① 小心向外拉动，打开进纸盘，如图4-31所示。

② 向前移动进纸导向板锁定杆，调整导向板的位置，使其与纸张尺寸匹配，如图4-32所示。

图4-31　打开进纸盘

图4-32　调整导向板

③ 将纸张放入进纸盘，如图4-33所示，注意装纸前应该保证纸张平整。

④ 让纸张与进纸导向板轻轻接触，将锁定杆移回原位锁定导向板，如图4-34所示。

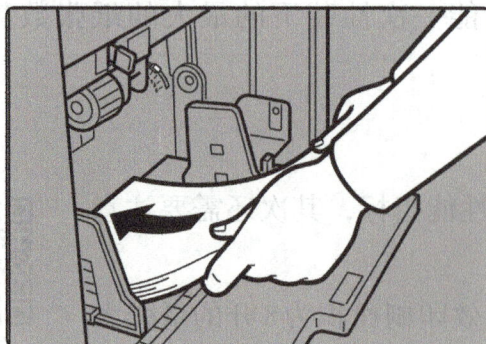

图4-33　放入纸张

图4-34　锁定导向板

5 打开输出纸盘，如图 4-35 所示。

6 打开纸张输出导向板，将宽度调整到适应纸张尺寸的位置，如图 4-36 所示。

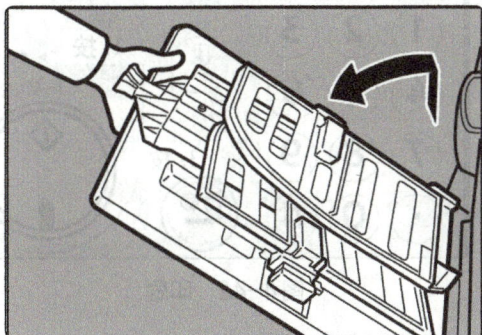

图 4-35 打开输出纸盘　　　　　　图 4-36 调整输出导向板宽度

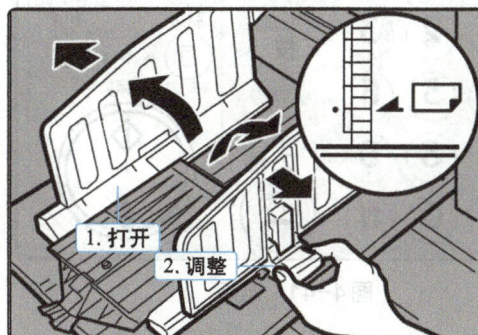

7 抬起纸张输出纸盘尾部的挡板，如图 4-37 所示，调整其角度至 30 度以上。

8 调整挡板的位置，使其正好能正常放置输出的纸张，如图 4-38 所示。

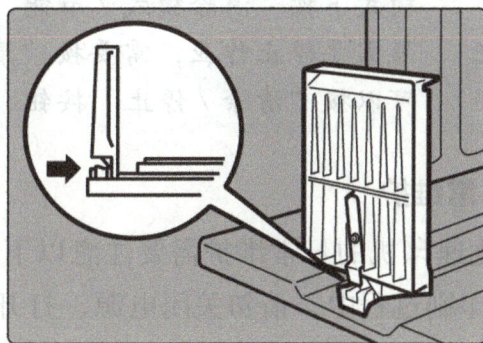

图 4-37 抬起挡板　　　　　　　　图 4-38 调整挡板位置

9 抬起曝光玻璃盖，如图 4-39 所示。

10 将原稿面朝下放置在曝光玻璃上，并将原稿与左刻度标记对齐，如图 4-40 所示。

图 4-39 抬起曝光玻璃盖　　　　　图 4-40 放置原稿

11 在控制面板中按制版模式选择按钮，使其亮起，按"启动"按钮，开始制版，如图 4-41 所示。

12 按印刷模式选择按钮，使其亮起，按数字按钮输入印刷数量，按"启动"按钮，开始印刷，如图 4-42 所示。

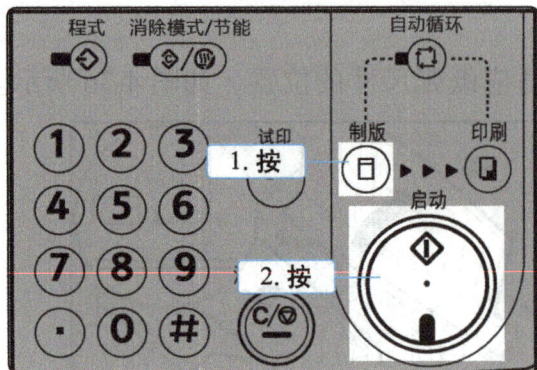

图4-41　制版

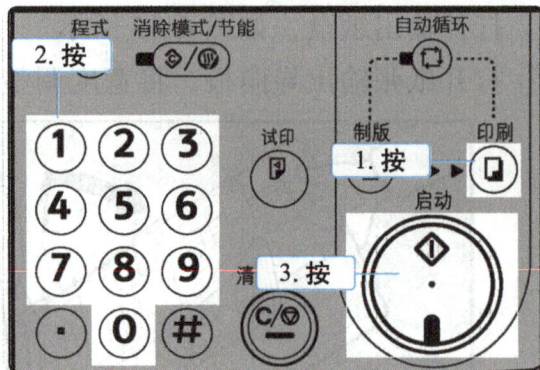

图4-42　印刷

知识补充

复印完成后，需要按"消除模式／节能"按钮，清除先前进行的设置，使一体化速印机恢复初始状态。另外，按住"消除模式／节能"按钮并保持3秒，控制面板将关闭，一体化速印机进入节能模式，在节能模式下按"消除模式／节能"按钮可返回准备状态。在印刷过程中，如果需要停止作业，需要按"清除／停止"按钮；要清除输入的值时，也可以按"清除／停止"按钮。

2. 日常维护

一体化速印机的日常维护需要注意以下事项。

- 在印刷过程中，请勿关闭电源、打开门或盖、移动机器。
- 让机器远离腐蚀性液体，不要让液体溅射到机器上。
- 请勿擅自修理或更换用户手册中没有指定的任何部件。
- 完成当天的印刷作业后，请务必关闭机器电源。
- 如果设备长时间不使用，印筒上的油墨可能会变干，导致图像色彩浓度降低，此时可以多印几份，直到图像色彩浓度恢复正常。
- 在机器运转过程中，若电源电压低于规定电压值的90%，印刷质量会下降。因此，请务必确保电源输出端的供电电压不低于额定电压值的90%。
- 如果手上沾有油墨污迹，请在休息和吃饭前及工作结束时将污迹彻底清洗干净。用无水洗手剂擦拭，再用肥皂和水清洗，便可将皮肤上的油墨洗净。
- 机器不能放置在阳光或强光源直射的地方，以及空调冷风或加热器热风直接吹到的地方和灰尘多的地方。

3. 保养重要部件

一体化速印机的日常保养主要是定期清洁一些部件，具体操作如下。

① 抬起曝光玻璃盖或自动送稿器，清洁图4-43所示1和2位置，注意清洁曝光玻

璃时，应该只清洁②所在的区域。

②　抬起曝光玻璃盖，用一块湿布清洁曝光玻璃盖，并用一块干布将其擦净，如图 4-44 所示。

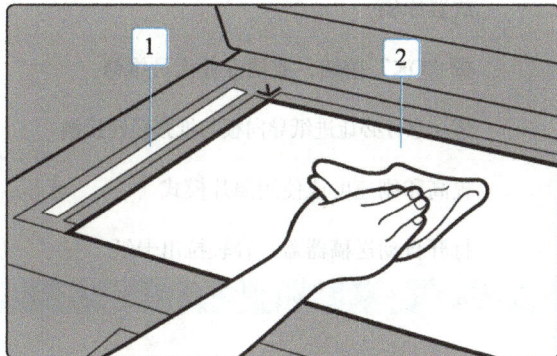

图4-43　清洁曝光玻璃　　　　　　　　　　图4-44　清洁曝光玻璃盖

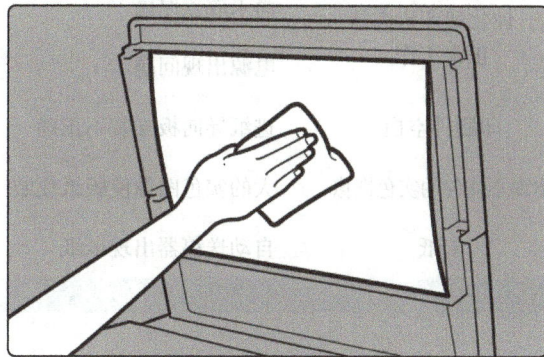

③　用一块湿布擦掉搓纸辊上的纸尘，并用一块干布将其擦干净，如图 4-45 所示。

④　如果一体化速印机使用的是自动送稿器，则需要抬起自动送稿器，并用一块湿布进行清洁，然后用一块干布将其擦净，如图 4-46 所示。

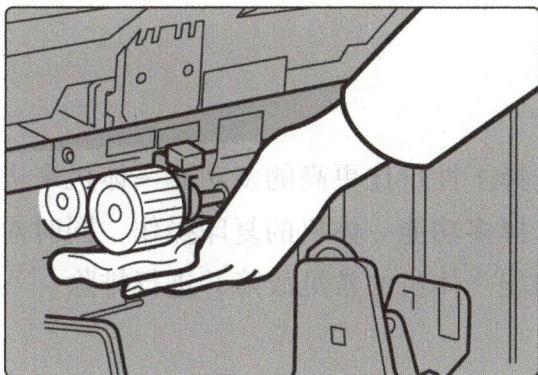

图4-45　清洁搓纸辊　　　　　　　　　　　图4-46　清洁自动送稿器

> **职业素养**
>
> 　　敬业是社会主义核心价值观中对公民职业道德方面的核心要求。对办公设备维护人员来说，应该敬重自己的职业，培育强烈的责任心与使命感，努力专研设备修护技术，保证办公设备的正常运行。

4．排除常见故障

　　一体化速印机的故障通常应该由专业维修人员排除，一些常见的故障则可以由办公人员自己排除。表 4-8 所示为一体化速印机常见故障的排除方法。

表4-8　一体化速印机常见故障的排除方法

故障现象	故障分析	故障排除
一体化速印机无法 正常工作	尚未放置原稿	放置原稿
	电源出现问题	按"OK"按钮，或请专业人员维修
印刷件空白	进纸导向板安装不正确	请注意务必让进纸导向板与纸张轻轻接触
出现不均匀的实色图像	大的实色图像使版纸变皱	提高印刷速度或使用照片模式
卡纸	自动送稿器出现卡纸	打开自动送稿器盖，轻轻拉出卡纸

任务三　使用与维护多功能一体机

多功能一体机的基础功能是打印和复印，并同时至少具备扫描或传真功能中的一种，是一种重要且常用的打印和复印设备。

任务目标

某公司通常不需要复印大量的文档，所以选择了性价比更高的多功能一体机来进行文档复印操作。通过对本任务的学习，读者可以掌握多功能一体机的复印操作，同时对选用和维护多功能一体机有基本的了解，能判断多功能一体机的常见故障并进行排除。

相关知识

1．多功能一体机的类型

多功能一体机主要有喷墨、墨仓式、激光和页宽4种类型。

● **喷墨**。喷墨多功能一体机通过喷墨头喷出的墨水实现数据的打印和复印，其墨水的密度完全达到了铅字质量。其使用的耗材是墨盒，墨盒内装有不同颜色的墨水。

● **墨仓式**。墨仓式多功能一体机最大的特点是支持大容量墨盒（也叫外墨盒或墨水仓，是原厂生产装配的连续供墨系统）。

● **激光**。激光多功能一体机可利用激光束进行打印和复印，使用的耗材是硒鼓和碳粉。激光多功能一体机又分为黑白激光多功能一体机和彩色激光多功能一体机。

● **页宽**。页宽多功能一体机是指具备页宽打印技术的多功能一体机，页宽打印技术是集喷墨和激光技术的优势为一体的全新一代技术。

2. 多功能一体机的结构

多功能一体机的结构主要分为正面结构、背面结构和控制面板 3 个部分。

● **正面结构**。图 4-47 所示为多功能一体机的正面结构，对应名称见表 4-9。

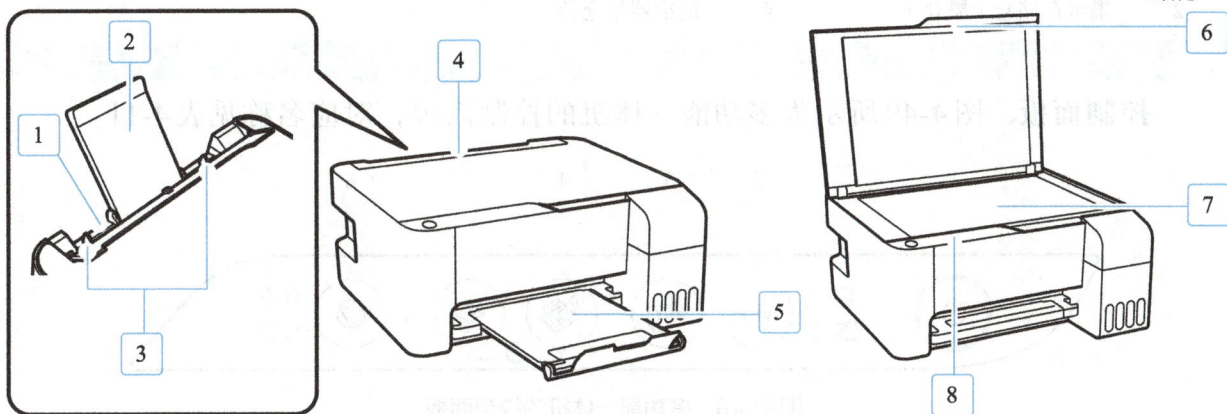

图 4-47　多功能一体机的正面结构

表4-9　多功能一体机的正面结构

编号	名称	编号	名称	编号	名称	编号	名称
1	后进纸器	3	侧导轨	5	出纸器	7	文稿台
2	纸托	4	进纸器挡板	6	文稿盖	8	控制面板

● **背面结构**。图 4-48 所示为多功能一体机的背面结构，对应名称见表 4-10。

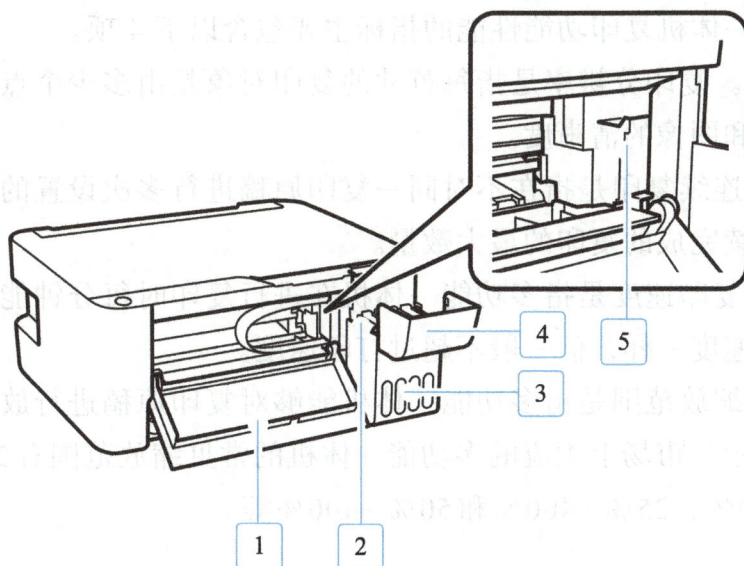

图 4-48　多功能一体机的背面结构

表4-10　多功能一体机的背面结构

编号	名称	编号	名称	编号	名称
1	前盖	3	墨仓部件	5	打印头
2	墨水存储仓（墨仓）	4	进纸器墨仓盖	—	—

● **控制面板**。图4-49所示为多功能一体机的控制面板，对应名称见表4-11。

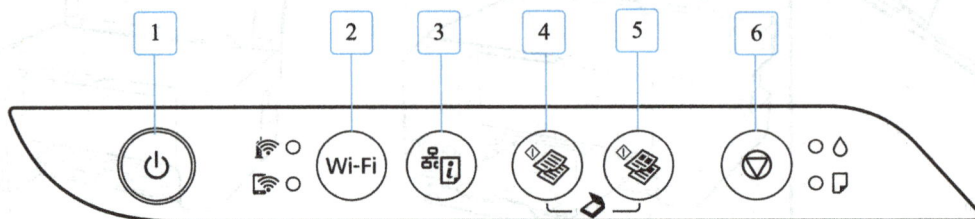

图4-49　多功能一体机的控制面板

表4-11　多功能一体机的控制面板

编号	名称	编号	名称	编号	名称
1	电源按钮	3	打印网络信息按钮	5	彩色复印按钮
2	网络按钮	4	单色复印按钮	6	停止按钮

3．多功能一体机的重要性能指标

能体现多功能一体机复印功能性能的指标主要包含以下4项。

● **复印分辨率**。复印分辨率是指每英寸的复印对象是由多少个点组成的，其直接关系到复印输出文字和图像的清晰度。

● **连续复印**。连续复印是指在不对同一复印原稿进行多次设置的情况下，多功能一体机可以一次性连续完成的复印的最大数量。

● **复印速度**。复印速度是指多功能一体机在进行复印时每分钟能够复印的张数，复印速度通常和打印速度一样，但一般不超过打印速度。

● **缩放范围**。缩放范围是指多功能一体机能够对复印原稿进行放大和缩小的比例范围，使用百分比表示。市场上主流的多功能一体机的常见缩放范围有25%~200%、50%~200%、25%~400%和50%~400%等。

4．多功能一体机的选用

由于多功能一体机还具备打印和扫描等功能，所以在选用时，需要根

微课视频

多功能一体机
的选用

据具体的用途考虑对应的性能指标。此外，还需要考虑以下 5 个方面。

- **产品定位**。从产品定位上讲，多功能一体机主要有多功能商用一体机和多功能家用一体机两种。

- **涵盖功能**。从功能上讲，目前市面上主要有两种多功能一体机，一种涵盖打印、扫描和复印功能；另一种涵盖打印、复印、扫描和传真功能。

- **最大处理幅面**。幅面是指纸张的大小，常见的有 A4 和 A3 两种。个人、家庭用户或规模较小的办公用户使用 A4 幅面的多功能一体机绰绰有余；有频繁使用需求或需要处理大幅面作业的办公用户或单位则可以考虑选择使用 A3 幅面甚至更大幅面的多功能一体机。

- **耗材类型**。目前市面上主要有 4 种耗材，一种是鼓粉分离，只需更换碳粉盒，能够节省费用；一种是鼓粉一体，其优点是更换方便，但需整套更换；一种是分体式墨盒，重复利用率不太高，但价格较为便宜；还有一种是一体式墨盒，价格较高。

- **介质类型**。介质类型是指多功能一体机所支持的纸张的类型，包括普通纸、薄纸、再生纸、厚纸、标签纸和信封等。

微课视频

放入介质

任务实施

1. 放入介质

在使用多功能一体机进行复印操作前，需要将复印的介质放入纸托中，具体操作如下。

1 拉出出纸器的延长板，并在后进纸器中拉出纸托，如图 4-50 所示。

2 在后进纸器的纸托上将纸张宽度导轨滑动至左侧，如图 4-51 所示。

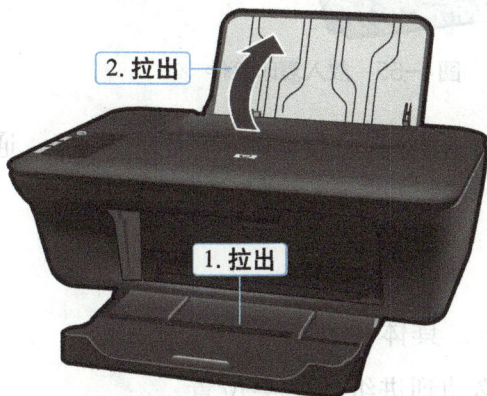

图 4-50 拉出出纸器延长板和纸托

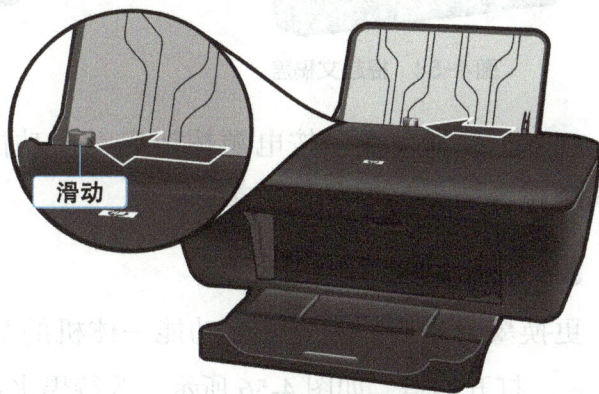

图 4-51 滑动纸张宽度导轨

3 将纸张放入进纸托中，短边朝前，打印面朝上，如图 4-52 所示。

4 将纸张向下推，直到不能移动为止，将纸张宽度导轨滑至右侧，直到紧贴纸张边缘，如图 4-53 所示。

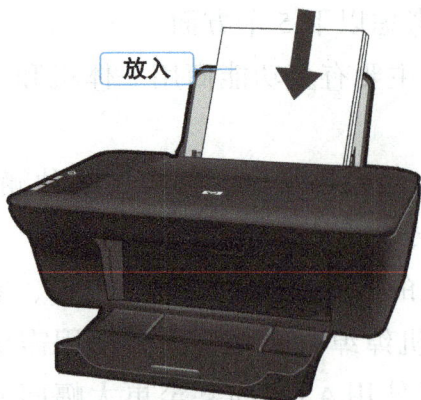

图4-52　放入纸张

图4-53　滑动纸张宽度导轨

2. 单面复印文档

下面使用多功能一体机单面复印文档，具体操作如下。

1 提起多功能一体机的文稿盖，如图 4-54 所示。

2 将复印原件要复印的一面朝下放到文稿台玻璃板的对应角上，如图 4-55 所示，放下文稿盖。

微课视频

单面复印文档

图4-54　提起文稿盖

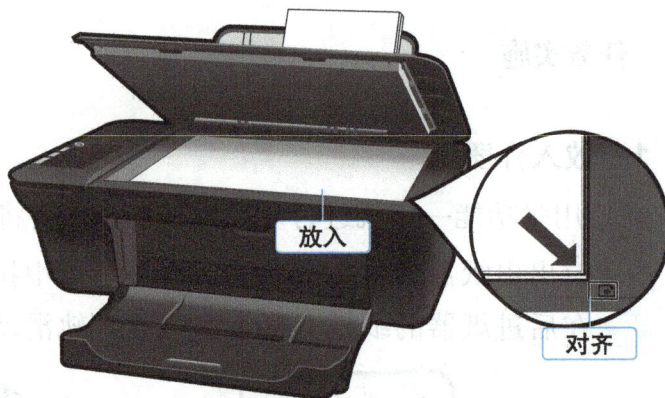

图4-55　放入复印原件

3 在控制面板中按电源按钮启动多功能一体机，按单色复印按钮开始复印，通过按此按钮多次可增加复件数量。

3. 更换墨盒

更换墨盒是维护与保养多功能一体机的基础操作，具体操作如下。

1 打开前盖，如图 4-56 所示，等待墨水存储仓移动到进纸器中央位置。

2 向下压以松开旧的墨盒，并将其从墨水存储仓中取出，如图 4-57 所示。

3 去除新墨盒的包装，取出新墨盒，如图 4-58 所示。

4 拉住新墨盒的标签，撕下外面的保护胶带，如图 4-59 所示。

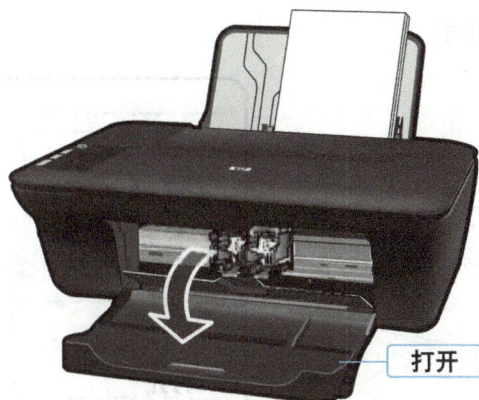

图4-56 打开前盖

图4-57 取出旧墨盒

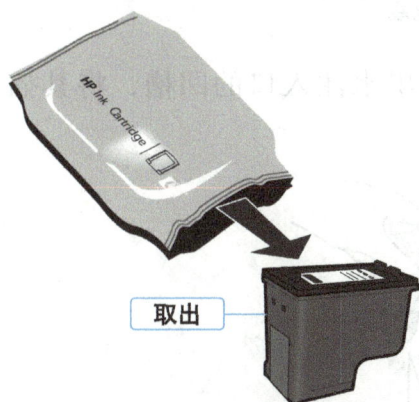

图4-58 取出新墨盒

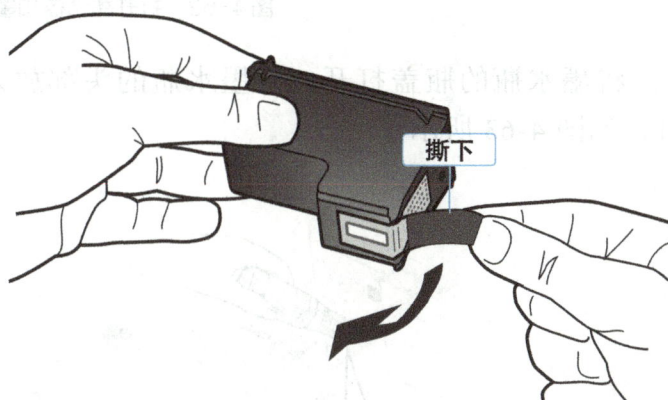

图4-59 撕下保护胶带

5 将新墨盒插入墨水存储仓的插槽中，直到安装到位，如图 4-60 所示。

6 关闭前盖，如图 4-61 所示，完成更换墨盒的操作。

图4-60 安装墨盒

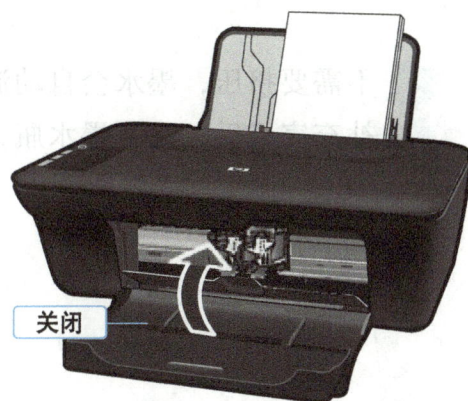

图4-61 关闭前盖

4. 补充墨水

为墨仓式多功能一体机补充墨水也是维护与保养多功能一体机的基础操作，具体操作如下。

1 打开墨仓盖，并打开墨仓塞，如图 4-62 所示。

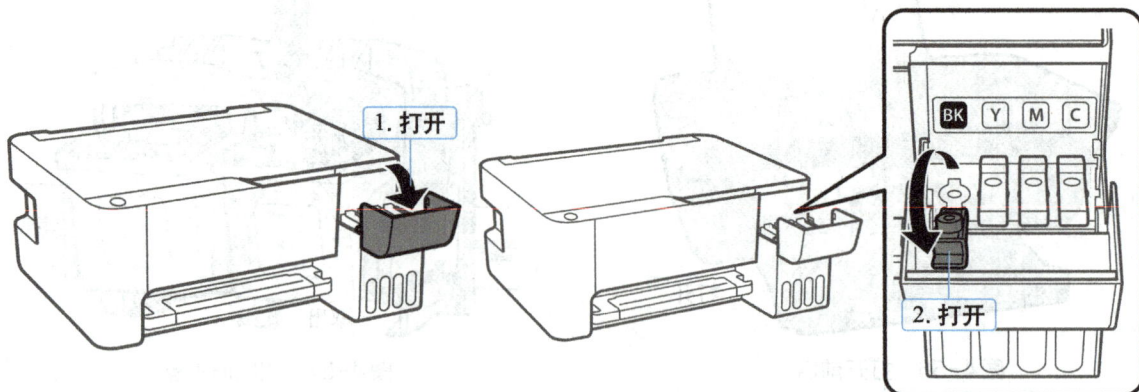

图4-62 打开墨仓盖和墨仓塞

2 将墨水瓶的瓶盖打开，将墨水瓶的头部放入墨水注入口的凹槽，将其插入墨水注入口，如图 4-63 所示。

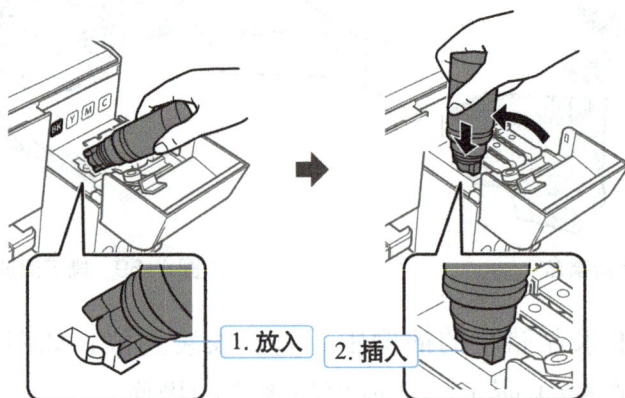

图4-63 插入墨水瓶

3 不需要挤压，墨水会自动流入墨仓，并且墨仓会显示墨水容量，如图 4-64 所示。

4 补充完成后，取下墨水瓶，盖紧墨仓塞，如图 4-65 所示，盖紧墨仓盖。

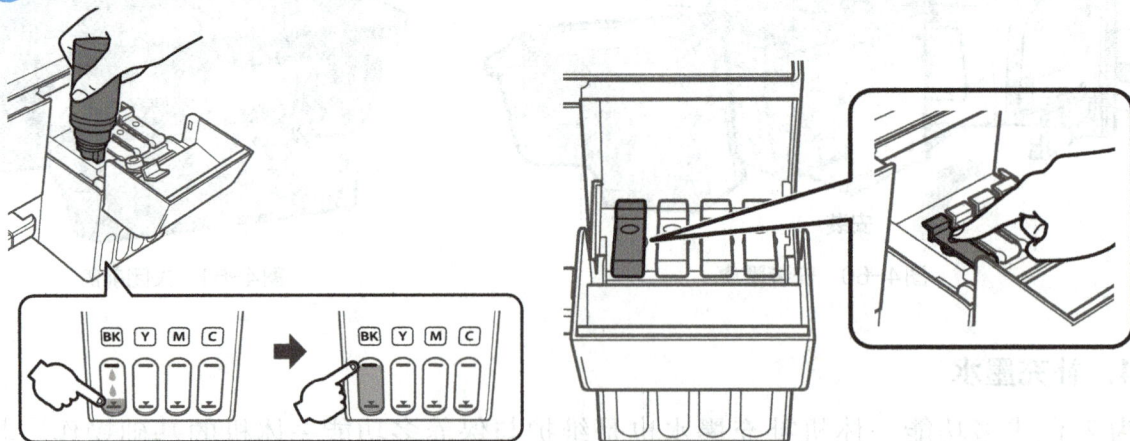

图4-64 注入墨水

图4-65 盖紧墨仓塞

5. 日常维护与保养

多功能一体机的日常维护与保养与其他复印机和打印机的差别不大，这里重点介绍一下清除卡住的纸张和识别有缺陷的墨盒的方法。

微课视频

清除卡纸

（1）清除卡住的纸张

清除卡住的纸张是多功能一体机日常维护的常见操作，具体操作如下。

1 如果纸张在后进纸器附近，轻轻地将其拖出即可，如图 4-66 所示。

2 如果纸张在出纸器附近，轻轻地将其拖出即可，如图 4-67 所示。

图4-66　清除后进纸器处的纸张

图4-67　清除出纸器处的纸张

3 也可能需要打开托架外壳，将托架外壳移到右侧以取出卡住的纸张，如图 4-68 所示。

4 如果纸张卡在多功能一体机内部，请打开多功能一体机背面底部的外壳，按清理门两侧的弹簧片，如图 4-69 所示。

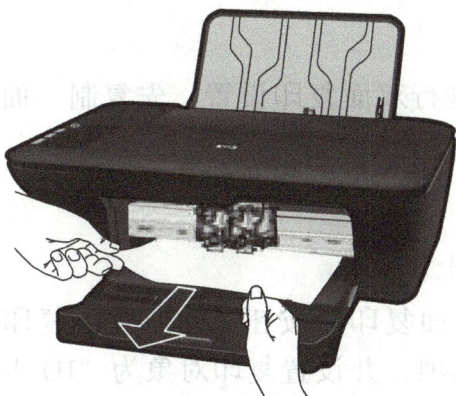

图4-68　打开托架门清除出纸器处的纸张

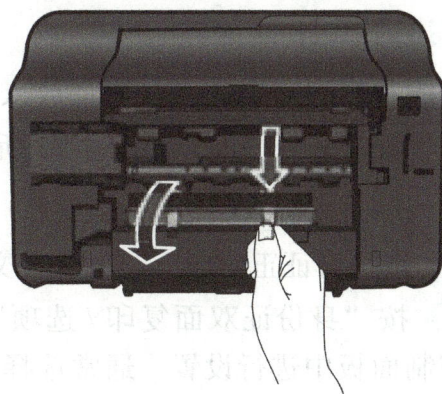

图4-69　打开清理门

⑤ 当卡住的纸张慢慢出现后，将其取出，如图 4-70 所示。

⑥ 轻轻地将清理门推向打印机，直到弹簧片栓扣合到位，如图 4-71 所示。

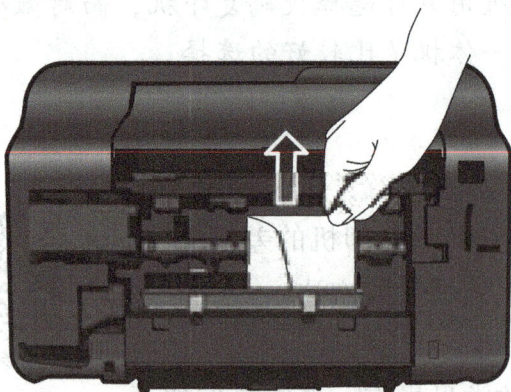

图4-70　取出卡住的纸张

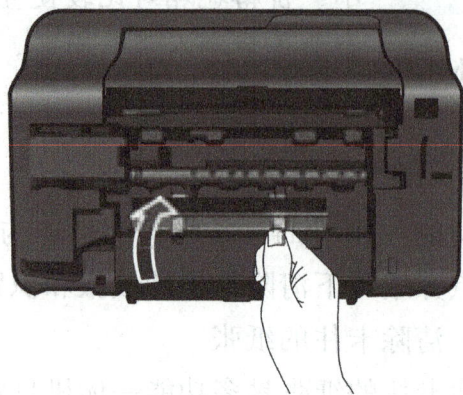

图4-71　关闭清理门

（2）识别有缺陷的墨盒

通常，多功能一体机也有彩色和黑色两只墨盒，一旦某只墨盒出现问题，会有指示灯闪烁，或在控制面板提示。请首先确保这两只墨盒已撕下保护胶带，然后确保这两只墨盒安装到位。如果指示灯仍在闪烁，则可能是其中一个或这两个墨盒有缺陷。要确定哪个墨盒有缺陷的具体操作如下。

① 先取出黑色墨盒，再关闭墨盒门。

② 启动多功能一体机，如果指示灯闪烁，则说明彩色墨盒有问题，将其更换即可；如果指示灯不闪烁，则说明黑色墨盒有问题，更换黑色墨盒即可。

实训一　双面复印身份证

【实训要求】

很多时候需要将某些文件的两个面都复印到一张纸的同一页面中，如复印身份证、驾驶证、房产证等，下面就利用数码复印机的双面复印功能来复印身份证。

【实训思路】

完成本实训需要先将身份证放入复印机，然后进行双面复印设置，先复制一面，再复印身份证的另外一面，如图 4-72 所示。

【步骤提示】

① 将身份证正面向下，放置在文稿台的玻璃板上。

② 按"身份证双面复印/选项"按钮或者"双面复印"按钮（有些数码复印机需要在控制面板中进行设置，通常选择"多张合一"选项，并设置复印对象为"ID卡"或"身份证"）。

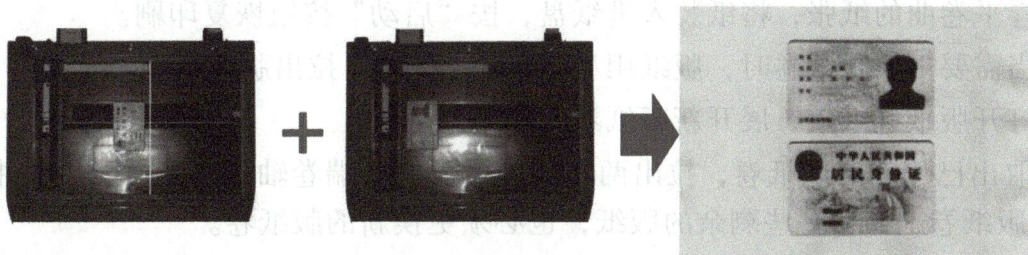

图4-72 双面复印身份证的操作思路

③ 按"开始"按钮或"确定"按钮或"复印"按钮，开始复印。

④ 复印完一面后，控制面板会提示"请翻另一面"或"再次复印"。

⑤ 将身份证翻面，按"开始"按钮或按"确定"按钮或"复印"按钮，开始复印身份证的另外一面，完成双面复印操作。

需要注意的是，扫描时请按紧扫描盖板，否则复印件中部可能会出现一条黑线。

实训二 补充纸张并更换版纸卷

【实训要求】

利用一体化速印机进行复印时，可能由于复印的内容较多，复印纸不够，这时就需要补充纸张。当然，版纸不够时也需要更换版纸卷，这两项操作在使用一体化速印机的过程中经常进行，需要熟练掌握。

【实训思路】

本实训可综合运用前面所讲知识，利用一体化速印机复印多张文稿，在复印过程中补充纸张，复印完成后更换版纸卷。本实训的操作思路如图4-73所示。

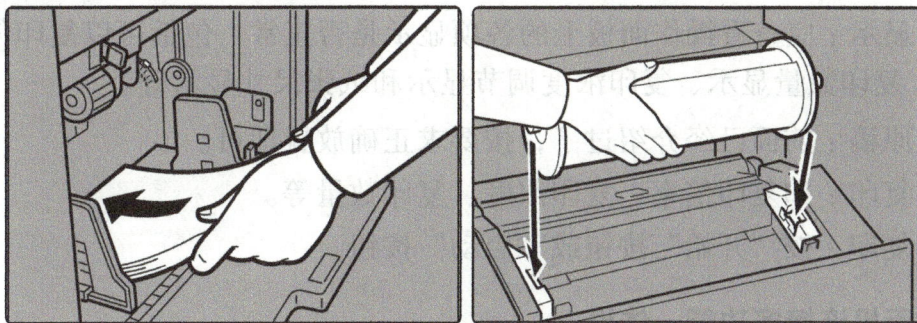

图4-73 补充纸张和更换版纸卷的操作思路

【步骤提示】

① 当进纸盘缺纸时，装纸指示灯📄亮起，按"清除／停止"按钮。

② 调整一体化速印机进纸盘的位置。

3 弄平卷曲的纸张，将纸装入进纸盘，按"启动"按钮恢复印刷。

4 当需要更换版纸卷时，版纸用尽指示灯📷亮起，拉出版纸纸盘。

5 打开版纸进纸盖，展开新版纸卷的纸带。

6 取出已用完的版纸卷，拉出两端卷轴，再将两端卷轴插到新的版纸卷中。注意，即使旧的版纸卷上还有一些剩余的版纸，也必须更换新的版纸卷。

7 将新的版纸卷放入版纸纸盘。

课后练习

练习1：复印个人简历10份

使用多功能一体机或数码复印机复印10份个人简历。

练习2：双面复印学生证

查看复印机的结构，然后使用复印机双面复印自己的学生证。

技能提升

1．文档复印的标准步骤

在办公中进行文档复印的标准步骤如下。

1 预热：按电源按钮，设备开始预热，面板上应有指示灯显示，并出现等待信号。当预热结束，机器即可开始复印，这时会出现可以复印信号或以音频信号告知用户可以开始复印。

2 检查原稿：拿到需要复印的原稿后，需要注意原稿的纸张尺寸、质地、颜色，原稿上的字迹色调，原稿装订方式，原稿张数，以及有无图片等需要改变曝光量的需求。

3 机器显示：应查看操作面板上的各项显示是否正常，包括可以复印信号显示、纸盒位置显示、复印数量显示、复印浓度调节显示和纸张尺寸显示等。

4 放置原稿：前面已经介绍过了，按要求正确放置即可。

5 设置复印：如复印倍率、复印浓度、复印数量等。

6 开始复印：按"开始"按钮或"启动"按钮。

2．使用手机连接多功能一体机

有些品牌的多功能一体机能够使用手机直接连接并进行打印或复印，方法是先安装品牌专用的App或使用微信小程序，再连接多功能一体机进行操作。还有一些品牌的多功能一体机有无线直连功能，可以通过蓝牙功能直接连接手机和多功能一体机，无须连接局域网，即可实现手机和多功能一体机之间的点对点打印或复印。

项目五

光电设备使用与维护

05

情景导入

米拉： 我需要将一份纸质文件转换为电子档图片，用手机拍照不太清楚，还有其他办法实现吗？

老洪： 使用扫描仪吧，扫描仪的功能就是将一些纸质文档和图片直接扫描到计算机中，存储为计算机可传输的电子文件，而且扫描出来的文件清晰、带有色彩，还不容易失真。

米拉： 甲方要求我们将各种资质证书发传真件，为什么不能扫描后直接发电子邮件呢？

老洪： 发传真件就是将文件通过传真机发送给对方，这种文件传输方式比邮寄更快，而且比电子邮件的安全性更强。

米拉： 扫描仪和传真机这两个设备在办公中常用吗？

老洪： 当然，扫描仪和传真机都属于常见的办公设备，学会使用与维护这些设备是很有必要的。

学习目标

○ 了解扫描仪和传真机的类型、结构和重要性能指标
○ 掌握选用扫描仪和传真机的方法
○ 掌握使用和维护扫描仪的方法
○ 掌握使用和维护传真机的方法

技能目标

○ 能使用扫描仪扫描文件
○ 能使用传真机发送和接收传真

任务一　使用与维护扫描仪

扫描仪是一种将纸质文件或图像转换为计算机可显示、编辑、存储的电子文档的办公设备，也是计算机的一种输入设备。扫描仪通常用于合同、信函和数据资料等纸质文件的扫描，扫描后的文件通常以 PDF 文件或图片等形式存放在计算机中。

任务目标

公司要宣传增强信心、迎难而上的企业文化，需要使用扫描仪将上级下发的相关文件扫描为 JPG 格式的电子文档。通过对本任务的学习，读者可以掌握使用和维护扫描仪的基本操作。

相关知识

1. 扫描仪的类型

扫描仪的种类繁多，通常根据扫描介质和用途的不同可以分为以下几种类型。

● **平板式扫描仪**。平板式扫描仪又称为平台式扫描仪，目前办公用扫描仪大多都是平板式扫描仪，如图 5-1 所示。

● **馈纸式扫描仪**。馈纸式扫描仪又称为小滚筒式扫描仪，通常体积大于平板式扫描仪，可以一次性连续扫描多份文件，如图 5-2 所示。

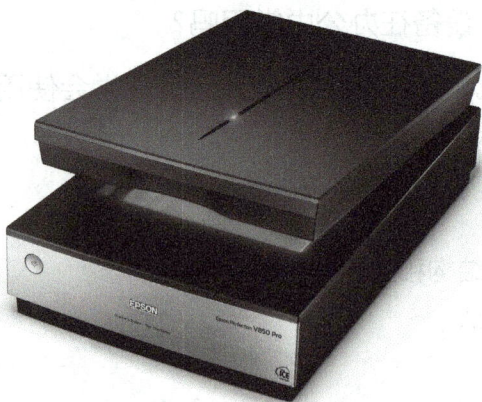

图5-1　平板式扫描仪

图5-2　馈纸式扫描仪

● **便携式扫描仪**。便携式扫描仪通常体积小巧、携带方便，在扫描速度和操作性方面比普通的平板式扫描仪更强，如图 5-3 所示。

● **笔式扫描仪**。笔式扫描仪又称为扫描笔，该扫描仪外形与笔相似，使用时需要贴在纸上一行行地扫描，主要用于文字识别，如图 5-4 所示。

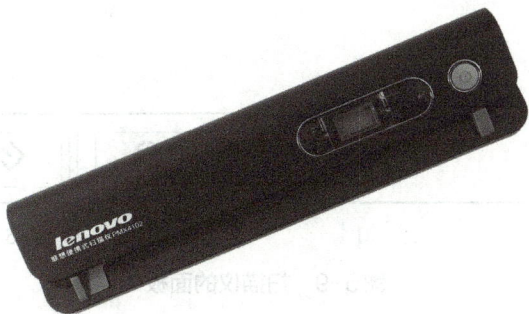

图5-3 便携式扫描仪

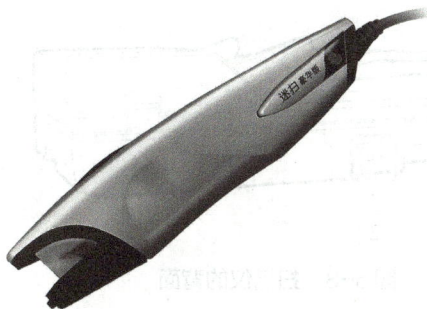

图5-4 笔式扫描仪

● **胶片扫描仪**。胶片扫描仪又称为底片扫描仪或接触式扫描仪，其主要功能是扫描各种透明胶片，如图5-5所示。

● **3D扫描仪**。3D扫描仪又称为三维立体扫描仪，这种扫描仪扫描后生成的文件能够通过一系列坐标数据精确描述被扫描物体的三维结构。将这些数据输入3ds Max等软件中后，可以完整地还原出物体的三维立体模型，如图5-6所示。

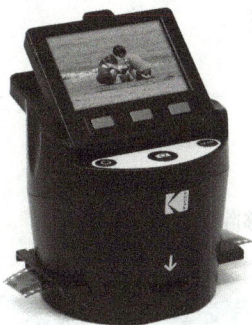

图5-5 胶片扫描仪

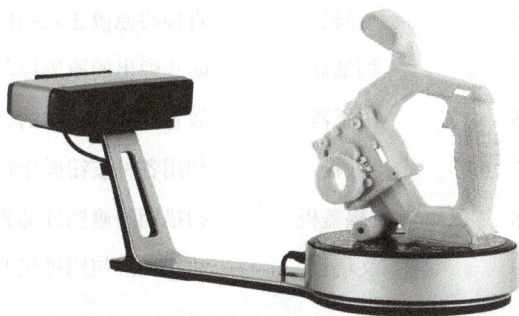

图5-6 3D扫描仪

2. 扫描仪的结构

办公用的平板式扫描仪通常分为正面、背面和面板3个部分，如图5-7、图5-8、图5-9所示。

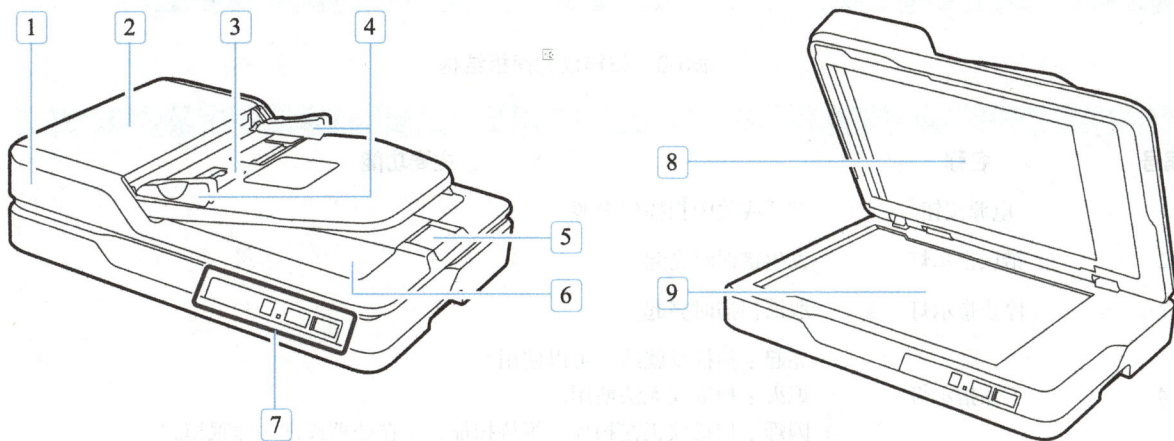

图5-7 扫描仪的正面

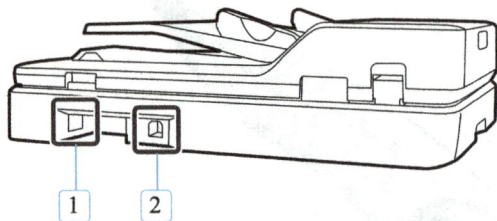

图5-8　扫描仪的背面

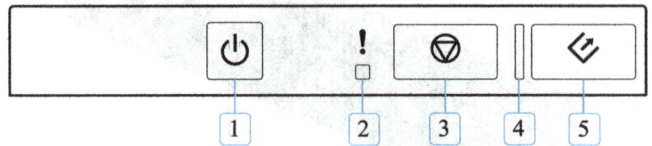

图5-9　扫描仪的面板

扫描仪正面、背面及面板各组成部件的名称及功能分别见表5-1、表5-2、表5-3。

表5-1　扫描仪的正面结构

编号	组件名称	功能
1	自动进纸器	自动送入原稿
2	进纸器盖	打开可清洁进纸器或移除卡纸
3	进纸器	放置原稿
4	导轨	直接将原稿送入扫描仪，滑动至原稿边缘
5	挡纸器	防止弹出的原稿掉落
6	出纸器	放置扫描仪弹出的原稿
7	面板	利用各种按钮操作扫描仪
8	文稿盖板	扫描期间遮挡外部光线，清洁进纸器或移除纸时取下
9	文稿台	放置无法使用进纸器进纸的原稿

表5-2　扫描仪的背面结构

编号	名称	主要功能
1	电源接口	连接电源线
2	USB 接口	连接 USB 数据线

表5-3　扫描仪的面板结构

编号	名称	主要功能
1	电源按钮	打开或关闭扫描仪电源
2	错误指示灯	发生错误时亮起
3	停止指示灯	取消扫描时亮起
4	工作指示灯	亮起：扫描仪就绪，可以使用。 熄灭：扫描仪无法使用。 闪烁：扫描仪正在扫描、等待扫描、正在处理或进入睡眠模式
5	启动按钮	开始扫描

3. 扫描仪的重要性能指标

扫描仪的重要性能指标主要有以下 4 项。

● **分辨率**。分辨率的单位为 dpi（Dots Per Inch），dpi 数值越大，扫描图像的品质越好，目前主流扫描仪的分辨率在 300dpi×300dpi ~ 4800dpi×4800dpi 之间。

● **色彩位数**。较高的色彩位数可保证扫描仪保存的图像色彩与实物的真实色彩尽可能一致，且图像色彩会更加丰富，目前有 24 位、30 位、36 位、42 位和 48 位等多种位数。

● **扫描元件**。扫描元件是扫描仪的拾取设备，相当于人的眼睛。目前主要有 CCD（Charge Coupled Device）、CIS（Contact Image Sensor） 和 CMOS（Complementary Metal-Oxide Semiconductor）3 种，市场上主流扫描仪主要采用 CCD 和 CIS 两种扫描元件。

● **扫描仪的接口**。扫描仪的接口主要是指与计算机连接的接口，有增强并行接口（Enhanced Parallel Port，EPP）、小型计算机系统接口（Small Computer System Interface，SCSI）、火线接口（IEEE 1394）和 USB 接口 4 种。USB 接口的数据传输速度更快，使用更方便（支持热插拔），是市面上主流扫描仪的常用接口类型。

4. 扫描仪的选用

选用扫描仪时除了要关注其性能指标外，还需要注意以下 3 点。

● 平板式扫描仪操作简单、经济实用，能满足办公和家庭的基本扫描需求。

● 选用光学分辨率在 1200dpi×1200dpi 之上的扫描仪扫描照片，再通过专业照片打印机打印出的图片与照相馆制作出的照片几乎没区别。

● 目前计算机的主流 USB 接口标准为 USB 3.0，选用的扫描仪最好具有相同接口。

知识链接

扫描仪的选用

任务实施

1. 解锁扫描仪

有些扫描仪在运输时，为了保护其光学组件，会保持上锁状态，因此在使用前需要将其解锁，具体操作如下。

微课视频

解锁扫描仪

❶ 撕下扫描仪上的运输胶带，打开文稿盖板。

❷ 找到锁定开关，将锁定开关向开锁标志🔓方向滑动，如图 5-10 所示。

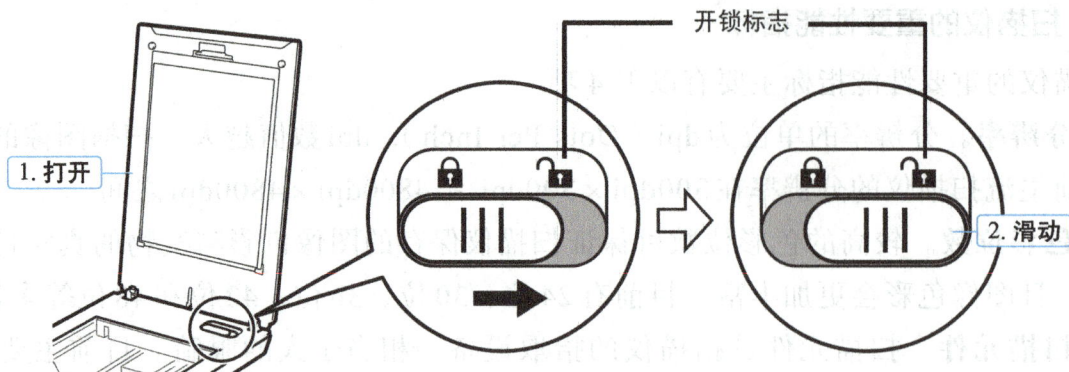

图5-10　解锁扫描仪

2. 连接扫描仪

连接扫描仪主要是将扫描仪与计算机连接起来，然后接通电源，具体操作如下。

❶ 使用 USB 电缆线将扫描仪连接至计算机，将其一端插入计算机的 USB 接口，另一端插入扫描仪的 USB 接口。

❷ 将电源线连接至交流适配器，并将交流适配器连接至扫描仪。

❸ 将电源线插入电源插座，如图 5-11 所示，按电源按钮接通电源。

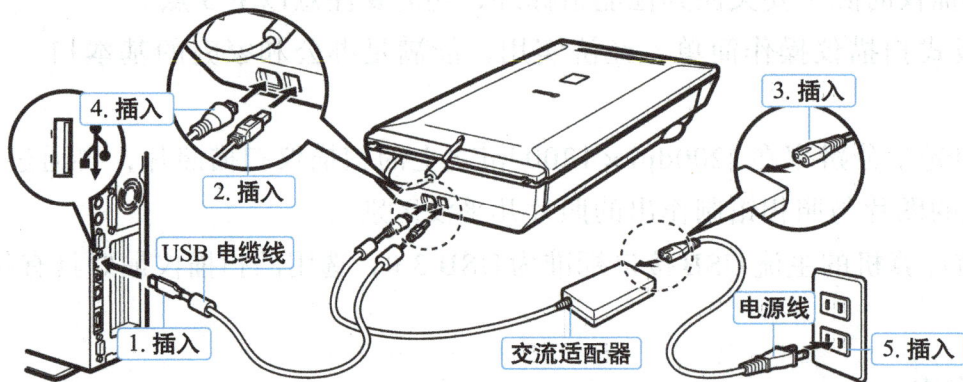

图5-11　连接扫描仪

3. 将原稿放置在进纸器上

将原稿放置在进纸器上，可以一次性扫描多个文件或多张图片，具体操作如下。

❶ 将进纸器上的导轨朝外滑动到底，如图 5-12 所示。

❷ 抓住原稿两端，将其呈扇形展开，并重复数次。将纸张边缘在平坦表面上敲击几次，使原稿对齐，如图 5-13 所示。

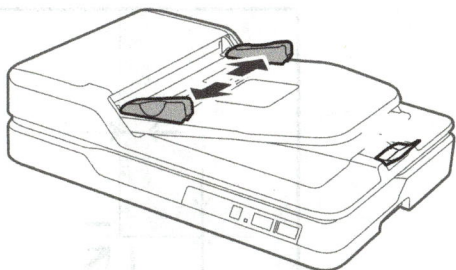

图5-12 调整进纸器导轨

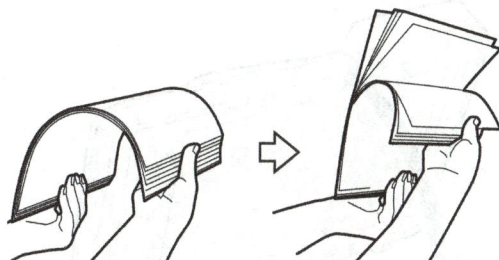

图5-13 整理原稿

③ 将原稿正面朝上放入进纸器，并确保顶边对着进纸器，如图 5-14 所示。

④ 将导轨滑动至原稿边缘，确保原稿与导轨之间没有间隙，如图 5-15 所示。

图5-14 将原稿放入进纸器

图5-15 固定原稿

知识补充

如果要利用进纸器进行双面扫描，则需要在完成原稿的一面扫描后，将原稿翻面，然后将其放入进纸器。如果使用文稿台扫描，则需要在完成原稿的一面扫描后，打开文稿盖板，将文稿翻面。

4. 将原稿放置在文稿台上

扫描单个文件或证件时可以使用文稿台扫描，具体操作如下。

① 打开文稿盖板，如图 5-16 所示。

② 将原稿正面朝下放在文稿台上，同时确保扫描面的左上角抵靠着箭头标记旁的扫描仪右下角。若要避免扫描后裁切，可将原稿远离图 5-17 所示标注 1 和 2 处的一边和另一边移动 2.5mm 左右，如图 5-17 所示。

微课视频

将原稿放置在
文稿台上

知识补充

通常情况下，扫描仪的文稿台要保持干净整洁，不能放置重物，不能用力按压玻璃，也不能将原稿长时间放在文稿台，以免粘住。另外，进纸器打开的幅度不得超过 70 度，否则可能会损坏铰链。

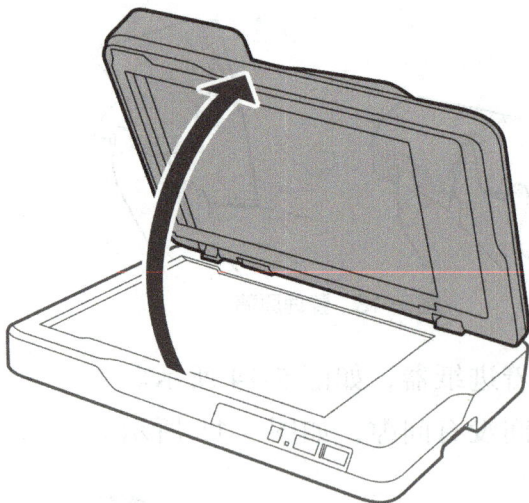

图5-16   打开文稿盖板

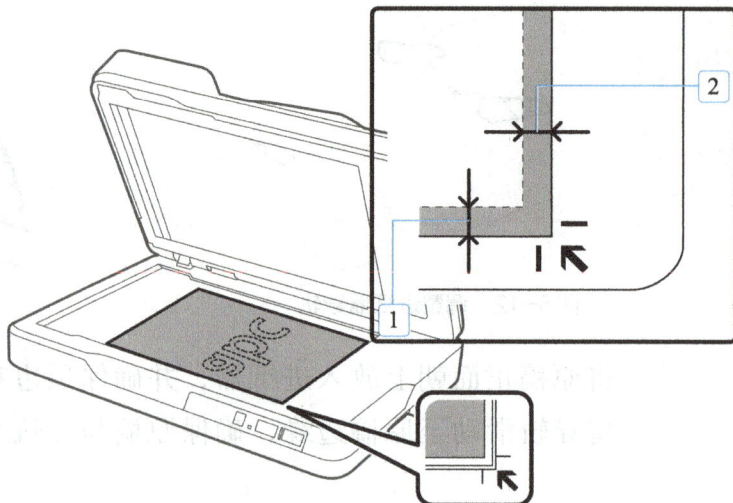

图5-17   放置原稿

5. 扫描文件

扫描文件可以通过扫描仪或计算机操作系统自带的软件，以及一些图形图像软件进行，下面利用计算机操作系统自带的软件扫描文件，具体操作如下。

微课视频

扫描文件

1 在 Windows 10 中选择"开始"—"Windows 附件"—"Windows 传真和扫描"命令，如图 5-18 所示，打开"Windows 传真和扫描"窗口。

2 在工具栏中单击"新扫描"按钮，打开"新扫描"对话框，在其中进行扫描的各项设置，这里在"颜色格式"下拉列表框中选择"彩色"选项，在"文件类型"下拉列表框中选择"JPG（JPG 图片文件）"选项，在"分辨率"数值框中输入"200"，单击"预览"按钮预览扫描效果，单击"扫描"按钮开始扫描，如图 5-19 所示。

图5-18   选择操作

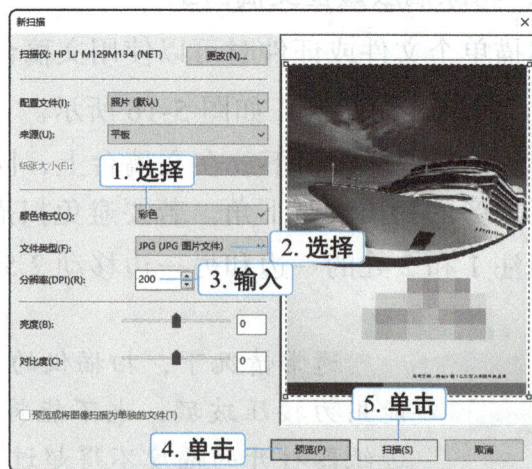

图5-19   进行扫描设置

3 扫描完成返回"Windows 传真和扫描"窗口，单击"另存为"按钮，打开"另存为"对话框，在"保存在"下拉列表框中选择保存位置，在"文件名"文本框中输入名称，单击"保存"按钮，如图 5-20 所示，完成文件的扫描操作，在设置的保存位置即可看到扫描得到的电子文件图片。

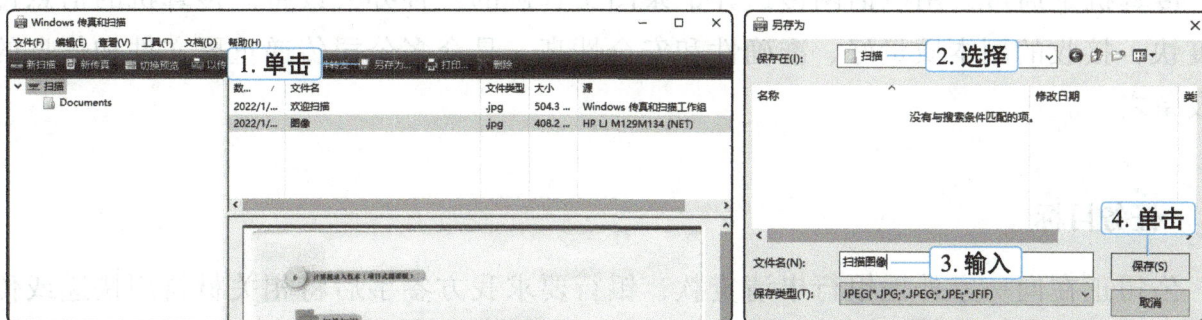

图5-20 保存扫描的文件

6．日常维护与保养

扫描仪的日常维护与保养工作主要包括以下 4 点。

● **清洁进纸器**。使用清洁工具或湿的软布擦拭掉进纸器滚轮上的灰尘或污迹。

● **清洁文稿台**。使用软干布清洁文稿台表面，如果文稿台玻璃表面沾染了油脂或难以清除的其他材料，可以在软布上蘸上少许玻璃清洁剂进行清洁。

● **不要中途切断电源**。当扫描完一个文件后，扫描仪的扫描部件需要一些时间从底部归位，所以最好等到扫描部件完全归位后，再切断电源，否则容易损坏部件。

● **机械部分的保养**。扫描仪长久使用后，要拆开盖子，滴润滑油在传动齿轮组及皮带两端的轴承上面，这样可以减小扫描仪工作时的噪声。

7．排除常见故障

扫描仪常见的故障现象和排除办法见表 5-4。

表5-4 扫描仪的常见故障及排除方法

故障现象	故障原因	故障排除
工作指示灯不亮	扫描仪连接错误	重新连接扫描仪，确保扫描仪的电源线连接正确
	开启了省电模式	可以关闭省电模式，或者不管，扫描时系统会自动点亮指示灯
无法进行扫描	扫描仪未准备好	等待工作指示灯点亮
	多人同时使用扫描仪	等待，或者将扫描仪直接连接到本台计算机
文件边缘扫描不到	原稿尺寸超过可扫描的区域	使扫描文件的边缘距离文稿台侧边 2.5mm 以上
图像变形或模糊	原稿位置放置不当	重新放置原稿，确保原稿平放在文稿台上，并未发生移动

任务二　使用与维护传真机

传真机是通过公用电话网传送并记录图文真迹的一种办公设备。传真机的信息传送速度快，接收的副本质量好、准确性和安全性高，是众多公司传递重要文件和信息的主要设备之一。

任务目标

公司正在向一家外地银行申请贷款，银行要求我方签字后将相关材料用快递或传真机传送，公司决定使用传真机迅速将材料传送过去。通过对本任务的学习，读者可以掌握传真机的基本操作，同时对维护和保养传真机有基本的了解。

相关知识

1. 传真机的类型

传真机可以分为热敏、激光、热转印、喷墨和服务器 5 种类型。

● **热敏传真机**。热敏传真机的工作原理是通过热敏打印头将打印介质上的热敏材料熔化变色，从而生成所需的文字和图形，是目前市场上传真机的主流类型，如图5-21所示。

● **激光传真机**。激光传真机又称为激光一体传真机，是利用碳粉附着在纸上成像的原理进行文字或图形图像传真的设备，如图5-22所示。

图5-21　热敏传真机

图5-22　激光传真机

● **热转印传真机**。热转印传真机的工作原理是用热敏头通过感热色带将文档打印到普通的纸张上。现在这种类型的传真机使用得较少，未来很可能会被市场淘汰。

● **喷墨传真机**。喷墨传真机的功能有点类似于喷墨式打印机，具备复印、打印、传真和扫描的功能，但这种类型的传真机现在几乎已经停产了。

● **服务器传真机**。服务器传真机是一种集传真回复、接收、发送，以及传真广播、语音信箱和语音布告等多种功能于一体的传真通信设备，其价格昂贵，适合大公司选用。

2. 传真机的结构

传真机的结构通常分为外观和控制面板两个部分，分别如图 5-23 和图 5-24 所示，对应名称见表 5-5 和表 5-6。

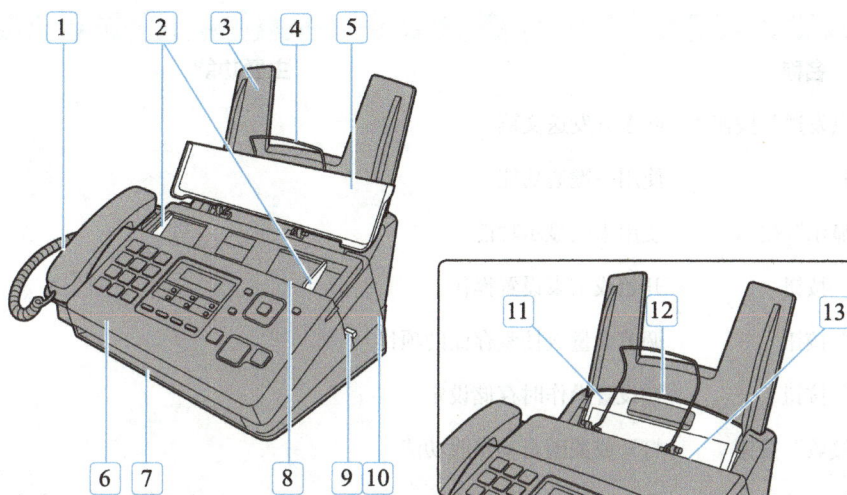

高清大图

传真机的结构

图5-23　传真机的外观

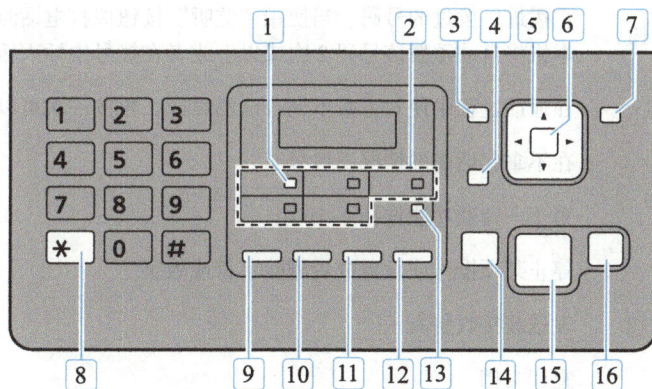

图5-24　传真机的控制面板

表5-5　传真机的外观

编号	名称	编号	名称	编号	名称	编号	名称
1	扬声器	3	载纸板	5	送稿盘	7	文稿出口
2	文稿引导板	4	记录纸支架	6	前盖	8	文稿入口

续表

编号	名称	编号	名称	编号	名称	编号	名称
9	后盖开盖按钮	10	后盖	12	记录纸入口	—	—
		11	拉力板	13	记录纸出口		

表5-6　传真机的控制面板

编号	名称	主要功能
1	"多站点发送"按钮	向多方发送文稿
2	组按钮	使用一键通功能
3	"来电显示"按钮	使用来电显示功能
4	"菜单"按钮	开始或结束设置操作
5	"导航"按钮	调节音量或搜索存储的项目
6	"设定"按钮	在设置操作时存储设定
7	"自动接收"按钮	打开或关闭自动接收功能
8	"＊"按钮	当用户的线路具有转盘或脉冲服务时，在拨号中可暂时将脉冲改为音频
9	"闪断"按钮	使用特殊的电话服务或转接分机通话或者闪断时间可以更改
10	"重拨／暂停"按钮	重拨最后拨过的号码。当使用"监听"按钮拨打电话时或者当发送传真时占线，本机将自动重拨该号码2次或以上或者在拨号中插入暂停
11	"话筒静音"按钮	在通话过程中使对方听不到自己的声音，再按一次可以继续通话
12	"监听"按钮	在不拿起话筒的情况下拨号
13	"下一组"按钮	对于一键通功能选择6~10组
14	"停止"按钮	停止某项操作或设置或者删除字符或数字
15	"传真／开始"按钮	发送或接收传真
16	"复印"按钮	复印文档

3. 传真机的重要性能指标

在传真机的性能指标中，能着重体现其性能的有以下3项。

● **有效记录幅面**。有效记录幅面分为A4和B4两种类型，同等功能条件下，B4幅面传真机的价格往往比A4幅面的高许多，其中B4幅面的传真机比较适合办公使用。

● **传送速度**。传送速度是指传真机发送一张标准A4尺寸的稿件所需要的时间，主要有23秒、18秒、15秒、9秒和6秒等，通常速度越快，传真机性能越强。

● **灰度等级**。传真机具有的灰度等级的级数越多，其所记录与传输得到副本的图像层次就越丰富、越逼真，目前主要有16级、64级和256级3种。

4．传真机的选用

若收发传真的数量不大、频率不高，则购买普通热敏传真机较为合算；相反，则应选择功能比较全面的高速激光传真机。此外，选用传真机还需要考虑其附加功能和售后服务等因素。

知识链接

传真机的选用

● **附加功能**。在同等价格下，应当选购具备存储发送、定时接收、无纸接收、自动重拨、语音答录或自动切纸等附加功能的机型。

● **售后服务**。建议在品牌代理商和有维修能力的商家处购买，以求能得到有保证的售后服务。购买时，注意产品保修卡、中文说明书、出厂编号、CCIB标志、长城标志、入网标志及适应中国电压的电源（220V、50~60Hz）等内容，正规传真机的电源插头应为三相扁插头。

任务实施

1．安装传真机

安装传真机通常需要安装印字薄膜、话筒线、载纸板和记录纸支架等部件，具体操作如下。

① 打开送稿盘，向上拉前盖的中间部分以打开前盖，如图5-25所示。

② 关闭送稿盘，并按按钮松开后盖，或者向里按控制杆以松开后盖，如图5-26所示。

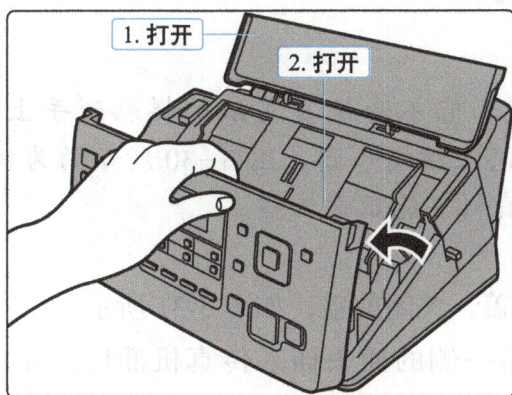

图5-25　打开送稿盘和前盖

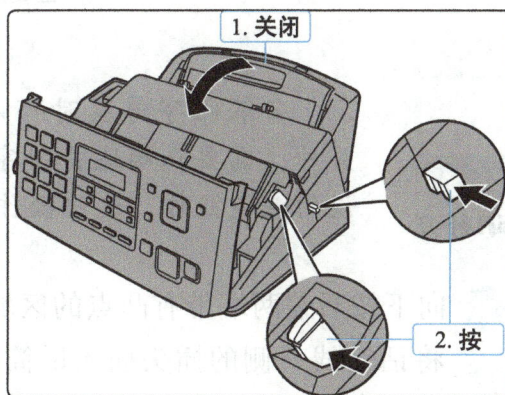

图5-26　松开后盖

③ 打开后盖，如图5-27所示。

④ 将印字薄膜辊的齿轮插入本机的左前插槽中，将印字薄膜辊的齿轮插入本机的左后插槽，如图5-28所示。

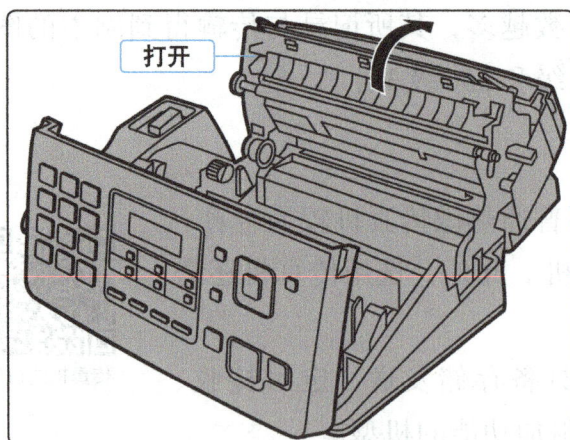

图5-27　打开后盖

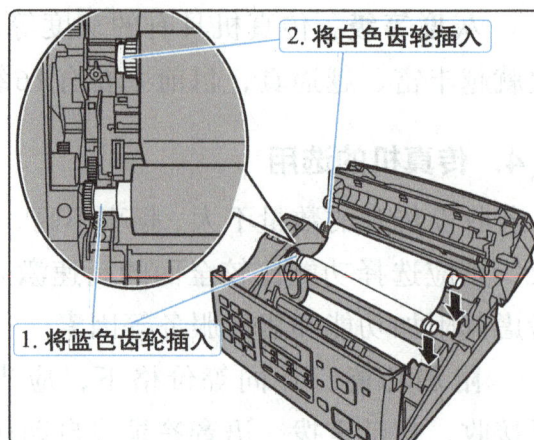

图5-28　放入印字薄膜辊

5 沿顺时针方向转动蓝色齿轮，直至印字薄膜拉紧，而且至少在蓝芯上缠绕一圈印字薄膜，如图5-29所示。

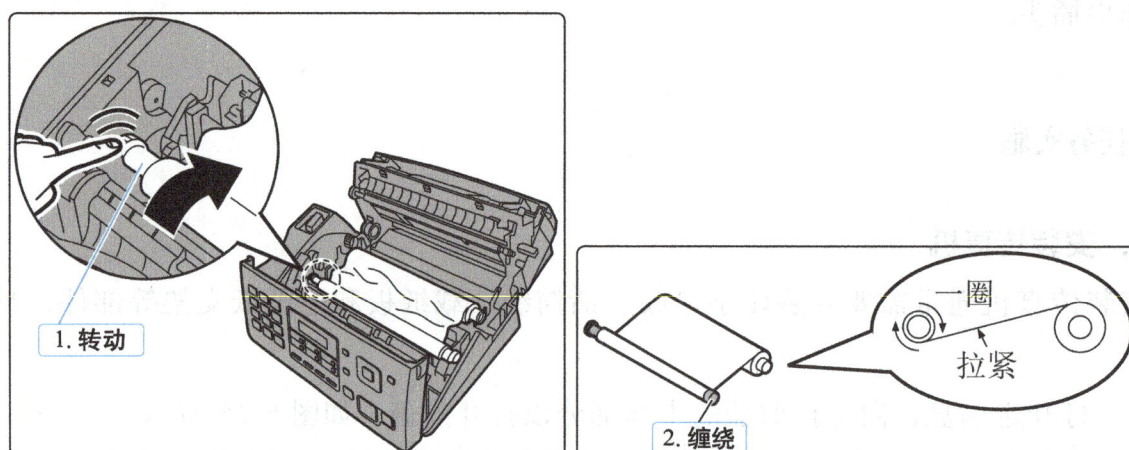

图5-29　安装印字薄膜

> **知识补充**
>
> 　　安装印字薄膜时可以用手触摸，它不会像复写纸那样粘到手上。另外，需要正确地将印字薄膜在蓝芯上缠绕一圈，图5-30所示的为错误的缠绕操作，这些操作将导致传真机不能正常工作。

6 向下按后盖两端带有凸点的区域，关闭后盖，关闭前盖，如图5-31所示。

7 将话筒线一侧的插头插入话筒插口，将另一侧的插头插入传真机插口，连接话筒和传真机，如图5-32所示。

8 将载纸板的薄片插入传真机背面的插槽，如图5-33所示。

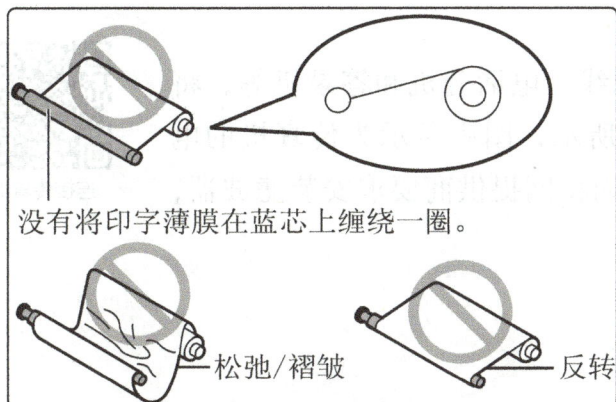

图5-30　错误的印字薄膜缠绕方式

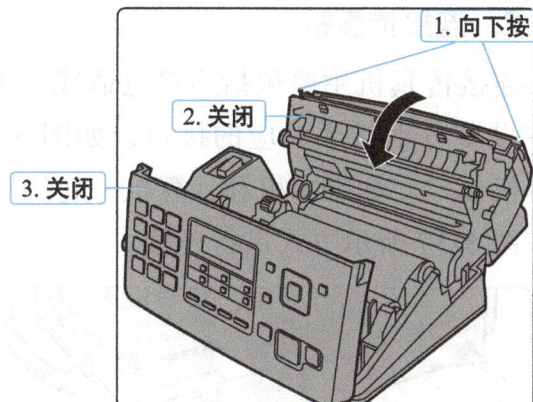

图5-31　关闭前后盖

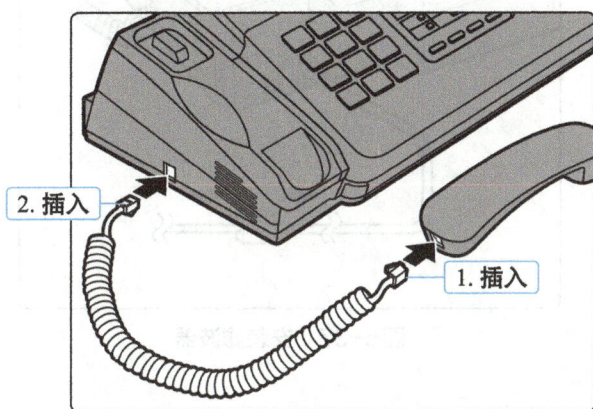

图5-32　连接话筒线

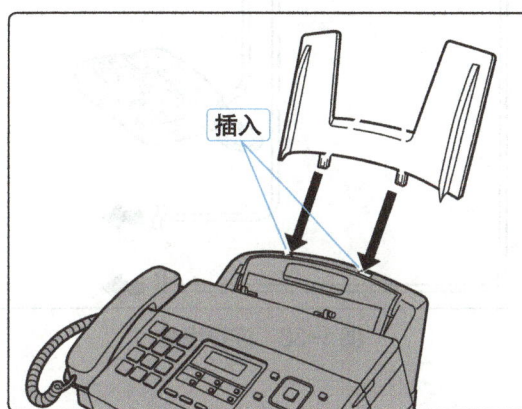

图5-33　安装载纸盘

⑨ 将记录纸支架先插入记录纸出口右侧的插槽中，再插入左插槽中，如图5-34所示。

⑩ 翻松纸张以免卡纸，将拉力板向前拉，轻轻地放入纸张，打印面朝下，注意不应使纸张超越薄片，如图5-35所示。

图5-34　安装记录纸支架

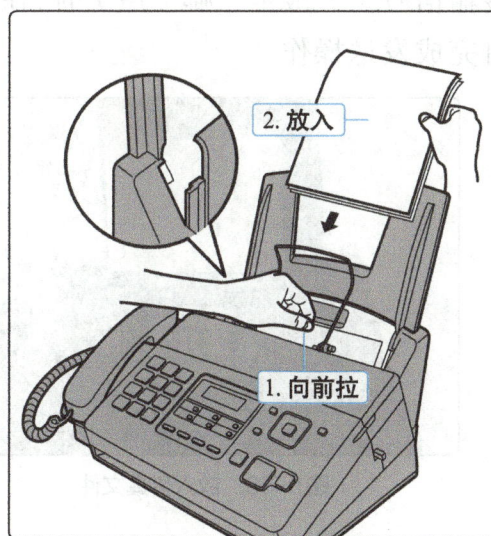

图5-35　放入记录纸

2. 连接传真机

连接传真机主要包括连接电话线、电源线、电话分机和答录机等，将这些设备分别接入对应的接口，如图 5-36 所示，图中所示为传真机的电话分机接口。如果本机和计算机一起使用，因特网提供商要求安装滤波器，请按图 5-37 所示方式进行连接。

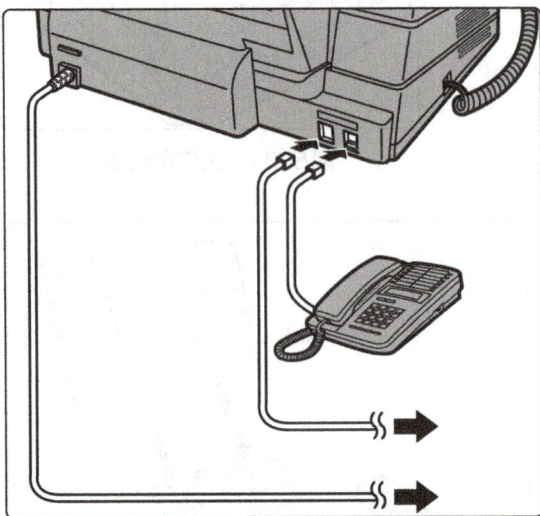

图5-36　连接线缆

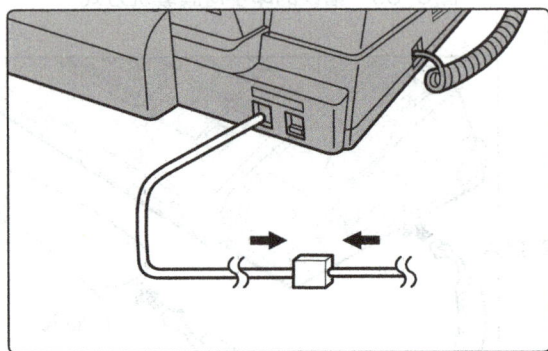

图5-37　安装滤波器

3. 发送传真

连接好传真机后就可以发送传真了，具体操作如下。

1 将要发送的文件正面朝外放入纸张入口中（在发送时，应把先发送的文件放置在最下面），如图 5-38 所示。

2 拨打接收方的传真号码，并要求对方传输一个信号，当听到从接收方传真机传来的传输信号（一般是"嘟"声）时，在操作面板中按"传真 / 开始"按钮，如图 5-39 所示，即可完成发送操作。

图5-38　放入传真文件

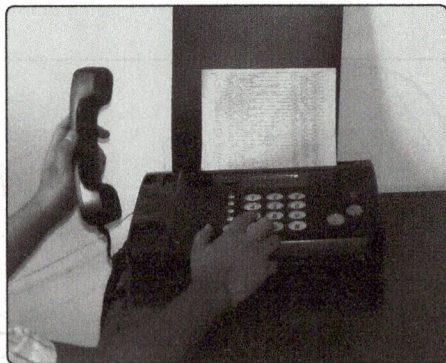

图5-39　拨号并要求传输信号

4．接收传真

用户可按"组"按钮设置传真机的接收方式，共有4种接收方式。

● **"电话优先"方式**。电话铃响起时，拿起话筒，传真机发现收到的是传真而不是电话时，会给出"请放下电话开始接收"或"开始接收"等语音提示，系统将自动开始接收传真。若电话无人接听，传真机将自动转为接收传真方式并开始接收传真。

● **"传真优先"方式**。当对方选择自动收发传真方式时，电话铃响3声后传真机就会自动接收传真；当对方选择手动收发传真时，电话铃第二次响3声后传真机将自动接收传真。

● **"传真专用"方式**。电话铃响一声后传真机开始自动接收传真。此方式在接收传真时还可向外拨打电话，但不能接听电话，也不能使用电话的录音功能。

● **"传真录音"方式**。电话铃响两声后电话接通，开始播放录音留言，录音留言播放完毕后自动切换为传真接收方式或电话录音方式。

> **职业素养**
>
> 在收发传真时要遵循保密的原则，不能将传真的内容到处宣扬，要做到"不该看的不看""不该讲的不讲"。一个人能不能严守秘密，是其能否得到别人信任的基础，也是在职场发展中是否顺遂的关键。

5．日常维护与保养

传真机的日常维护与保养需要进行表面和内部部件的清洁。

● **保持传真机表面清洁**。使用传真机时应注意保持机器表面的清洁，外壳及其他部件一般可用干布擦拭。

● **做好记录头清洁**。传真机的记录头洁净与否会影响传真的效果。清除灰尘时，应先切断电源，打开控制面板，取出记录纸，然后用干净的软布蘸专用清洁液轻轻擦拭记录头和记录头盖。若传真机刚接收了大量文件，则不能马上进行清洁工作。

● **定期清洁传真机内部**。经过一段时间的使用后，原稿滚筒和扫描部件上会累积灰尘，因此最好每半年清洁一次。原稿滚筒可使用干净的软布或蘸酒精的纱布进行清洁；扫描部件在传真机内部，需要使用特殊的清洁工具，不可直接用手或布、纸进行擦拭。

6．排除常见故障

传真机常见故障的排除方法见表5-7。

表5-7　传真机常见故障的排除方法

故障现象	故障分析与排除
不能接收文稿	电话线连到了分机接口，将其连接到电话线接口

续表

故障现象	故障分析与排除
听不到拨号音	电话线连到了分机接口，将其连接到电话线接口
	将本机的电话线拔下，然后连接一台操作正常的电话机。如果此电话机操作正常，则请维修人员修理电话机；如果此电话机不能正常操作，则请电话公司维修人员维修本机
接收方只能听到传真音但不能通话	设定了"传真专用"方式。请通知接收方此号码是传真专用号码
	将传真机的工作方式改为电话方式或电话/传真方式
不能发送文稿	电话线连到了分机接口，将其连接到电话线接口
	接收方的传真机占线或记录纸用完。请再试一次
	接收方的传真机未能自动接收传真。手动发送传真

实训一　清除扫描仪中卡住的纸张

【实训要求】

卡纸是办公设备常见的故障，扫描仪使用进纸器扫描时也容易出现此故障。本实训将介绍两种常见的清除卡住的纸张的方法，帮助读者学习如何解决扫描仪的卡纸问题。

【实训思路】

本实训可运用前面所讲的使用与维护扫描仪的知识来操作。先打开扫描仪的进纸器盖来拉出卡住的纸张，如果不成功，则需要取下文稿盖板，然后拉出卡住的纸张，如图5-40所示。

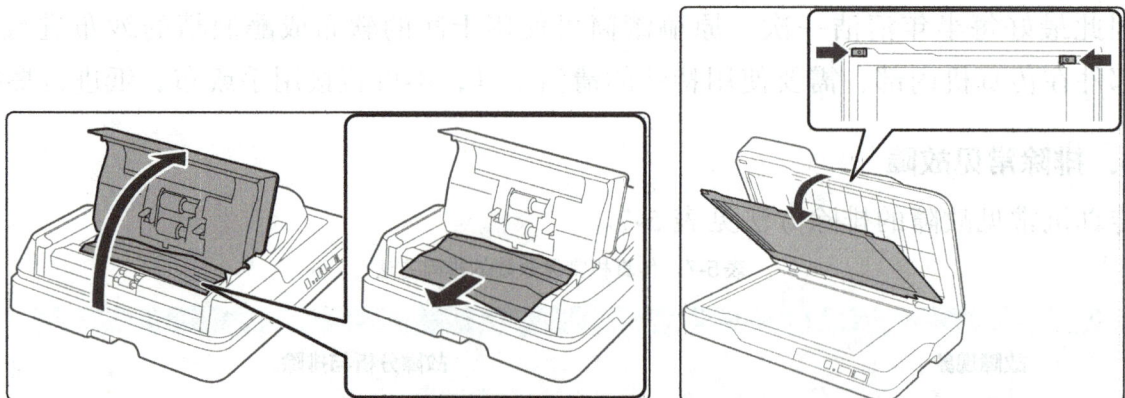

图5-40　清除扫描仪中卡住的纸张的操作思路

【步骤提示】

1 取走进纸器中的所有剩余原稿，打开进纸器盖，取出卡住的纸张。

2 如果无法移除，则抬起进纸器。抬起进纸器前，确保进纸器盖已打开。

3 取下文稿盖板，从扫描仪内部小心拉出卡住的纸张。

4 装上文稿盖板，放下进纸器，并盖上进纸器盖。

实训二　清洁传真机

【实训要求】

传真机通常同时具备复印和打印功能，所以需要经常清洁，特别是涉及印刷和复制的部件。本实训将讲解清洁传真机主要部件的相关操作。

【实训思路】

本实训将运用前面所讲的使用与维护传真机的知识进行操作。本实训将首先清洁传真机的送稿器与扫描器玻璃，再清洁传真机的热敏头，如图5-41所示。

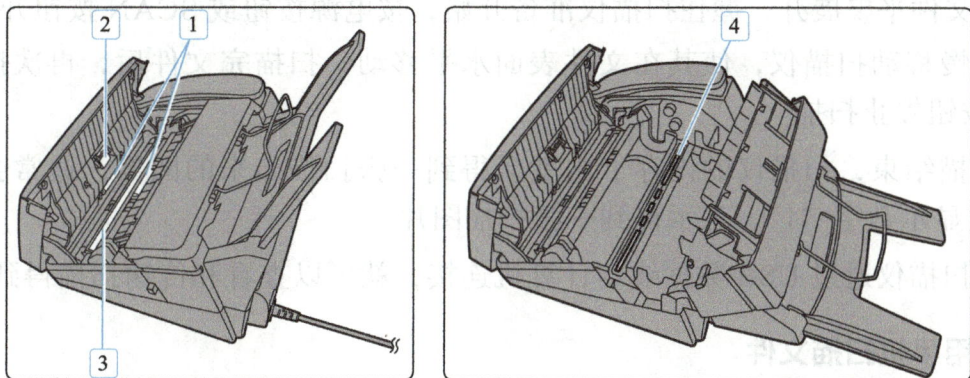

图5-41　清洁传真机

【步骤提示】

1 断开电源线和电话线，打开送稿盘，向上拉前盖的中间部分以打开前盖，并关闭送稿盘。使用蘸有异丙基乙醇清洗剂的布清洁送稿器滚筒 1 和橡胶薄片 2 ，待所有部件完全干燥后，用柔软的干布清洁扫描器玻璃 3 。

2 关闭前盖，轻轻地放入记录纸，连接电源线和电话线，完成送稿器和扫描器玻璃的清洁。

3 清洁热敏头时，断开电源线和电话线，打开送稿盘，向上拉前盖的中间部分以打开前盖，并关闭送稿盘。

4 打开后盖。取出印字薄膜，使用蘸有异丙基乙醇清洗剂的布清洁热敏头 4 。

⑤ 将其完全干燥后，重新安装印字薄膜，关闭前盖，轻轻地放入记录纸，连接电源线和电话线。

课后练习

练习1：扫描身份证和学生证

使用扫描仪将身份证的正反面扫描为 JPG 文件，将学生证扫描为 PDF 文件。

练习2：传真个人简历

使用传真机传真个人简历。

技能提升

1．使用便携扫描仪扫描文件

便携扫描仪体积小巧，非常适合移动办公使用，其扫描文件的基本操作如下。

① 长按电源按钮或 SCAN 按钮开机，设置扫描颜色、扫描模式和分辨率等。

② 把文件平整展开，握住扫描仪准备开始，按电源按钮或 SCAN 按钮开始扫描。

③ 慢慢移动扫描仪，使其在文件表面水平移动，扫描完文件后，再次按电源按钮或 SCAN 按钮停止扫描。

④ 扫描结束，扫描仪的内存卡内就会得到一张扫描出来的图像，通常会在扫描仪的显示屏上显示数字"1"，表示得到一张扫描图片。

⑤ 将扫描仪通过 USB 数据线与计算机连接，就可以查看和传输扫描得到的图像。

2．使用手机扫描文件

使用手机也可以将文件扫描识别成电子文件，这通常是通过手机 App 实现的。例如，可以使用 QQ 的"扫一扫"功能，其方法为：在手机中打开 QQ App，在操作界面中点击右上角的"+"按钮，在弹出的列表中选择"扫一扫"选项，进入"扫一扫"界面，在下面的工具栏中点击"转文字"选项卡，点击"拍照"按钮，然后用手机对准纸质文件进行扫描，在扫描完成后，点击"提取全文"按钮，再点击"导出文档"按钮，纸质文件就可以轻松变成电子文件了。

3．使用传真机复印文件

传真机也具有复印功能，有时为了方便，可以直接使用传真机进行复印，方法如下：把需要复印内容的一面朝下，放入传真机上方入口处，按"复印"按钮，同时有对应指示灯亮，按"传真/开始"按钮，传真机会把复印的文件从上方出口先"吐"出来（如果这一步没有扫描成功将无法完成复印），最后从下方出纸口输出复印文件。

项目六

06

影像设备使用与维护

情景导入

老洪： 米拉，公司要组织大家一起开个会，你去把会议室收拾一下，把投影机准备好。

米拉： 投影机？可我不会用啊。

老洪： 那你先把投影机搬到会议室，等会儿我教你如何使用。

米拉： 那太好了！还有什么要做的吗？

老洪： 你把公司的数码相机也拿上，等会儿拍一些照片放到公司的网站上，用作宣传。数码相机和投影机都属于办公中常用的影像设备，顺便我也给你讲讲这些设备的使用与维护的相关知识。

学习目标

◎ 了解影像设备的类型、结构和重要性能指标
◎ 掌握选用影像设备的方法
◎ 掌握使用影像设备的方法
◎ 掌握维护影像设备的方法

技能目标

◎ 能使用数码相机拍摄照片和短视频
◎ 能连接和使用投影机
◎ 能对数码相机和投影机进行日常维护与保养
◎ 能排除数码相机和投影机的常见故障

任务一　使用与维护数码相机

数码相机是一种利用电子传感器把光学影像转换成电子数据的照相机。在办公中主要用于满足工作所需的拍摄，可以用于产品介绍、广告设计、新闻采访、桌面排版及建筑领域的装潢设计等方面。

任务目标

公司要使用数码相机为年会活动拍摄一些照片。通过对本任务的学习，读者可以掌握数码相机的基本操作，并能够维护和保养数码相机。

相关知识

1. 数码相机的类型

数码相机大致可分为以下 5 种类型。

● **卡片相机**。卡片相机仅指那些拥有小巧的外形、相对较轻的机身及超薄与时尚的设计的数码相机，如图6-1所示。

● **长焦相机**。长焦相机是指能够进行远距离拍摄的数码相机，可以将有效距离内较远的物体拍摄清楚，如图6-2所示。

● **广角相机**。广角相机就是相机自带的镜头有很宽广的视角，能够在有限的距离内容纳更多的景物，如图6-3所示。

图6-1　卡片相机　　　　图6-2　长焦相机　　　　图6-3　广角相机

● **单反相机**。单反相机也叫单镜头反光照相机，是指光线通过单镜头照射到反光镜上，通过反光取景的数码相机，如图6-4所示。

● **微单相机**。微单相机是体积比单反相机小，重量比单反相机轻，且具有单反相机画质的数码相机，如图6-5所示。

图6-4 单反相机　　　　　　　　　图6-5 微单相机

> **知识补充**
>
> 　　卡片相机、长焦相机和广角相机通常不能更换镜头，可以归为一类；单反相机和微单相机可以更换镜头，可以归为另一类，这一类相机如果使用长焦镜头则具备长焦相机的功能，若使用广角镜头则具备广角相机的功能。

2. 数码相机的结构

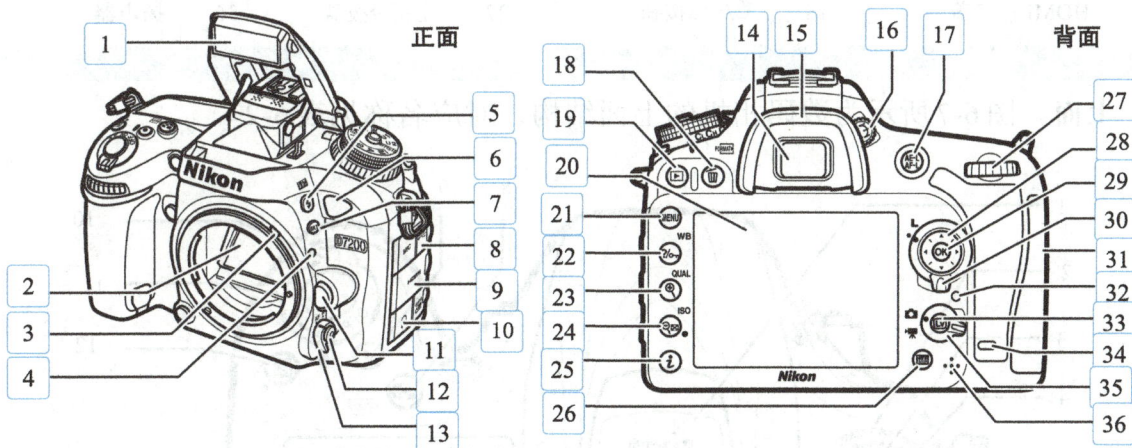

数码相机的结构主要分为正面、背面和上面3个部分。

高清大图

数码相机的结构

● **正面和背面**。图6-6所示为数码相机的正面和背面结构，对应名称见表6-1。

图6-6 数码相机的正面和背面结构

> **知识补充**
>
> 　　数码相机指示灯通常有绿色、橙色和黄色3种状态。绿灯亮起表示拍摄准备就绪，闪烁表示正在处理图像；橙灯亮起表示闪光灯开启，闪烁表示相机震动；黄灯亮起表示处于微距等特殊模式，闪烁表示无法对焦。

表6-1　数码相机的正面和背面结构

编号	名称	编号	名称	编号	名称	编号	名称
1	内置闪光灯	10	配件端子及耳机接口盖	19	▶按钮	28	多重选择器
2	反光板	11	镜头释放按钮	20	显示屏	29	确定按钮
3	测光耦合杆	12	AF 模式按钮	21	MENU 按钮	30	对焦选择器锁定开关
4	镜头安装标记	13	对焦模式选择器	22	‰/WB按钮	31	存储卡插槽盖
5	⚡/⯐按钮	14	取景器接目镜	23	◉/QUAL按钮	32	存储卡存取指示灯
6	红外线接收器（前）	15	橡胶接目镜罩	24	◉⊠/ISO按钮	33	Lv按钮
7	BKT 按钮	16	屈光度调节控制器	25	𝒊 按钮	34	红外线接收器（后）
8	USB 及外置麦克风接口盖	17	⯑按钮	26	信息按钮	35	即时取景选择器
9	HDMI 接口盖	18	🗑/FORMAT按钮	27	主指令拨盘	36	扬声器

● **上面**。图6-7所示为数码相机的上面结构，对应名称见表6-2。

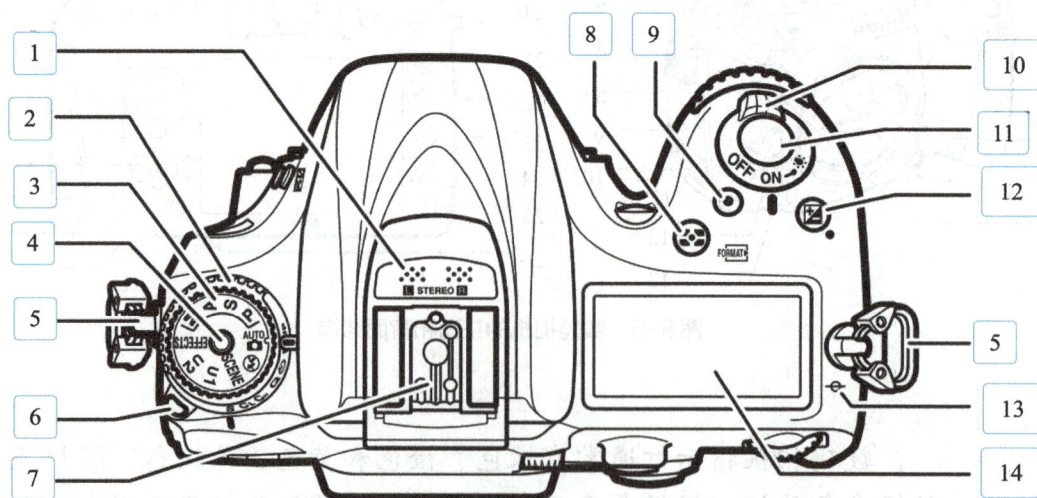

图6-7　数码相机的上面结构

表6-2 数码相机的上面结构

编号	名称	编号	名称	编号	名称	编号	名称
1	麦克风	5	背带孔	8	☼/FORMAT按钮	12	☒按钮
2	释放模式拨盘	6	释放模式拨盘锁定解除	9	动画录制开关	13	焦平面标记
3	模式拨盘			10	电源开关	14	控制面板
4	解除锁定	7	配件热靴	11	快门释放按钮	—	—

3. 数码相机的重要性能指标

在数码相机的性能指标中，最能体现其性能的是以下 6 项。

● **光圈**。光圈由 f 值来表示，f 值越小，光圈越大，表示进光量就越大。大光圈的优点是在弱光环境中，不需要别的辅助光就能拍摄出清晰的画面。

● **快门**。快门是决定进光时间长短的装置。一般来说快门的时间范围越大越好，目前最快的快门在1/2000秒内，一般高端机才具备，所以在选择时更需要注意快门的时间范围。

● **CCD尺寸**。CCD尺寸就是感光芯片的大小，一般是越大越好。例如，2/3的比1/1.8的好，1/1.8的又比1/2.5的好。理论上在相同像素下，CCD尺寸越大产生的噪点就越少。

● **变焦倍数**。镜头的变焦倍数直接关系到数码相机对远处物体的抓取水准，变焦倍数越大，远方物体就拍得越清晰。变焦分为光学变焦和数码变焦，其中真正起效用的是光学变焦，数码变焦只是使拍摄物体在取景器中放大，物体的清晰度没任何效用。

● **像素**。普通500万像素的数码相机的最大分辨率一般是2560px×1920px，已经完全超过了高清1920px×1080px的标准。

● **ISO值**。ISO指感光度，感光度越高，数码相机感受光线的速度就越快，高ISO值的数码相机适合在弱光环境下使用，例如，室内、夜晚等，通常ISO值越低的画面就越细腻。

4. 数码相机的选用

选用数码相机首先应该注意其主要的性能指标，然后需要注意以下 4 个方面。

● **用途**。普通办公选择卡片相机就能满足需求，如果是广告公司等需要专业图片的企业，则需要选择单反相机。

● **镜头**。镜头是决定成像质量的最关键因素。选择镜头最重要的还是看品质，对镜头本身的品质而言，施耐德、卡尔蔡司、徕卡镜头一直是专业镜头的代名词。

知识链接

数码相机的选用

● **经济性**。经济性主要是指耗电情况、存储卡类型和三包服务等。现在市面上的数码相机一般采用锂电池、AA电池两种供电方式，最好选用锂电池供电的数码相机，当然两者兼备就更方便了。至于存储卡，XD卡和记忆棒比较昂贵，SD卡则因具有高速、廉价等特点，成为如今的主流。

● **品牌**。目前国内数码相机市场上主要包括联想、明基、海尔、爱国者、佳能、尼康、索尼、奥林巴斯、理光、柯达和三星。

任务实施

1. 安装数码相机

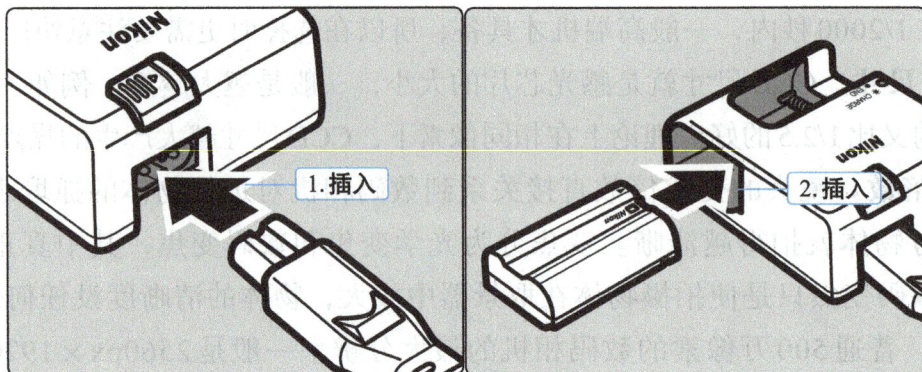

安装数码相机主要包括两项操作，一是为电池充电，二是安装电池和存储卡，具体操作如下。

微课视频

安装数码相机

❶ 从数码相机的配件中找到电池和充电器，先将电源线连接到充电器，然后插入电池并连接充电器电源，如图6-8所示。

图6-8　为电池充电

❷ 充电时，CHARGE指示灯会闪烁，充电完成，指示灯常亮，如图6-9所示。

图6-9　为电池充电时指示灯状态

❸ 充电完成后将电池从充电器中取出，然后确保数码相机处于关机状态。

❹ 在数码相机底部找到电池仓盖，按照 1 方向滑动仓盖锁定按钮，并按照 2 方向

打开盖子，找到电池的端子方向，使用电池将橙色电池锁闩压向一边，向下将电池插入电池仓中，锁闩会将电池锁定到位，最后按照 3 方向关上电池仓盖，如图 6-10 所示。

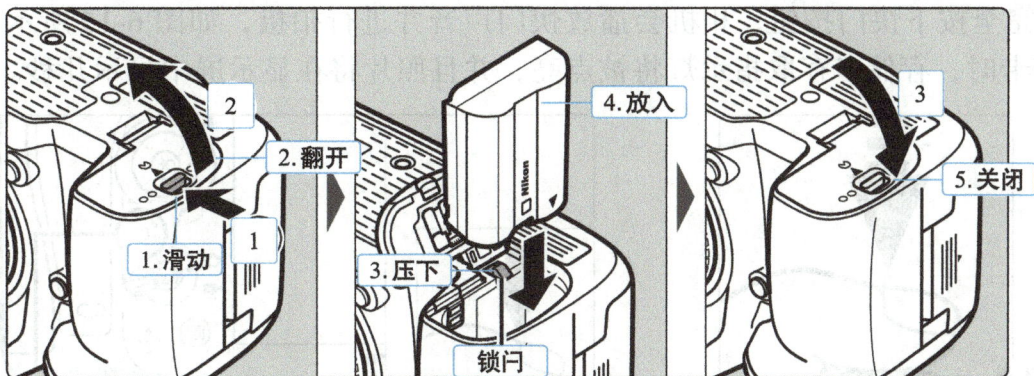

图6-10　安装电池

5 在数码相机侧面找到存储卡仓盖，按照 1 方向滑动仓盖，并按照 2 方向打开盖子，将存储卡端子向里插入插槽中，直到卡入正确的位置发出"咔嗒"一声，最后按照 3 方向关上存储卡仓盖，并按照 4 方向锁定仓盖，如图 6-11 所示。

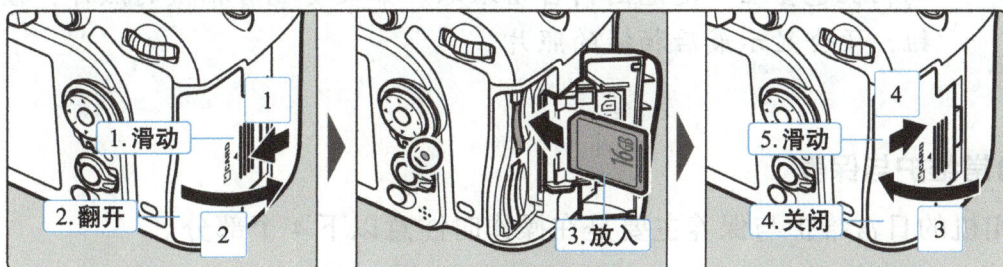

图6-11　安装存储卡

2. 拍摄照片

安装好电池和存储卡后，就可以拍摄照片了，具体操作如下。

1 在数码相机上部旋转电源开关，将其调整至"ON"，并打开控制面板，如图 6-12 所示。

2 调节模式拨盘，将其设置为"AUTO"模式，如图 6-13 所示，将相机对准拍摄的对象，相机在确认场景的过程中会发出轻微声响。

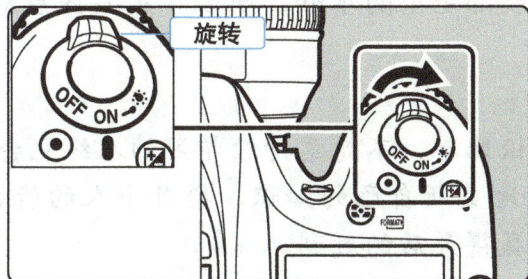

微课视频

拍摄照片

图6-12　启动数码相机

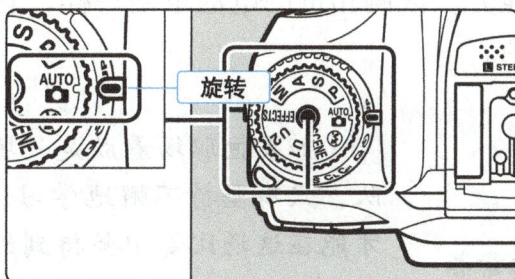

图6-13　选择模式

❸ 半按快门释放按钮进行对焦，相机在对焦时会鸣响两次，指示灯亮呈绿色，如图6-14所示。如果相机对焦一个以上的点，显示屏中会出现多个自动对焦框。

❹ 完全按下快门按钮，相机会播放快门声音并进行拍摄，如图6-15所示，图像被存入存储卡时，存储卡存取指示灯将被点亮，并且照片将在显示屏中显示几秒。

图6-14　对焦

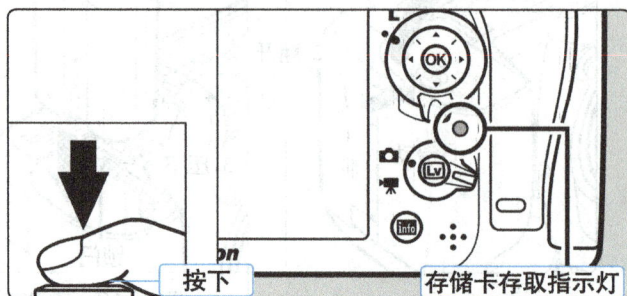

图6-15　拍摄

知识补充　　数码相机通常会对拍摄对象进行自动对焦，如果对象发生位移，数码相机也会在一定范围内自动跟踪。如果要观看拍摄的照片，按下▶按钮，便会显示最后拍摄的照片。

3. 日常维护与保养

数码相机的日常维护与保养主要是在操作时注意以下4个部分。

● **镜头**。镜头是非常精密的部件，表面做了防反射和增透的镀膜处理，一定要注意不能直接用手去摸。镜头沾上灰尘，最好的清洁方法是使用吹气球，用软毛刷将灰尘轻轻刷掉，或者使用专用的镜头布或镜头纸轻轻擦拭。

● **液晶显示屏**。要避免液晶显示屏被硬物刮伤。通常液晶显示屏的表面会有保护膜，而没有保护膜的液晶显示屏很脆弱，任何剐蹭都会留下痕迹。

● **存储卡**。只能在数码相机已经关闭的情况下安装和取出存储卡，因此需要在关闭相机后等一会儿或相机的指示灯完全熄灭后再取出存储卡，避免存储卡被破坏。

● **电池**。不论是锂电池还是镍氢电池，各种电池的使用、保存和携带都有很多要注意的地方。数码相机的电池也是一样，它们一般都是不防水的，所以一定要注意对电池的保护。

职业素养　　如果把职场看成是一场马拉松比赛，不愿意持续学习的人终究会掉队，只有坚持不懈地学习，不断地更新自己的知识、提升个人的能力，才能在这场比赛中坚持到终点，赢得最后的胜利。

4. 排除常见故障

数码相机同样会出现各种问题，表 6-3 所示为数码相机的常见故障及排除方法。

表6-3　数码相机的常见故障及排除方法

故障现象	故障分析与排除
按电源按钮却没有任何反应	确认电池是否已正确插入
	确认存储卡与电池仓盖是否已关闭牢固，然后再次打开电源
	如果电池端子脏污，电池性能会下降。用棉签清洁电池端子，再将电池重新插入
屏幕在拍摄时无法正常显示	相机受强光源照射时，显示可能会变暗
	在荧光灯照射下，屏幕可能会闪烁
	拍摄亮光源时，屏幕上可能会出现光线条（紫红色）
没有存储卡	未按照正确的方向安装存储卡。按照正确的方向装入存储卡
存储卡已满	存储卡上没有足够的可用空间来拍摄图像或存储图像。删除图像以开辟新图像的存储空间，或插入空白的存储卡
不能拍摄	相机处于播放模式
镜头无法收回	不要在开机状态下打开存储卡与电池仓盖。关闭仓盖后，打开电源，然后再次关闭电源

任务二　使用与维护投影机

在办公中，投影机常用于企业会议中播放 PPT、影片等，可以配合多种信号输入、输出的接口，例如，台式机、笔记本电脑、平板电脑等，并将接收到的信号转换为高分辨率的图形，投影到大屏幕中。

任务目标

公司在举行年终总结会时，需要通过投影机将笔记本电脑中的年终总结报告投影到投影幕布上。通过对本任务的学习，读者可以掌握投影机的基本操作，并能在生活和工作中对投影机进行日常维护与故障排除。

💬 **相关知识**

1. 投影机的类型

投影机通常按照应用环境进行分类，主要有以下 4 种类型。

● **家庭影院型**。其特点是亮度都在2200流明左右，投影的画面宽高比多为16:9，各种视频端口齐全，适合播放电影和高清晰的电视，适合家庭用户使用。

● **便携商务型**。一般把质量低于2公斤的投影机定义为商务便携型投影机，优点有体积小、质量轻和移动性强，经常是移动商业演示时的首选搭配。

● **教育会议型**。一般应用于学校和企业，采用主流的分辨率，亮度在2000流明 ~ 3000流明，质量适中，散热和防尘做得比较好，适合安装和短距离移动，功能接口比较丰富，容易维护，性能价格比也相对较高，适合大批量采购普及使用。

● **主流工程型**。主流工程型投影机的投影面积更大、距离更远、光亮度更高，而且一般还支持多灯泡模式，能更好地应付大型多变的安装环境。

2. 投影机的结构

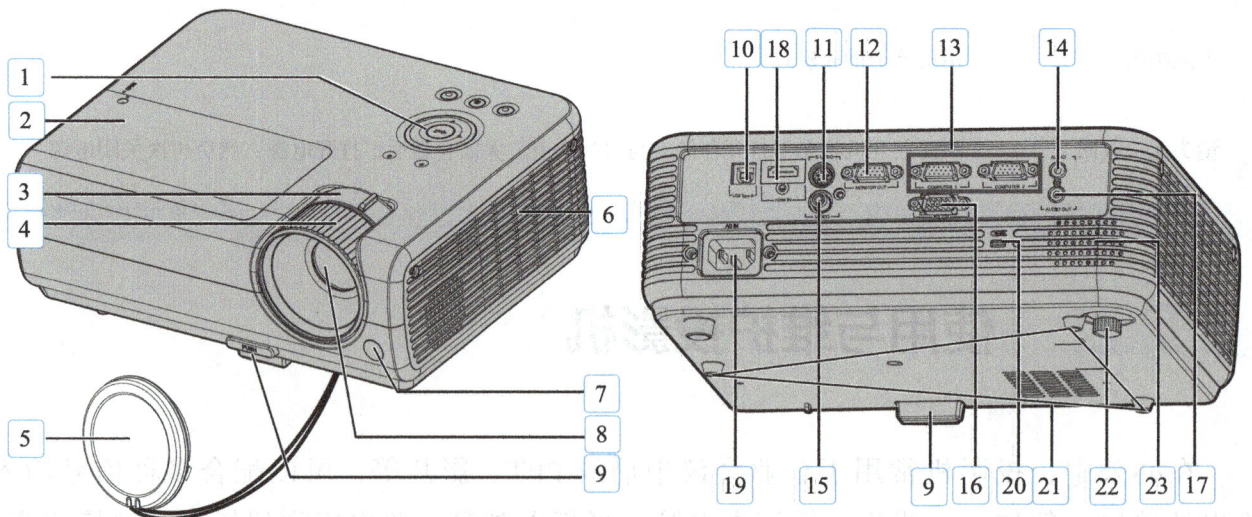

投影机的结构主要分为外观和控制面板两个部分。

● **外观**。图6-16所示为投影机的外观结构，对应名称见表6-4。

图6-16　投影机的外观结构

表6-4　投影机的外观结构

编号	名称	编号	名称	编号	名称	编号	名称
1	控制面板	2	灯罩	3	缩放圈	4	调焦圈

续表

编号	名称	编号	名称	编号	名称	编号	名称
5	镜头盖	10	USB 输入接口	15	视频输入接口	20	防盗锁插槽
6	通风口	11	S- 视频输入接口	16	RS-232 接口	21	吊顶安装孔
7	前部红外线遥控传感器	12	RGB 信号输出接口	17	音频输出接口	22	后调节支脚
8	投影镜头	13	RGB（PC）/分量视频（YPbPr/YCbCr）信号输入接口）	18	HDMI 输入接口	23	扬声器
9	快速装拆按钮	14	音频输入接口	19	AC 电源线接口	—	—

● **控制面板**。图6-17所示为投影机的控制面板，对应名称见表6-5。

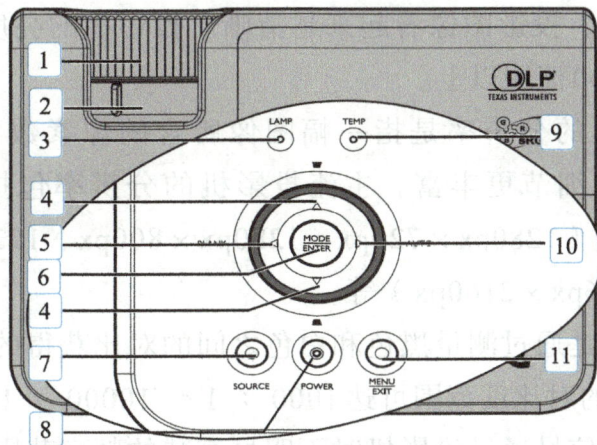

图6-17　投影机的控制面板

表6-5　投影机的控制面板

编号	名称	功能
1	调焦圈	调节投影图像的焦距
2	缩放圈	调节投影图像的尺寸大小
3	灯泡指示灯	显示灯泡的状态。当指示灯亮起或闪烁时，表示灯泡出了问题
4	梯形失真校正 /△/▽ 按钮	手动校正因投影角度而产生的扭曲图像
5	◁/BLANK	用于隐藏屏幕图像
6	MODE/ENTER	选择可用图像设置模式

续表

编号	名称	功能
7	SOURCE	显示信号源选择条
8	POWER（电源指示灯）	可让投影机在待机和工作模式间切换
9	TEMP（温度指示灯）	如果投影机温度太高，则指示灯会显示红色
10	▷/AUTO	当显示屏显菜单时，用作方向箭头，可选择所需的菜单项和进行调整
11	MENU/EXIT	打开屏显菜单。返回到之前的屏显菜单，退出并保存菜单设置

3．投影机的重要性能指标

在投影机的性能指标中，最能体现其性能的有以下6项。

● **亮度**。亮度越高，投影图像看起来越清晰。投影机的亮度单位为"流明"，主流投影机的亮度一般在2200流明以上。

● **分辨率**。投影机的分辨率是指一幅图像所含的像素数目，像素数目越多，分辨率越高，显示的图像细节更丰富。主流投影机的分辨率包括标清（800px×600px、1024px×768px）、高清（1280px×720px、1280px×800px、1920px×1080px）和超清（1920px×1200px、4096px×2160px）等。

● **对比度**。对比度是通过测量黑色和白色之间的对比获得的，对比度越高，投影图像越清晰。一般投影机的对比度范围可达1000：1～10000：1。

● **带宽**。带宽是指信号通过投影机时不明显衰减的频率范围，带宽越大，投影图像细节越好。

● **投影距离**。投影距离是由厂商推荐的，在此距离范围内能保证图像显示的质量和清晰度。考虑这一指标时，应结合投影机应用环境。

● **灯泡寿命**。灯泡是投影机的耗材，灯泡寿命越长就等于用户的总购买成本越低。一般灯泡寿命为2000小时。

4．投影机的选用

选用投影机时首先应该注意其主要的性能指标，然后还需要注意以下3个方面。

（1）了解安装方式

用户在选用投影机之前，要熟悉投影机的安装方式，根据使用环境确定要购买的机器类型。安装方式主要有以下4种。

知识链接
投影机的选用

● **桌上正投**。投影机位于屏幕的正前方，这是放置投影机的常用方式，安装快速并具移动性，如图6-18所示。

● **吊装正投**。投影机倒挂于屏幕正前方的天花板上，如图6-19所示，此安装方式需要一个投影机天花板悬挂安装套件。

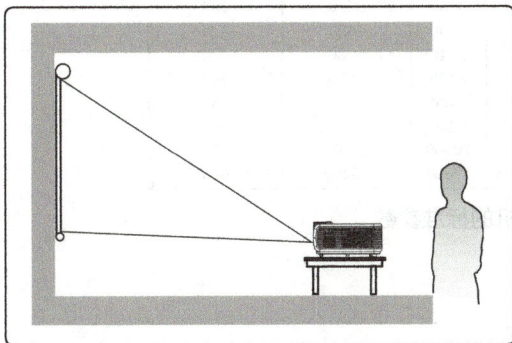

图6-18　桌上正投　　　　　　　　　　图6-19　吊装正投

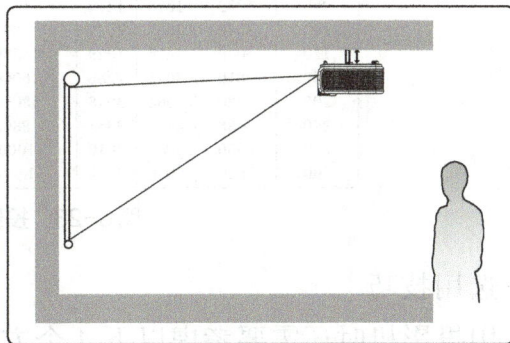

● **桌上背投**。投影机位于屏幕的正后方，如图6-20所示，此安装方式需要一个专用的投影屏幕。

● **吊装背投**。投影机倒挂于屏幕正后方的天花板上，如图6-21所示，此安装方式需要一个专用的投影屏幕和投影机天花板悬挂安装套件。

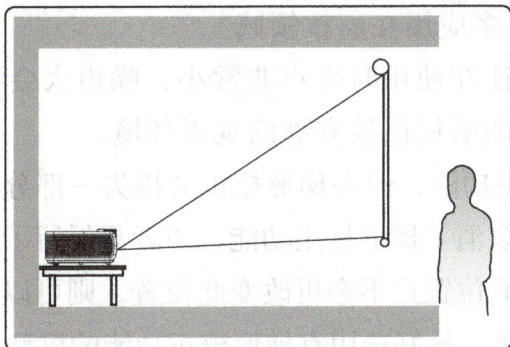

图6-20　桌上背投　　　　　　　　　　图6-21　吊装背投

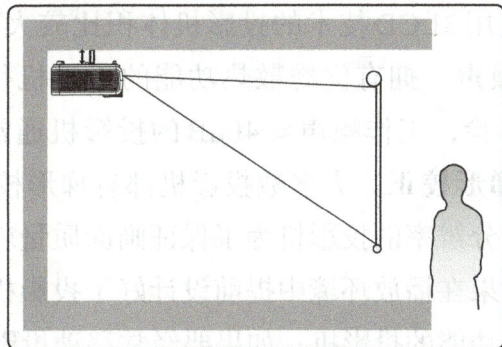

（2）了解投影距离

对家庭和办公用户来说，投影机的使用面积有限，而安装的投影机到屏幕之间的距离并不大，投影距离成为选用投影机的重要条件之一，用户应比较不同的投影机在相同的投射对角尺寸下的投射距离，如图6-22和图6-23所示。

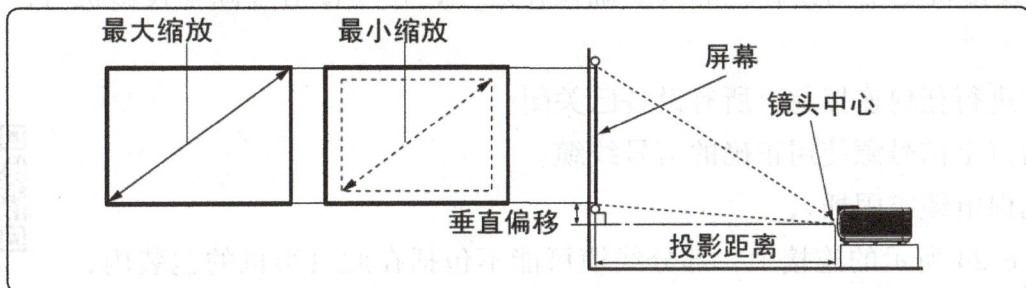

图6-22　投影机的投影距离示意

| 屏幕尺寸 | | | | 到屏幕的距离（毫米） | | | 垂直偏移（毫米） |
| 对角线 | | W（毫米） | H（毫米） | 最小长度 | 平均值 | 最大长度 | |
英寸	毫米			（最大缩放）		（最小缩放）	
30	762	610	457	1200	1260	1320	69
40	1016	813	610	1600	1680	1760	91
50	1270	1016	762	2000	2100	2200	114
60	1524	1219	914	2400	2520	2640	137
80	2032	1626	1219	3200	3360	3520	183
100	2540	2032	1524	4000	4200	4400	229
120	3048	2438	1829	4800	5040	5280	274
150	3810	3048	2286	6000	6300	6600	343
200	5080	4064	3048	8000	8400	8800	457
220	5588	4470	3353	8800	9240	9680	503
250	6350	5080	3810	10000	10500	11000	572
300	7620	6096	4572	12000	12600	13200	686

图6-23　投影机的标准参数

（3）选用技巧

在选用投影机时还需要考虑以下4个方面。

● **光源**。目前主流投影机的光源技术有LED和激光两种，LED光源因技术的限制没有激光光源的表现出色，但LED光源投影机的价格比激光光源投影机低。

● **投影显像技术**。投影机的主流显像技术有DLP（数字光学处理技术）和3LCD（3色液晶板显示技术）两种。DLP技术的优点是画面对比度高、体积小，3LCD技术的优点在于色彩还原精准、安装更方便。使用DLP技术的投影机体积更小，多为智能小型机；而使用3LCD技术的投影机体积比较大，多应用在商教领域。

● **噪声**。拥有优秀散热功能的投影机往往在使用时噪声非常小，噪声大会影响用户的观影体验，工作噪声≤40dB的投影机通常能够提供较安静的观影环境。

● **梯形校正**。大多数投影机都有梯形校正功能，但是梯形校正会损失一部分画质，所以很多高分辨率的投影机为了保证画面质量就取消了梯形校正功能，或者只保留了上下调整功能。如果在播放环境中提前设计好了投影机的位置且不会再改变此位置，则可以选用没有梯形校正功能的投影机；如果要经常移动投影机，最好选用有梯形校正功能的机型。

任务实施

1. 连接投影机

连接投影机是使用投影机的最基础操作之一，在连接信号源至投影机时，需确保以下3点。

● 在进行任何连接前，所有设备已关闭。

● 为每个信号源使用正确的信号线缆。

● 确保电缆牢固插入。

在图6-24所示的连接中，部分线缆可能不包括在此投影机的包装内，

高清大图

连接投影机

但可以在电器商店购买到。表 6-6 所示为对应各线缆的名称。

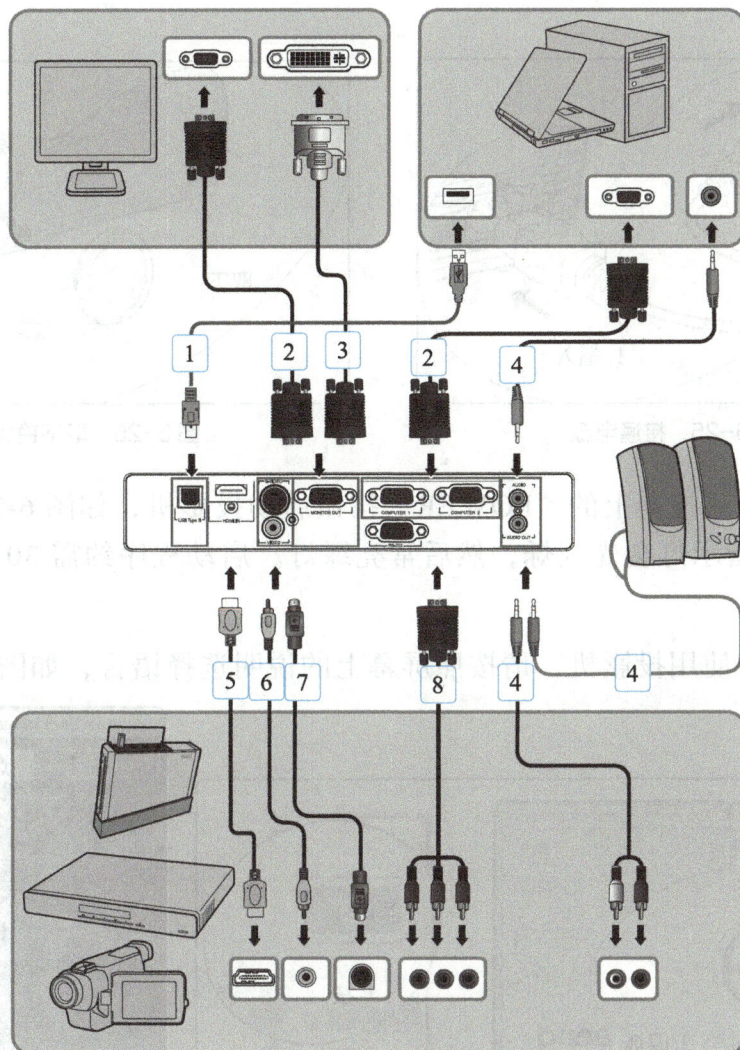

图6-24 连接投影机

表6-6 投影机的连接线缆

编号	名称	编号	名称	编号	名称	编号	名称
1	USB 线缆	3	VGA-DVI-A 线缆	5	HDMI 线缆	7	S- 视频线缆
2	VGA 线缆	4	音频线缆	6	视频电缆	8	分量视频 -VGA（DSub）适配器线缆

2. 启动投影机

连接好设备后，就可以启动投影机了，具体操作如下。

❶ 将电源线的两个插头分别插入投影机的 AC 电源线插口和电源插座，如图 6-25 所示，打开电源插座开关，接通电源后，检查投影机上的电源指示灯是否亮橙色。

微课视频

启动投影机

2 取下镜头盖，如图 6-26 所示，如果镜头盖保持关闭，则可能会因为投影灯泡产生的热量而变形。

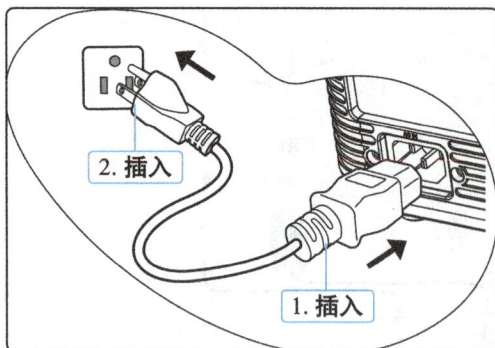

图6-25　接通电源

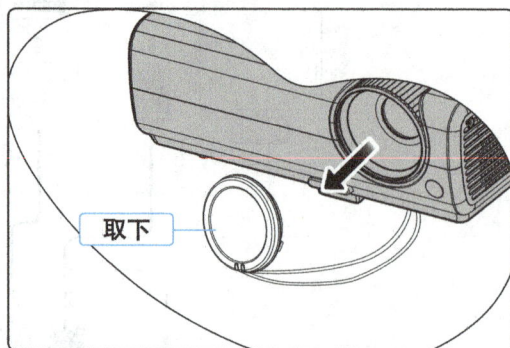

图6-26　取下镜头盖

3 按投影机或遥控器上的"POWER"按钮启动投影机，如图 6-27 所示。当投影机接通电源时，电源指示灯会先闪烁，然后常亮绿灯。启动程序约需 30 秒，在启动后，将显示启动标志。

4 如果是初次使用投影机，请按照屏幕上的说明选择语言，如图 6-28 所示。

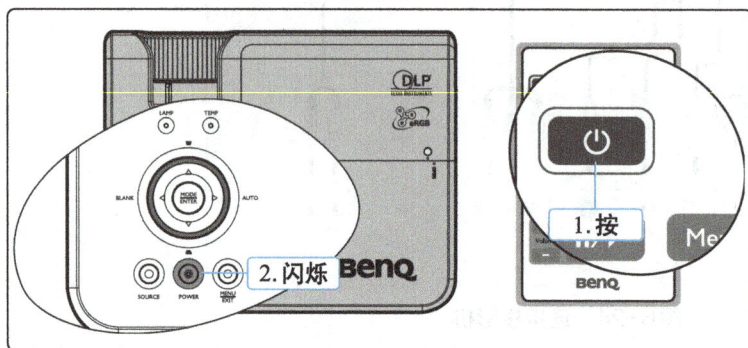

图6-27　启动投影机

图6-28　选择语言

5 接通所有连接的设备，投影机开始搜索输入信号，屏幕左上角将显示当前扫描到的输入信号。如果投影机未检测到有效信号，屏幕上将一直显示"无信号"信息，直至检测到输入信号。

6 也可手动浏览选择可用的输入信号，按投影机或遥控器上的"Source"按钮，显示信号源选择栏，重复按此按钮直到选中所需信号源，按"Mode/Enter"按钮，如图 6-29 所示。

7 按住快速装拆按钮，并将投影机的前部抬高，调整好图像之后，释放快速装拆按钮将支脚锁定到位。

8 旋转后调节支脚，对水平角度进行微调，如图 6-30 所示。若要收回支脚，抬起投影机并按快速装拆按钮，慢慢向下压投影机，接着按反方向旋转后调节支脚。

⑨ 按投影机或遥控器上的"Auto"按钮，在 3 秒内，内置的智能自动调整功能将重新调整频率和脉冲的值以提供最佳图像质量，如图 6-31 所示。

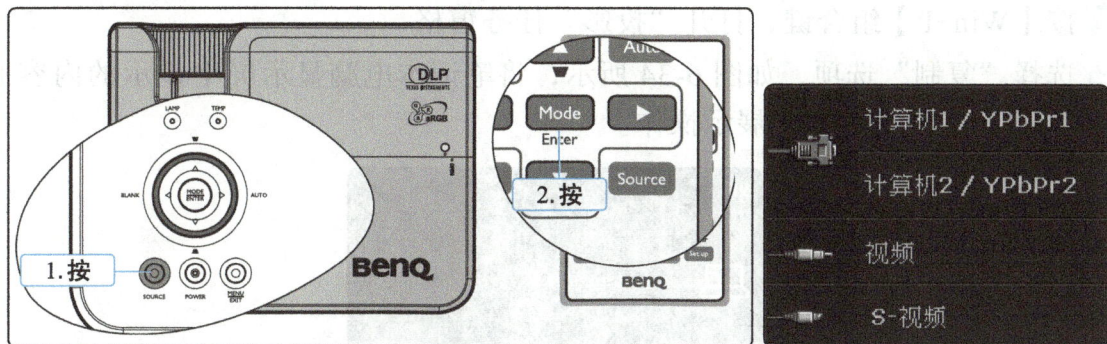

计算机1 / YPbPr1
计算机2 / YPbPr2
视频
S-视频

图6-29 设置输入信号

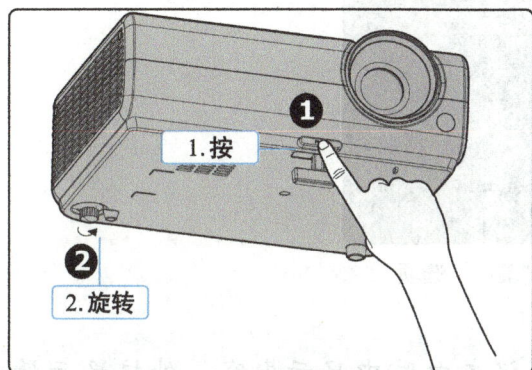

图6-30 调节图像高度和投影角度

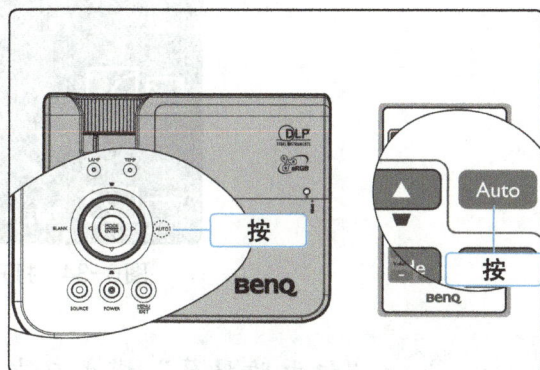

图6-31 自动调整图像

⑩ 使用缩放圈将投影图像调整大小至所需的尺寸，如图 6-32 所示。

⑪ 旋转调焦圈使图像聚焦，如图 6-33 所示，完成启动操作后可以使用投影机播放视频和图像。

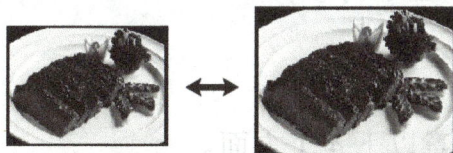

图6-32 使用缩放圈调整图像大小

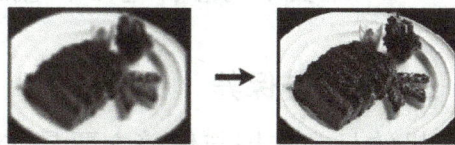

图6-33 旋转调焦圈使图像聚焦

3. 使用笔记本电脑连接投影机

利用笔记本电脑连接投影机进行各种文档展示的操作在办公中很常见，具体操作如下。

1️⃣ 将投影机的视频输入接口连接到笔记本电脑的视频输出接口上（目前主要以 HDMI 为主）。

2️⃣ 按【Win+P】组合键，打开"投影"任务窗格。

3️⃣ 选择"复制"选项，如图 6-34 所示，将笔记本电脑显示屏中显示的内容通过投影机投影到幕布上，进行文档展示操作。

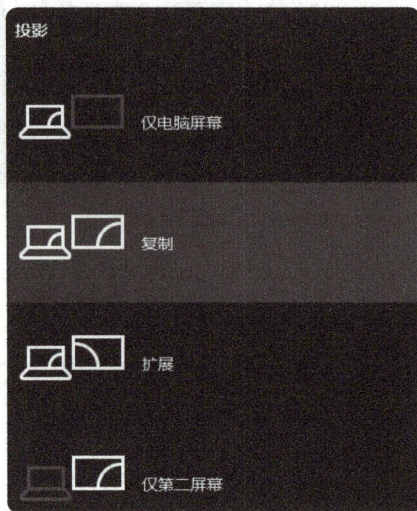

图6-34　打开"复制"选项

知识补充

"仅电脑屏幕"模式只在笔记本电脑中显示内容，外接显示屏中无显示；"复制"模式则同时在外接显示屏与笔记本电脑显示器中显示内容，相当于复制笔记本电脑显示器中的内容；"扩展"模式则是将笔记本电脑的桌面延伸至外接显示屏，可以将笔记本电脑显示器中的内容向右拖动至外接显示屏中显示；"仅第二屏幕"模式则是只在外接显示屏中显示内容，笔记本电脑显示器不显示内容。

4. 日常维护与保养

投影机的日常维护与保养主要是在操作时注意以下 4 个方面。

● 对未使用的投影机，应将其反射镜盖上以遮住放映镜头；短期不使用的投影机还应加盖防尘罩；长期不使用的投影机应放入专用箱内，以尽量避免灰尘进入机器。

● 切勿用手触摸放映镜和正面反射镜。若光学元件上有污秽和尘埃，可用吹气球将其吹去，或用镜头纸和脱脂棉擦拭。当螺纹透镜积垢较多时，只能将其拆下用清水冲洗，不得使用酒精等有机溶剂擦拭。

● 投影机工作时，要保证通风口通风流畅，且散热风扇不转时投影机绝对不能使用。使用投影机进行连续放映的时间不宜过长（应不超过1小时），否则箱体内的温度过高，会烤裂新月镜和螺纹透镜。另外，不可长时间待机，投影机不用时应及时关闭电源。

● 投影机的溴钨灯灯丝受热后若受到震动容易损毁，当投影机开始工作时，应尽可能减少搬运，勿剧烈震动。若要搬动则应先关机，待灯丝冷却后再搬运。

5. 排除常见故障

投影机的故障通常应该由专业维修人员进行排除，一些常见的故障则可以由办公人员自己排除。表 6-7 所示为投影机常见故障及排除方法。

表6-7　投影机的常见故障及排除方法

故障现象	故障分析	故障排除
投影机打不开	未通电	正确连接电源线。确保电源开关已开启
	此时投影机处于冷却过程中	请等待，直至冷却过程结束
无图像	视频信号源未打开或连接错误	打开视频信号源并检查信号线缆是否连接正确
	投影机未与输入信号设备正确连接	检查连接
	未正确选择输入信号源	将 Source 按钮选择正确的输入信号源
	镜头盖是关闭的	打开镜头盖
图像模糊	投影镜头未准确聚焦	使用调焦圈调节镜头的焦距
	投影机未准确对准屏幕	调节投影角度和方向，必要时调节投影机高度
	镜头盖是关闭的	打开镜头盖

实训一　使用数码相机自拍

【实训要求】

数码相机同样支持自拍功能，可以用于拍摄相机操作者在内的合影照片。本实训将利用数码相机的自拍功能，延时 10 秒进行自拍。

【实训思路】

本实训需要先固定数码相机，然后进行自拍设置，接着对焦，最后拍照。本实训的操作思路如图 6-35 所示。

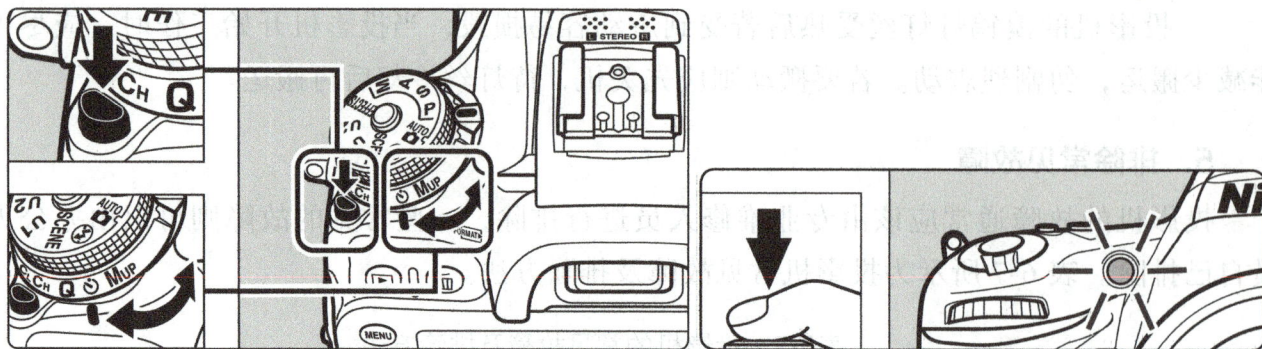

图6-35　使用数码相机的操作思路

【步骤提示】

① 启动数码相机，将其固定在三脚架上，或放置在平稳的水平面上。

② 按下释放模式拨盘锁定解除并同时将释放模式旋转至🕐模式。

③ 半按快门释放按钮对焦拍摄对象，然后完全按下快门释放按钮。

④ 自拍指示灯开始闪烁，自拍前2秒时，自拍指示灯将停止闪烁，快门将在计时开始约10秒之后释放，完成自拍。

实训二　更换投影机灯泡

【实训要求】

投影机灯泡有使用时间限制，若灯泡超出使用期限，可能会导致投影机故障，所以需要在灯泡到期前进行更换，下面介绍如何更换投影机灯泡。

【实训思路】

本实训首先需要打开投影机的灯罩，然后更换灯泡。本实训的操作思路如图6-36所示。

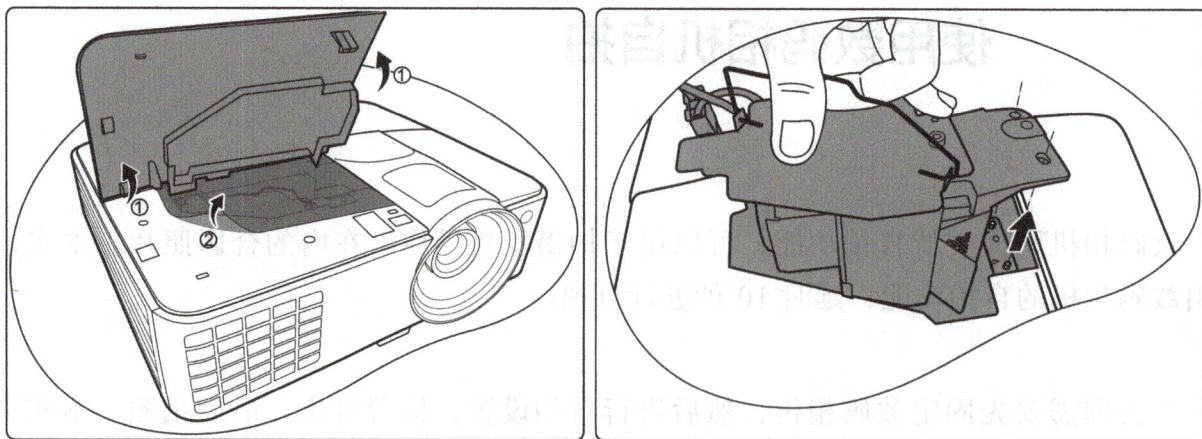

图6-36　更换投影机灯泡的操作思路

【步骤提示】

1 断开投影机电源，从插座上拔掉投影机电源线。如果灯泡是热的，请等待约 45 分钟直至灯泡冷却，以免灼伤。

2 拧开投影机侧面固定灯罩的螺丝，直到灯罩松开。

3 从投影机上取下灯罩，取下及处理保护膜。

4 断开投影机连接器的连接，松开固定灯泡的螺丝，提起把手使其立起。

5 通过把手慢慢地将灯泡拉出投影机。

6 将新灯泡放入，重新连接投影机连接器。拧紧固定灯泡的螺丝，确认把手完全放平并锁住。

7 更换新灯泡配套的新保护膜。将灯罩放回到投影机上。

8 拧紧固定灯罩的螺丝。

9 连接电源，重新启动投影机。

课后练习

练习1：使用数码相机拍摄短视频

使用数码相机的视频拍摄功能，拍摄一个展示学校风采或青春正能量的短视频。

练习2：使用投影机展示活动方案

为积极响应"三亿人参与冰雪运动"的号召，学校决定开展一系列主题教学活动，并通过笔记本电脑连接投影机的方式，展示活动方案，形成全员关注冬奥、支持冬奥和参与冬奥的浓厚氛围。

技能提升

1. 复位投影机灯泡时间

启动投影机，待显示启动标志后，打开屏显（OSD）菜单。进入系统设置：高级 > 灯泡设置菜单，按"Mode/Enter"按钮显示灯泡设置页面，选择"复位灯泡计时器"命令，将弹出一条警告信息，询问"您是否要将灯泡计时器归零"，选择"复位"命令，然后按"Mode/Enter"按钮，灯泡使用时间将归零。

2. 将用数码相机拍摄的视频导入计算机

数码相机中拍摄的照片和视频通常需要导入计算机中编辑或存储，下面介绍如何将数码相机连接到计算机并将拍摄的视频导入计算机，具体操作如下。

1 在计算机中下载并安装数码相机的驱动程序。

2 将数码相机数据线的一端与计算机的 USB 接口相连，将另一端与数码相机相连，打开数码相机的电源开关。

3 调整数码相机的模式为观看照片模式。

4 在计算机中打开"此电脑"窗口，在"设备和驱动器"栏中双击连接相机后出现的可移动存储磁盘图标。

5 打开该移动存储磁盘，复制其中的视频文件到计算机中。

6 关闭数码相机电源，断开数据线的连接。

3．清洁投影机

投影机的清洁主要包括镜头和外壳两个部分的清洁。

（1）清洁镜头

镜头表面有污点或灰尘时应清洁镜头。

- 使用压缩空气罐来清除镜头表面的灰尘。
- 如果镜头表面有污渍，用拭镜纸或湿软布蘸些清洁剂轻轻擦拭。
- 切勿使用任何类型的磨砂百洁布、碱性或酸性清洁剂、去污粉或挥发性溶剂，例如酒精、苯、稀释剂或杀虫剂，使用这类物质或投影机长时间接触橡胶或乙烯物质会对投影机镜头造成损坏。

（2）清洁外壳

清洁外壳之前，应该按照正确的关机程序关闭投影机并拔掉电源线。

- 使用不起毛的软布擦拭，除去外壳上的污垢或灰尘。
- 要去除外壳上的顽固污渍，可用水或清洁剂沾湿软布擦拭。
- 切勿使用蜡、酒精、苯、稀释剂或其他化学清洁剂，这些物质会损坏投影机外壳。

项目七
其他办公设备使用与维护

07

情景导入

老洪：米拉，公司需要购买新的考勤机，你去选购一下。

米拉：好的，就是那种指纹式的考勤机吧？

老洪：是的，最好是能够支持人脸识别的。

米拉：老洪，我来公司虽然有一段时间了，但好像还有一些设备不是很了解，你能给我介绍一下吗？

老洪：我想想，确实还有一些设备在办公中也会用到，例如，用于装订各种文件的装订机、用于分割文件纸的碎纸机和召开视频会议使用的摄像头等，下面我就给你介绍一下这些设备的使用与维护方面的相关知识。

米拉：太感谢您了，我已经学会了很多办公设备的使用。

老洪：随着技术的发展，办公设备也会不断推出新的型号，甚至是新的产品，因此在今后工作中还要靠你自己多学习新的知识，多接触一些新的产品。

学习目标

- 了解其他办公设备的类型、结构和重要性能指标
- 掌握选用其他办公设备的方法
- 掌握使用其他办公设备的方法
- 掌握维护其他办公设备的方法

技能目标

- 能使用装订机装订文件
- 能正常使用碎纸机
- 能使用考勤机进行日常考勤
- 能使用摄像头召开视频会议和安全防护

任务一　使用与维护装订机

装订机是通过机械的方式（手动或自动）将纸张、塑料、皮革等用装订钉或热熔胶、尼龙管等材料固定的装订设备。装订机在办公领域中的使用还是比较广泛的，特别是财务和档案部门，甚至市场中还有专门的财务装订机。装订机广泛应用于银行、证券、保险、电信、学校、机关、企事业单位等财务凭证、票据、账页、报表、档案、期刊、文件、图纸、试卷、书籍纸张的装订工作。

任务目标

公司需要为展销活动装订多份新产品宣传手册。通过对本任务的学习，读者可以掌握装订机的基本操作，并能够维护和保养装订机。

相关知识

1. 装订机的类型

装订机的产品类型按照所采用的装订方式可分为热熔式装订机、梳式胶圈装订机、铁圈装订机和订条装订机等。

● **热熔式装订机**。热熔式装订机如图7-1所示，其工作原理是把热熔封套（一种加热就会熔化的树脂）装在热熔装订机上熔化，再把要装订的文件压好装在那里，等树脂凝固就能把要装订的文件装订上了。其优点是操作简单、速度快、耗材成本低、式样精美等，装订好的文件属于不可拆卸型。这种装订机适用于中小型的文印中心、会计师事务所、审计事务所等单位。平常所说的"过塑"就是使用这种机器装订。

● **梳式胶圈装订机**。梳式胶圈装订机如图7-2所示，是通过手工打孔并使用胶圈装订文件的机器，是所有装订机中使用成本最低的一种，其装订方式简单，胶圈易拆卸，可重复使用。这种装订机比较适用于小型办公室或小型的文印社。

● **铁圈装订机**。铁圈装订机如图7-3所示，一般分为2∶1（21孔）和3∶1（34孔）两种。其中3∶1型铁圈装订机的装订效果较为精致，适合装订较薄的文件，适用于一般的设计院、规划局或中小型文印中心；而2∶1型铁圈装订机则适合装订较厚的文件。

● **订条装订机**。订条装订机又称十孔夹条装订机，如图7-4所示，其操作简单，装订效果整齐、美观大方。这种装订机适合各种场合，是图文店的常见选择。

图7-1 热熔式装订机

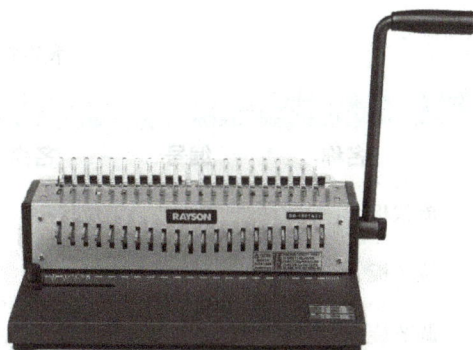

图7-2 梳式胶圈装订机

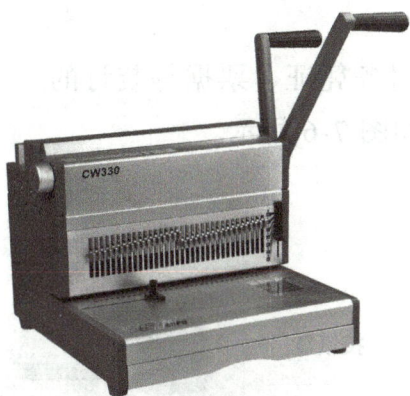

图7-3 铁圈装订机

图7-4 订条装订机

高清大图

梳式胶圈装订机
的结构

2. 梳式胶圈装订机的结构

在办公领域中最常用的就是梳式胶圈装订机，其外部结构如图 7-5 所示，各部分名称见表 7-1。

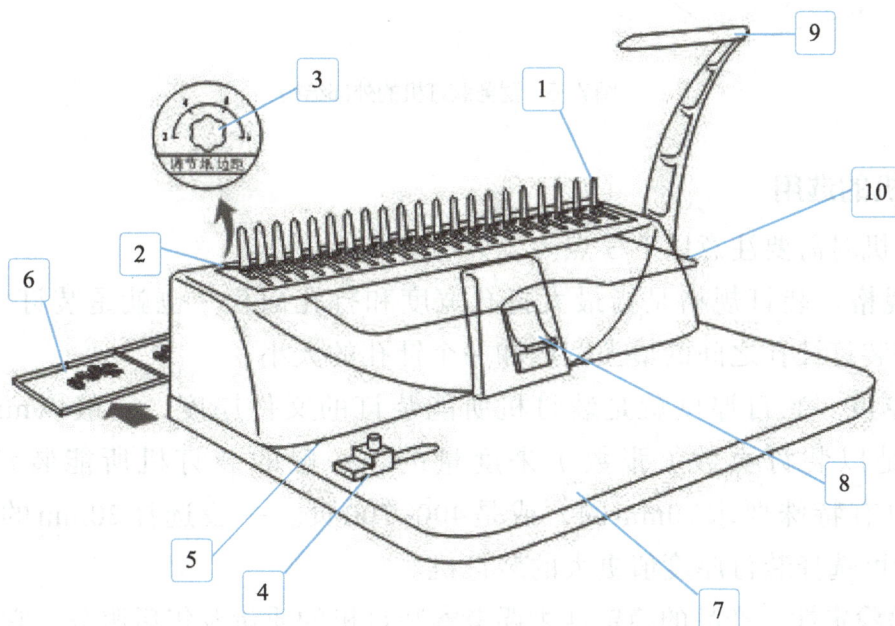

图7-5 梳式胶圈装订机的外部结构

表7-1　梳式胶圈装订机的结构

编号	名称	编号	名称	编号	名称	编号	名称
1	梳状板	4	定位块	7	底座	10	托纸架
2	拉环板	5	进纸口	8	测纸器	—	—
3	调节旋钮	6	纸屑盒	9	手柄	—	—

3. 财务装订机的结构

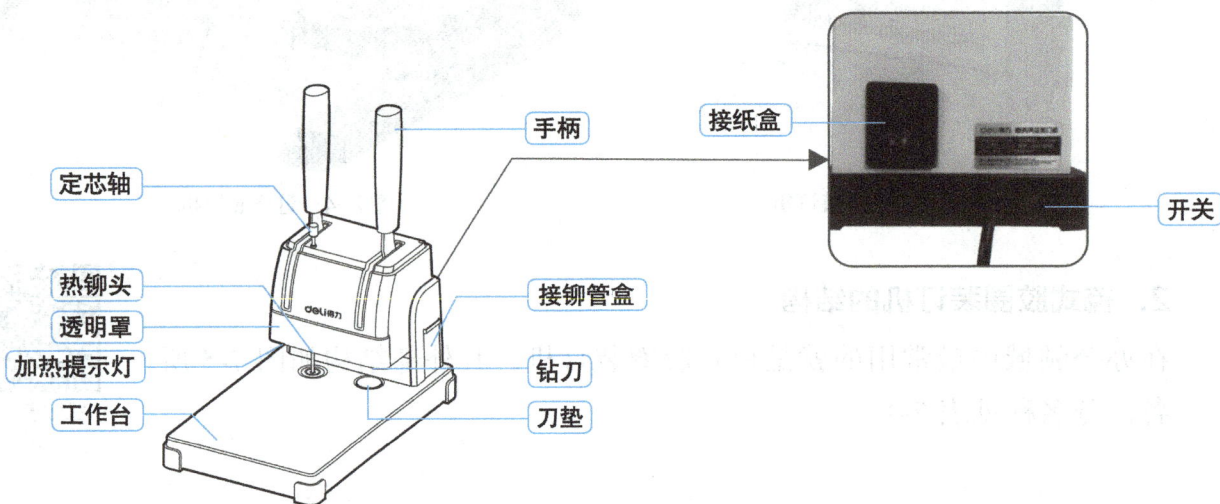

财务装订机是一种广泛应用于企事业单位的财务凭证、票据等装订的设备，也是一种特殊的装订机类型，其外部结构如图7-6所示。

高清大图

财务装订机的
结构

图7-6　财务装订机的外部结构

4. 装订机的选用

知识链接

装订机的选用

选用装订机时需要注意以下3点。

● **装订规格**。装订规格是指最大打孔宽度和打孔面积，也就是装订过程中所用的装订针孔之间的最大宽度和一个针孔的大小。

● **装订厚度**。装订厚度就是装订机所能装订的文件厚度，一般以mm为单位，但也有些产品是以装订页数（张数）来度量的。一般的装订机所能装订的厚度多在20~50mm，也有特殊要求70mm的，或是400~700页。一般选择20mm的装订机即可，有特殊需要的可选择装订厚度值更大的装订机。

● **产品的稳定性**。产品的稳定性主要考察装订机的质量及售后服务，它是机器使用寿命及机器在使用过程中出现任何故障都能得到有效解决的有力保障。应选购国家检验合格和售后服务优良的产品。

任务实施

微课视频

使用梳式胶圈装
订机装订文件

1. 使用梳式胶圈装订机装订文件

下面使用比较常用的梳式胶圈装订机装订文件，具体操作如下。

① 根据装订文件的大小，设置装订纸的边距位置，放入文件，如图7-7所示。

② 放入文件后，将手柄下压，然后抬起手柄，如图7-8所示。

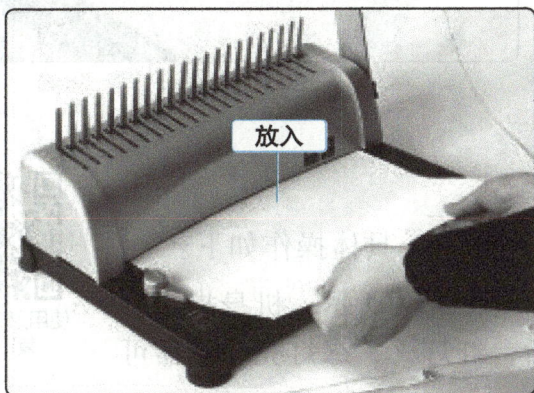

图7-7　放入文件

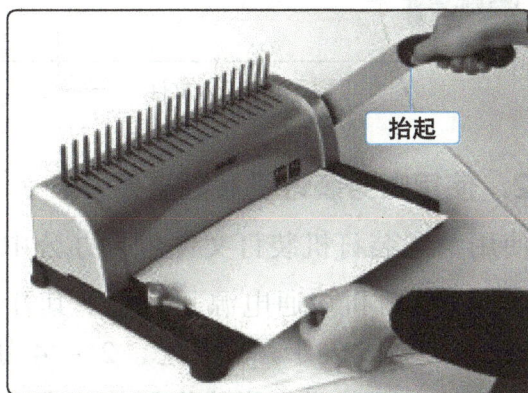

图7-8　抬起手柄

③ 将胶圈放置到梳状板后面，开口向上，如图7-9所示。

④ 向后推手柄，拉开胶圈，如图7-10所示。

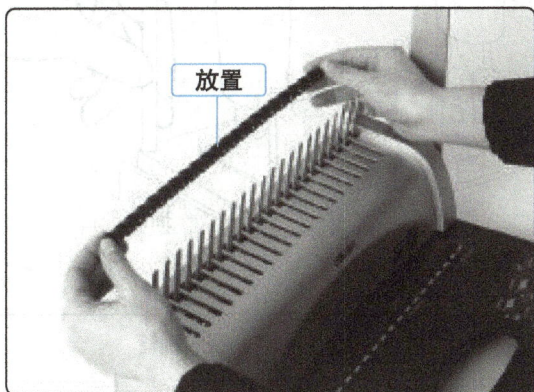

图7-9　放置胶圈

图7-10　拉开胶圈

职业素养

屡创佳绩的中国女排、敬业专业的中国航天团队、奔走于大街小巷的外卖小哥和快递小哥……职业虽然不同，但都是社会主义建设工作中不可或缺的。对于普通办公人员，需要大家积极推动践行以爱岗敬业、诚实守信、奉献社会为主要内容的职业素养，用岗位来以小见大，用奉献来报效祖国。

5 将打孔后的文件套在胶圈上，如图 7-11 所示。

6 将手柄拉回，完成文件的装订操作，如图 7-12 所示。

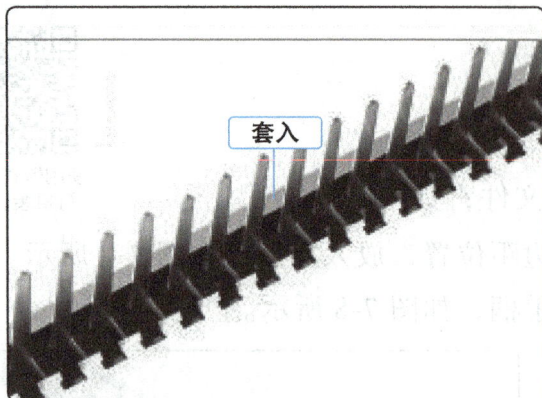

图7-11　套入文件

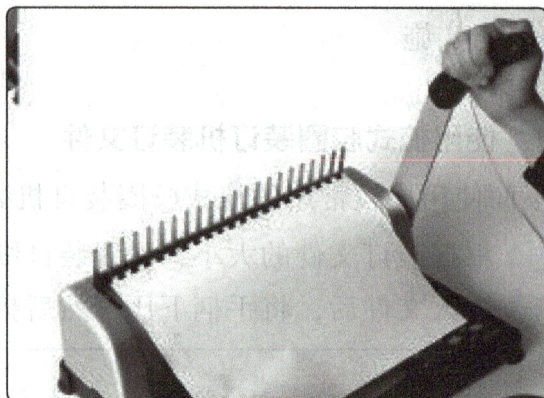

图7-12　完成装订

2. 使用财务装订机装订文件

使用财务装订机装订文件也是办公中常用的操作，具体操作如下。

1 为装订机接通电源，并按下其开关，如图 7-13 所示，机身指示灯亮（红灯），机器处于预热状态。2 ~ 4 分钟后，红灯灭，绿灯亮，机器可以开始热铆，预热时不影响机器的打孔。

2 将铆管插入机身后侧的小圆孔内，如图 7-14 所示，打开右侧的接铆管盒盖。

图7-13　按下开关

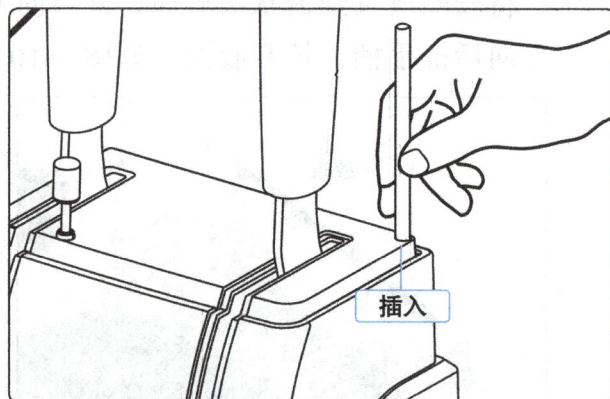

图7-14　插入铆管

3 将文件放置在工作台上，下压右边的手柄，进行打孔，如图 7-15 所示。

4 取出接铆管盒里的铆管段，如图 7-16 所示。需要注意的是，打孔时，机器会根据打孔材料的厚度自动切出对应长度的铆管段。

5 将铆管段插入刚打的装订孔中，如图 7-17 所示。

6 将文件移至机器左侧的热铆头下，并将定芯轴插入铆管中，如图 7-18 所示。

7 下压左边的手柄，停留片刻，如图 7-19 所示。此时铆头温度较高，手勿靠近。

8 拔出定芯轴（需手柄完全归位后，再拔出定芯轴），取出文件，装订完成，如图 7-20 所示。取下接纸盒，将纸屑倒掉。

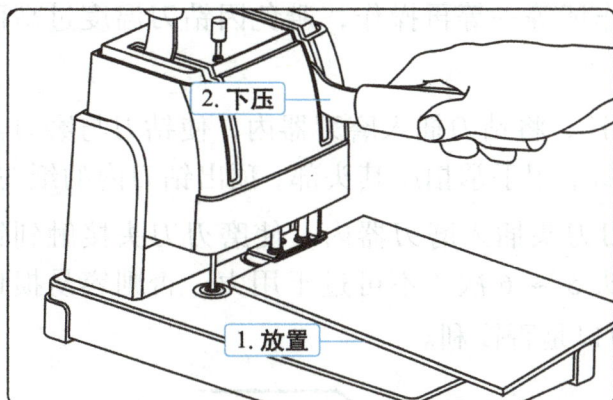

图 7-15　打孔

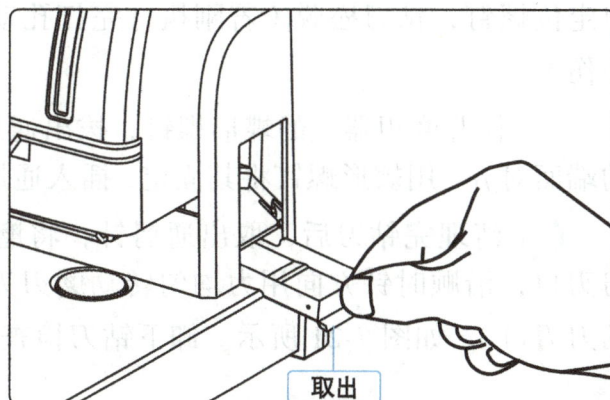

图 7-16　取出铆管段

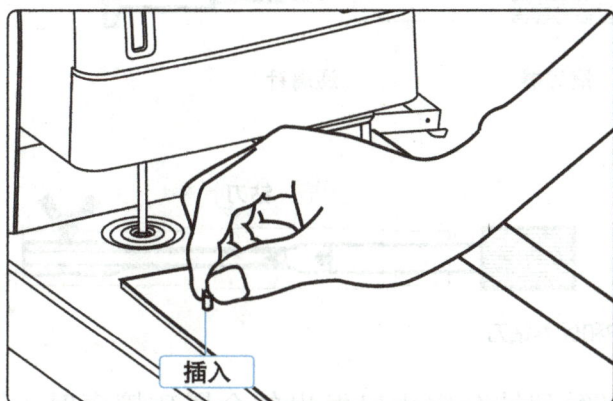

图 7-17　插入铆管段

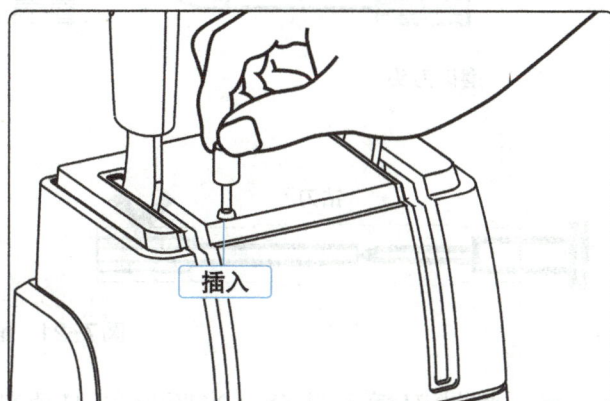

图 7-18　插入定芯轴

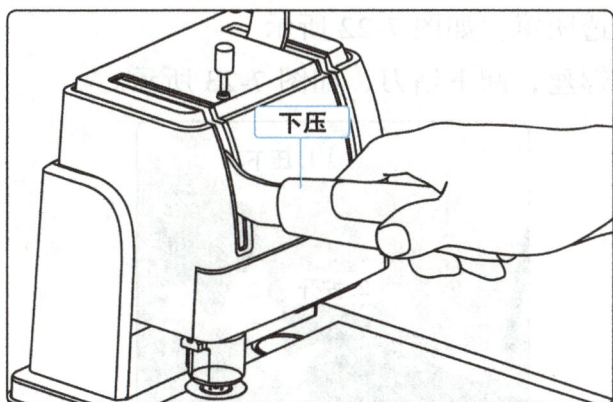

图 7-19　热铆

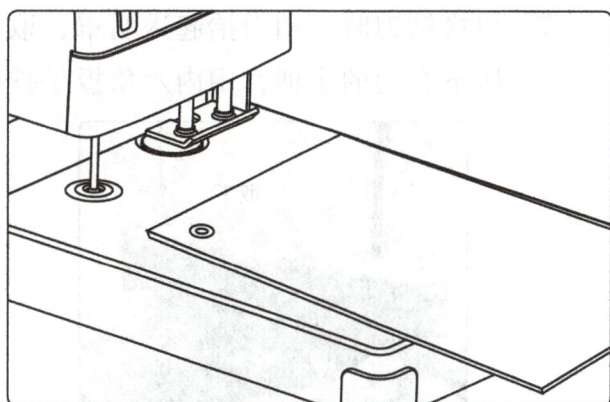

图 7-20　完成装订

3. 维护与保养财务装订机的钻刀

钻刀是财务装订机的重要部件，其维护与保养操作包括清理、磨刃和更换，具体操作如下。

1 在装订机的控制面板上按"下降"按钮，使钻刀向下移动 3cm 左右（在钻刀下方工作台板上垫一张纸，以避免钻刀取下时纸屑落在工作台上），用 T 型扳手松开两颗钻刀定位螺钉，钻刀松脱（若刚执行完打孔动作请等一等再操作，避免因钻刀温度过高而烫伤）。

2 松开磨刃器上的蝶形螺钉，拔出通屑针，将钻刀插入磨刃器内，使钻刀与磨刃器的端面对齐，用蝶形螺钉将其固定，插入通屑针，用手掌拍压其头部，顶出钻刀内的纸屑。

3 清理完钻刀后，取出通屑针，将磨刃刀头插入磨刃器内，使磨刃刀头接触到钻刀刃口，沿顺时针方向用力均匀转动磨刃刀头 5 ～ 6 次（不可过于用力，否则容易损坏钻刀刃口），如图 7-21 所示。卸下钻刀检查刃口是否锋利。

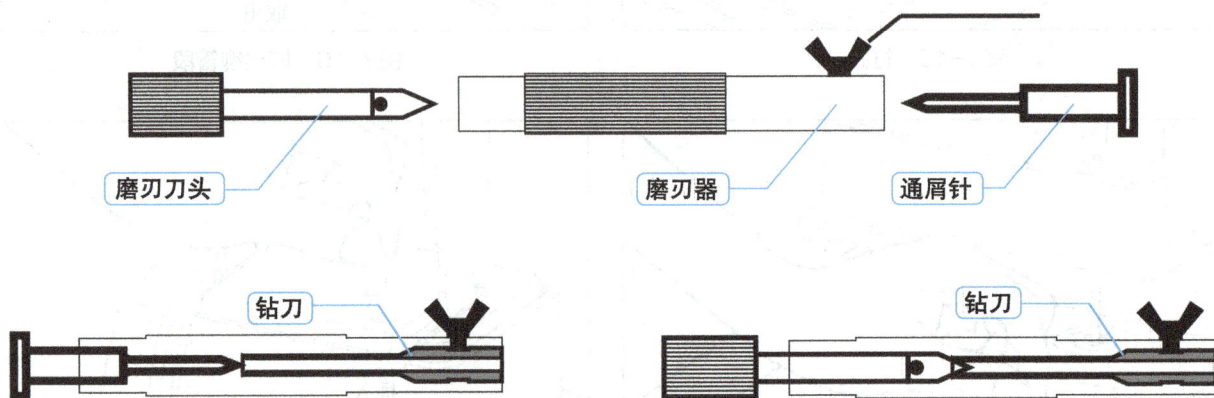

图 7-21　维护和保养钻刀

4 将钻刀插入钻套，当听见钻刀顶部接触到钻套内止口发出的金属碰撞声时（即钻柄完全归位），扶紧钻刀用 T 型扳手拧紧钻刀定位螺钉即可。

5 更换钻刀时，用力抬起透明罩，取下透明罩，如图 7-22 所示。

6 压下右边的手柄，用内六角扳手拧开螺丝，卸下钻刀，如图 7-23 所示。

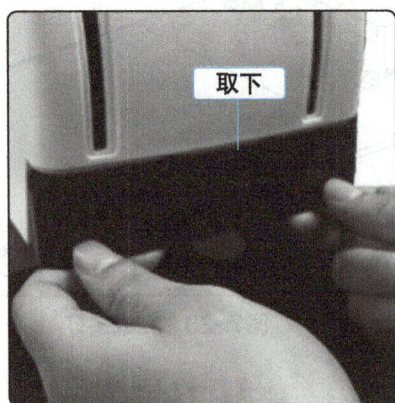

图 7-22　取下透明罩

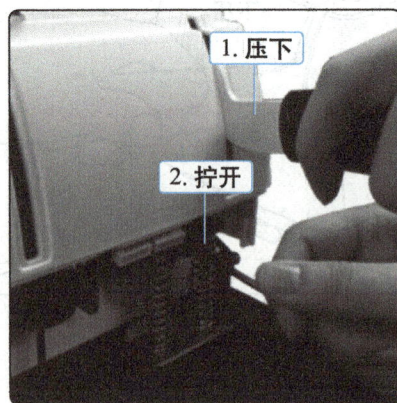

图 7-23　卸下钻刀

7 把新的钻刀放在配送的通针上，连同通针一起将钻刀放入装刀孔，压下手柄，拧紧螺丝。

8 把透明罩插入罩壳内固定，再装好透明罩，操作完成，如图 7-24 所示。

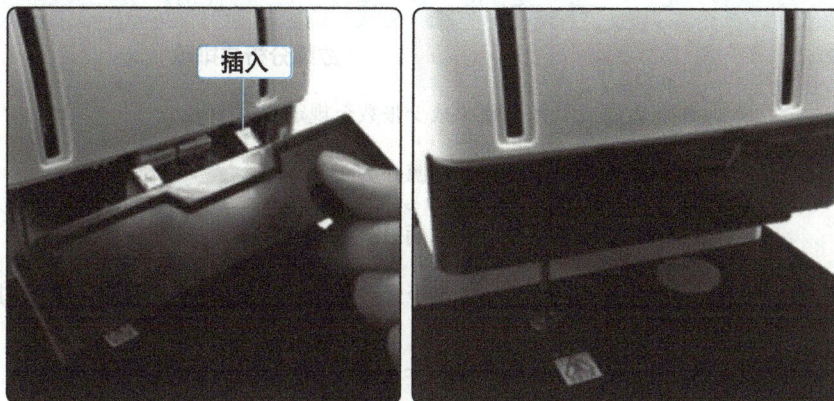

图7-24 装好透明罩

4. 日常维护与保养

装订机的日常维护与保养需要注意润滑和正确使用两个方面。

（1）润滑

合理地使用和定时地润滑、维护与保养机器，能在保证装订机正常运转的同时，减少其磨损、保证其精度和延长其使用寿命。所有的传动部件需要每星期加一次润滑油，并小心擦去溢出的油，以免裁切时污染纸张。装订机每个月都需要打开并加润滑油，所有的传动部件都要润滑，但必须小心地确保油不能沾在电器设备的接点上或接线上。

（2）正确使用和注意事项

每次进行现场维护时，均应对装订机进行常规功能检查，检查主要包括以下 7 个方面。

● 装订机在修理、调整、加油、擦拭和检查时必须先将电源切断，以免发生危险。

● 工作时工作台上不要放置油壶、工具等任何不相干的物品。

● 开机后如果发生意外情况，有不正常的响声或出现部件卡住等现象时，必须立即停机检查。

● 机器运转中严禁把手伸进钻刀的后部，即使在停机的情况下，也严禁手在钻刀下进行换刀调整等工作。

● 使用前检查钻刀，用一张纸测试以钻刀刚好能把一张纸打穿为宜。

● 装订完成后，请关闭电源，清理纸屑盒，清洁操作台，并妥善保管相关物品。

● 打孔时需特别注意用力要均匀、速度适中，如突然感觉打孔费力，应立即停止操作，检查钻刀是否被阻塞或钻刀是否已变钝。

5. 排除常见故障

装订机同样会出现各种问题，表 7-2 所示为装订机的常见故障及排除方法。

表7-2　装订机的常见故障及排除方法

故障现象	故障分析与排除
打孔太费力	纸张太厚或纸张太硬。减少张数至规定范围
纸张打不透	电源开关未打开。打开电源开关
取纸困难或挂纸	手柄未抬至最高处。将手柄抬至最高处
纸张放不到位	进纸口有纸屑或手柄未抬至最高处。清除纸屑，将手柄抬至最高处
机器不通电或上下热铆停止工作	①电源插头未插好，电源开关未打开；②停电或保险丝被烧断
打孔中途不顺畅或堵刀	①检查纸屑是否排出；②检查刀垫是否已被损坏；③检查钻刀是否已变钝或被损坏；④检查打孔资料中是否有硬纸板或订书钉等金属物；⑤检查打孔资料是否涂了胶水且未干
热压时铆管效果不理想	底页铆管铆开不匀称：①下热铆头是否被定位轴戳坏，若是，则应更换热铆头；②底面是否有纸垫在铆管下，使铆管未跟热铆头充分接触
钻孔后不出管	①打孔手柄没压到位；②铆管过于弯曲或没有插入导管底部；③切管刀被管子卡住；④切管刀已经钝了；⑤需装订的资料没有打透

任务二　使用与维护碎纸机

碎纸机主要由切纸刀和电动电机两大部件组成，它们通过皮带和齿轮紧密地连接在一起。电动电机带动皮带和齿轮，把能量传送给切纸刀，然后切纸刀通过转动，用锋利的金属角把经过的纸分割成很多的细小纸片，以达到保密的目的。

任务目标

公司要求在每个月的月底，将技术部废弃的设计图纸通过碎纸机进行粉碎。通过对本任务的学习，读者可以掌握碎纸机的基本操作，并能在生活和工作中对碎纸机进行维护与故障排除。

相关知识

高清大图

碎纸机的结构

1. 碎纸机的结构

碎纸机的结构比较简单，如图 7-25 所示，其具体组成如图 7-26 所示。

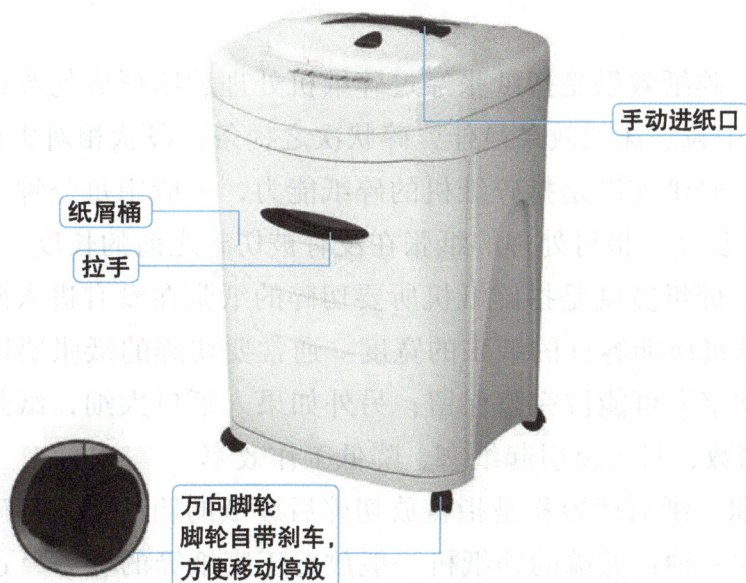

手动进纸口

纸屑桶

拉手

万向脚轮
脚轮自带刹车，
方便移动停放

图7-25 碎纸机外观

万向脚轮

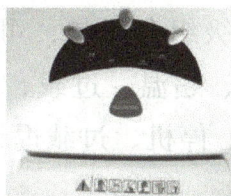

顶部

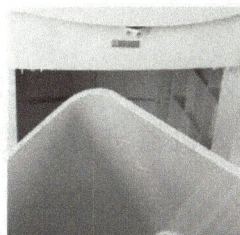

纸屑桶

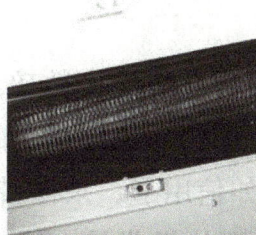

碎纸刀

图7-26 碎纸机的具体组成

2. 碎纸机的重要性能指标

碎纸机主要有七大性能指标，分别是碎纸方式、碎纸能力、碎纸效果、碎纸速度、碎纸宽度、纸屑桶容积，以及其他特性。

● **碎纸方式**。碎纸方式是指纸张经过碎纸机处理后的碎纸形状。根据碎纸刀的组成方式，现有的碎纸形状有碎状、段状、沫状、条状、粒状和丝状等。

● **碎纸能力**。碎纸能力是指碎纸机一次能处理的纸张厚度及纸张数目。例如，碎纸机上标注碎纸能力为"A4，70g，7~9张"，意思是该碎纸机一次能切碎规格为70g的A4幅面的纸7~9张。

● **碎纸效果**。碎纸效果是指纸张经过碎纸机处理后所形成的废纸的大小，一般是以mm为单位的。其中粒、沫状效果最佳，碎状次之，条、段状相对更差些。

● **碎纸速度**。碎纸速度是指碎纸机的碎纸能力，一般用每分钟能处理废纸的总长度来度量。这里的总长度是指可处理的纸张在没有被切碎之前的长度。

● **碎纸宽度**。碎纸宽度是指碎纸机所要切碎的纸张在没有进入碎纸机之前的最大宽度，也就是指碎纸机所能容许的纸张的宽度。通常要切碎的纸张要以与切口垂直的方向输入，否则整行文字有可能被完整保留；另外如果入纸口太细，纸张便会折在一起，会减少每次切碎的张数，且容易引起纸塞，降低工作效率。

● **纸屑桶容积**。纸屑桶容积是指盛放切碎后废纸的箱体体积。碎纸机生成的碎片存放于下列容器中的一种：低端的碎纸机一般放置于废纸篓的上方，这样切割完的碎片就简单地放置在废纸篓里；稍微贵一些的产品则自带废纸篓（纸屑桶）。

● **其他特性**。其他特性是指碎纸机除本身应具有的功能外，与一般的碎纸机相比的不同之处，如采用超级组合刀具，可碎信用卡、书钉；精密电子感应进纸与退纸功能。有些产品还具有超量、超温、过载、满纸、废纸箱开门时的断电装置，机头提起断电保护系统，全自动待机、停机、过载退纸功能等。

3. 碎纸机的选用

选用碎纸机的需要考虑的主要方面包括处理对象的材质、处理纸张量和安全等级。

● **处理对象的材质**。绝大多数碎纸机是被设计成处理纸张的，最好选择入口比较宽大的型号，这样纸张能够直接进入机器进行处理。还有一些碎纸机能够处理更多的东西，例如信用卡、录像带、光盘等。

● **碎纸机能够处理的纸张量**。这方面的关键因素是单位纸张量，也就是碎纸机一次能够吞进处理的纸张量，另外还需要考虑其处理速度。因为碎纸机并不是被设计成总在最大容量下运行，所以选购时最好考虑容量比需求大25%左右的机器，这样可以延长机器的使用寿命。

● **安全等级**。在选择合适的安全等级时，除了实际的保护要求和保密等级外，储存密度和信息呈现在数据媒体上的尺寸，还有数据媒体自身的类型也一定要加以考虑。如果通过材料的颜色或其他特性很容易重组数据，那就应该选择更高级别的安全等级。保密等级从小到大分为5级，第5级的标准为碎纸不超过2mm×15mm，可还原概率低于0.01%，保密度99.99%。

任务实施

1. 使用碎纸机

碎纸机的操作非常简单，无论是处理纸、光盘还是信用卡，方法完全相同，具体操作如下。

微课视频

使用碎纸机

① 按照机器电压规格，接通电源，将碎纸机的电源插头插入插座中，如图 7-27 所示。

② 按电源开关按钮，指示灯亮绿色，将要处理的文件放入手动（或自动）进纸口即可，如图 7-28 所示。碎纸机处理完成后自动待机，等待下一次任务。

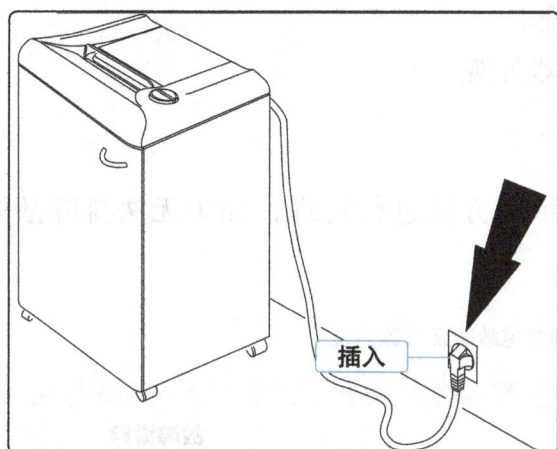

图 7-27　连接电源　　　　　　　　图 7-28　开始碎纸

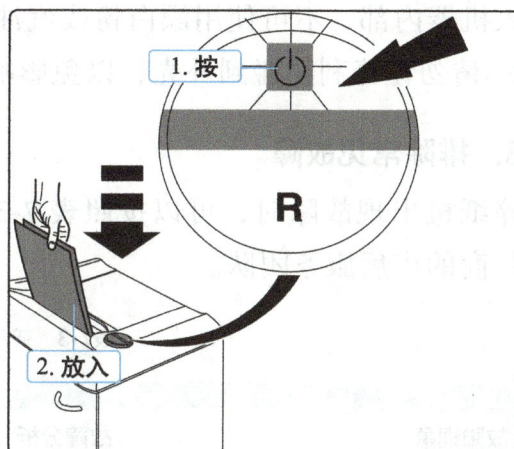

2. 日常维护与保养

碎纸机的日常维护与保养需要注意以下两个方面。

（1）日常使用注意事项

碎纸机的日常使用应该注意以下 9 点。

- 机器应放置在平稳的地方，请注意不要翻倒。
- 切勿以任何方式自行分解、改造和修理机器。
- 切勿使用湿手操作电源插头。
- 倒粉碎物、移动或在一段时间不使用机器时，应拔下插头，切断电源。
- 请勿向机器泼水。
- 请勿将机器放在进行加热或制冷作业的机器旁，以及高温、潮湿、灰尘多的地方。
- 请勿损伤或加工电源线，勿在电线上放置重物。
- 如有冒烟或异臭等异常情况出现，请立即切断电源，中止使用。
- 如果机器本体或电源线有任何破损，请勿使用。

（2）日常保养

碎纸机的日常保养包括以下 6 个内容。

● 机器内的刀具精密、锐利，使用时，请勿将衣角、领带、头发等卷入进纸口，以免造成意外损伤。

● 纸屑桶中的纸满后，请及时清理，以免影响机器正常工作。

● 请勿放入碎布料、塑料、硬金属等。

● 为了延长机器寿命，每次碎纸量应低于机器规定的最大碎纸量，对没说明能碎光盘、磁盘、信用卡的机器，请勿擅自将其放入机器。

● 清洁机器外壳时请先切断电源，用软布蘸上清洁剂或软性肥皂水轻擦，切勿让溶液进入机器内部，不可使用漂白粉或汽油刷洗。

● 请勿让锋利物碰到外壳，以免影响机器外观。

3. 排除常见故障

碎纸机出现故障时，可以按照表 7-3 所示的方法进行处理，如果无法排除故障，再联系厂商的售后服务团队。

表7-3　碎纸机的常见故障及排除方法

故障现象	故障分析	故障排除
不工作	电源插头未插好，无电源	插好电源
	供电电压过低	提供额定电压
	纸屑桶未推入指定位置	重新放置纸屑桶
	机器因长时间工作，进入电机过热保护状态	等待机器自然冷却
	纸屑桶已满	清倒纸屑
	过载负荷未解除	适当减少纸张
	纸张太透明或太软	增加一张不透明的纸或折叠透明的纸
堵转	卡纸	将过量的纸张取出
一直转不停	进纸口光敏管处有纸屑或者异物	清除干净
噪声大	碎纸机未放平稳	调整碎纸机的放置位置

任务三　使用与维护考勤机

考勤机就是单位或企业用来记录员工上下班情况的专业设备，过去也叫作打卡机。考勤机不仅能记录员工的工作情况，而且能起到记录外来人员信息、保证办公环境安全的作用，是一款非常重要的现代化办公管理设备。

任务目标

随着公司规模的扩大，原来已有的指纹式考勤机已经不能满足需求，于是公司又购进了一台人脸识别式考勤机。通过对本任务的学习，读者可以掌握考勤机的基本操作，并能在生活和工作中对考勤机进行日常维护与故障排除。

相关知识

1．考勤机的类型

考勤机的类型有很多，按照记录信息的方式可分为以下 4 种。

● **插卡式**。这是一种在一个金属制成的卡片上有规律地打上孔，然后用感光元件和光投影区别员工编号的考勤机类型，如图 7-29 所示。

● **磁卡式**。这是一种通过读取卡片中芯片的信息进行考勤的考勤机类型，又根据磁卡、IC 卡、感应卡等有不同的细分类型。其中，感应卡考勤机在公共交通或大学校园等公众场合中被广泛应用，如图 7-30 所示。

图7-29　插卡式考勤机　　　　　图7-30　感应卡考勤机

● **指纹式**。这是一种通过员工的指纹信息进行考勤的考勤机类型，使用触摸技术，使得无缝隙外壳的实现成为可能，从而减少灰尘对电路板的损害，使考勤机的运行更稳

定、性能更出色，是目前考勤机的主流类型之一，如图7-31所示。

● **人脸识别式**。这是一种通过员工的脸部信息进行考勤的考勤机类型。这种考勤机把人脸识别和考勤系统结合，并且把人脸识别作为考勤管理的要素之一，其性价比高、功能强大，也是目前考勤机的主流类型之一，如图7-32所示。

图7-31　指纹式考勤机　　　　图7-32　人脸识别式考勤机

2．考勤机的结构

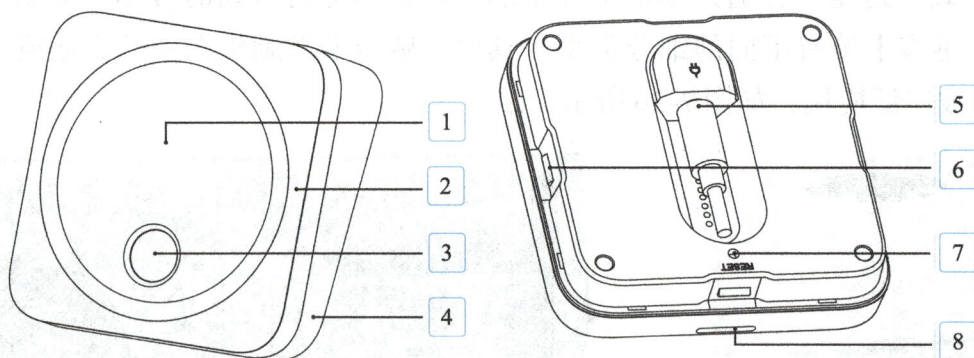

下面介绍常用的指纹式和人脸识别式考勤机的结构。

（1）指纹式考勤机的主要结构

指纹式考勤机的结构布局都比较类似，主要结构都集中在机器的面板上，如图7-33所示，各部分名称见表7-4。

高清大图

考勤机的结构

图7-33　指纹式考勤机的主要结构

表7-4　指纹式考勤机的主要结构

编号	名称	编号	名称	编号	名称	编号	名称
1	显示区域	3	指纹采取器	5	电源接口	7	RESET（复位）孔
2	主机	4	底座	6	卡扣	8	喇叭

（2）人脸识别式考勤机的主要结构

人脸识别式考勤机的结构布局也都类似，如图7-34所示，各部分名称见表7-5。

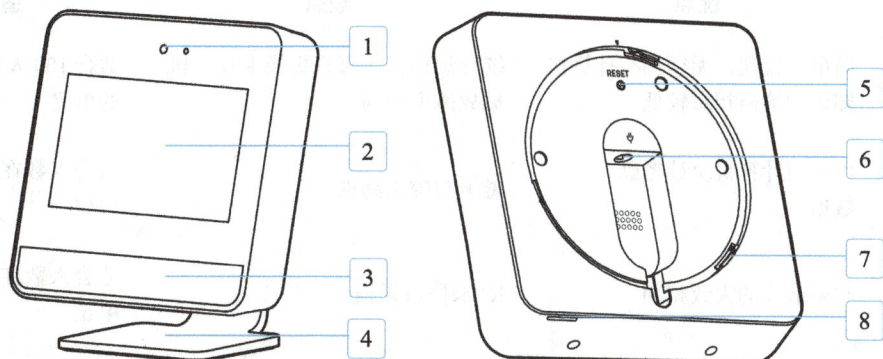

图7-34 人脸识别式考勤机的主要结构

表7-5 人脸识别式考勤机的主要结构

编号	名称	编号	名称	编号	名称	编号	名称
1	摄像头	3	补光灯	5	RESET（复位）孔	7	安装卡口
2	显示屏	4	支架	6	电源接口	8	喇叭

3. 考勤机的功能

除了能实时统计员工的上下班、加班、迟到、早退、请假和缺勤等相关信息外，考勤机还具有以下4个功能。

● **自动扣款统计**。根据出勤情况及考勤设置，考勤机能自动统计所有员工某时间范围内的出勤应扣款额，方便薪资计算。

● **异常事项处理**。考勤机能对因公事耽误打卡的人员进行补卡处理，对请假的员工进行请假处理，对某人员班次的时间变动进行工时调整处理等。

● **灵活的打卡限制**。考勤机可灵活设置各班次的上下班有效打卡时间，杜绝员工随意打卡，使管理更方便、合理，员工有组织、有纪律。

● **自动判断上下班卡**。考勤机的系统根据设置情况可自动判断员工的打卡数据是上班卡还是下班卡，无须人为干预。

4. 考勤机的选用

目前，市面上考勤机的种类多种多样，价位也高低不一，下面就类型、考勤软件和品牌谈谈如何选用合适的考勤机。

● **类型**。不同类型的考勤机的优缺点不同，适用的范围也不同，具体区别见表7-6，用户可根据需求选择相应的类型。

知识链接

考勤机的选用

表7-6　考勤机的种类和特点

类型	优点	缺点	适用范围
插卡式	简单、直观，无须拥有计算机知识，价格相对较低	统计烦琐，需每月更换卡片，机械故障率较高	适合100人以下且环境较好的单位
磁卡式	可利用计算机统计考勤数据	磁卡与磁头易损	适合人数在500人以下的单位
IC卡式	与磁卡式的大致相同	IC卡插口易损	适合人数在300人以上的单位
感应卡式	非接触读卡，卡片无磨损，无错码	卡片成本偏高,解决不了"代打卡"问题	适合人数在300人以上的单位
指纹式	无需卡片，解决代打卡问题	要求人员素质较好,指纹要求清洁,稳定性有待提高	适合人数在300人以下的单位
人脸识别式	无需卡片，性价比高	精度还需提高，存在误差	任意

● **考勤软件**。通常考勤机都会自带简易的考勤软件，应选择易用、稳定和实用的软件。

● **品牌**。考勤系统的好用与否与为用户提供产品的公司有关。目前主流的考勤机品牌有得力、中控、科密、汉王、浩顺等。

任务实施

1. 使用指纹式考勤机

考勤机的使用比较简单，安装和设置过程通常都由产品厂商负责，平常的操作只需要将其启动和进行考勤即可。下面介绍一下常用的指纹式考勤机的正确按指纹的方法。

● 指纹设备可采集用户的任意一根手指的指纹，不过从使用习惯和操作的便利性来看，拇指、中指、食指容易采集到比较清晰的指纹图像，应用表现比较好，而小指和无名指的应用表现较差，所以这里以食指为例进行讲解。

● 基本的使用原则是在采集和验证时，尽量使手指保持一定的温度和湿度，这一点在录入指纹时尤其重要。

● 录入指纹时先观察一下要录入的手指指纹的纹心位置，按压时使指纹纹心尽量对准采集窗口的中心，使手指尽量平放，稍微用力按压，按压时不要移动，按LCD显示的提示内容操作。录入完成后最好验证几次，以确保录入成功。

知识补充

在录入和验证时，采集指纹失败多数是气候或其他原因造成使用者的手指干、冷，导致指纹图像品质不够，无法采集到有效的指纹图像或者采集到的指纹图像提取不到足够的特征点。

图 7-35 所示为正确的按指纹的方法。

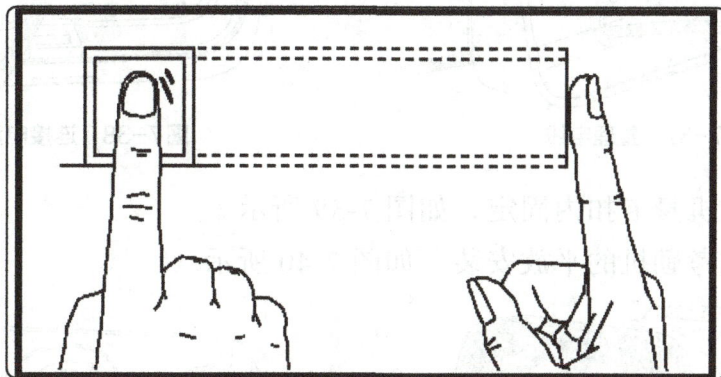

图7-35　正确的按指纹方法

图 7-36 所示为常见的错误按指纹的方法。

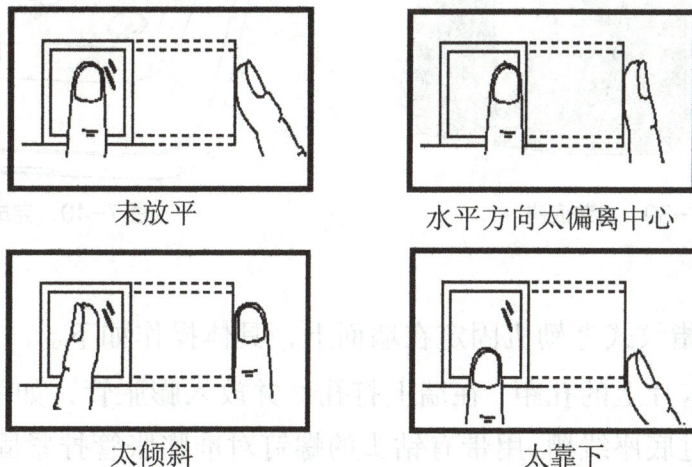

未放平　　　　　　　　水平方向太偏离中心

太倾斜　　　　　　　　太靠下

图7-36　常见的错误按指纹方法

2. 安装指纹式考勤机

根据指纹式考勤机的安装位置来划分，其安装方式分为桌面安装和挂墙安装两种。

（1）桌面安装

桌面安装就是将指纹式考勤机平放安装，具体操作如下。

❶ 将电源线穿过底座线槽，如图 7-37 所示。

❷ 将穿过底座线槽的电源线插入机身的电源接口内，连接电源，如图 7-38 所示。

微课视频

安装指纹式
考勤机

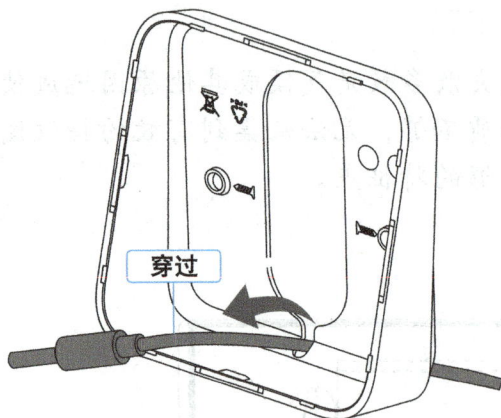

图7-37　整理电线

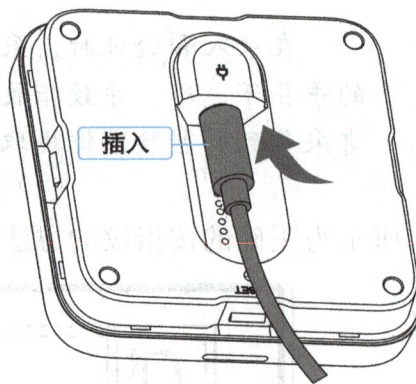

图7-38　连接电源

③ 将底座卡入机身卡扣内固定，如图 7-39 所示。

④ 完成指纹式考勤机的平放安装，如图 7-40 所示。

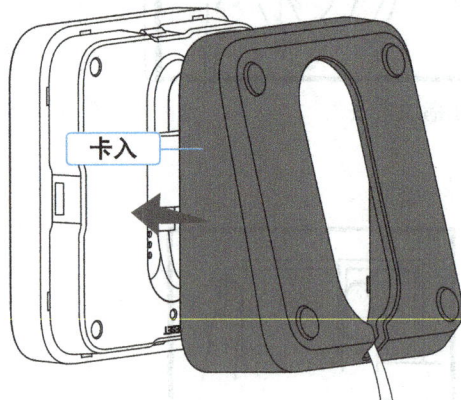

图7-39　安装底座

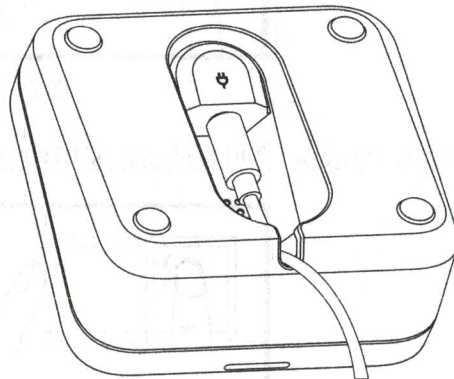

图7-40　完成安装

（2）挂墙安装

挂墙安装就是将指纹式考勤机固定在墙面上，具体操作如下。

① 按照定位孔卡片上的孔距，在墙上打孔，并放入膨胀管，如图 7-41 所示。

② 将电源线穿过底座线槽，用带有钻头的螺钉对准膨胀管拧紧固定，如图 7-42 所示。

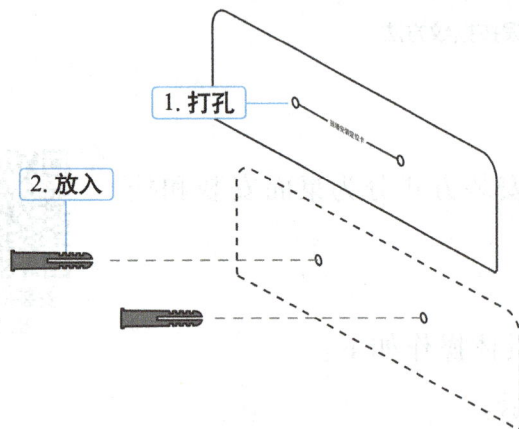

图7-41　放入膨胀管

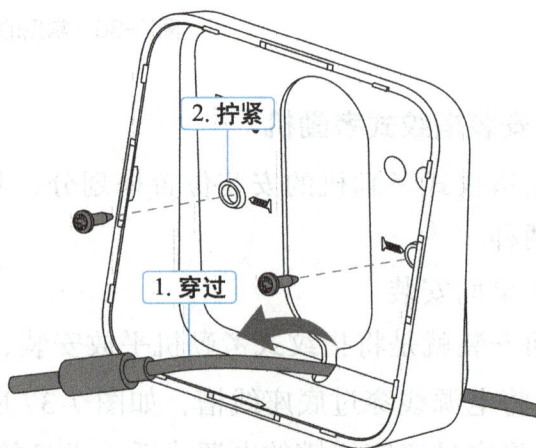

图7-42　固定底座

③ 将穿过底座线槽的电源线插入机身的电源接口内，如图 7-43 所示。

④ 将插好电源线的主机背部对准固定好的底座装入，完成安装，如图 7-44 所示。

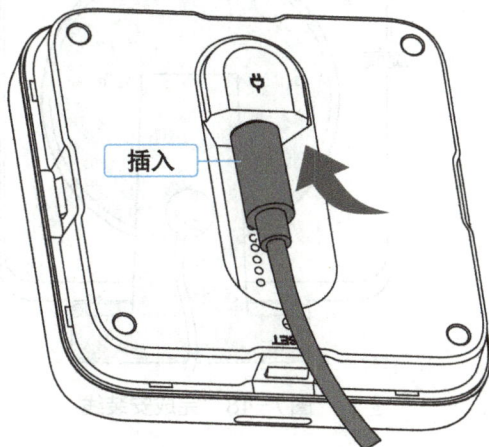

图7-43 连接电源

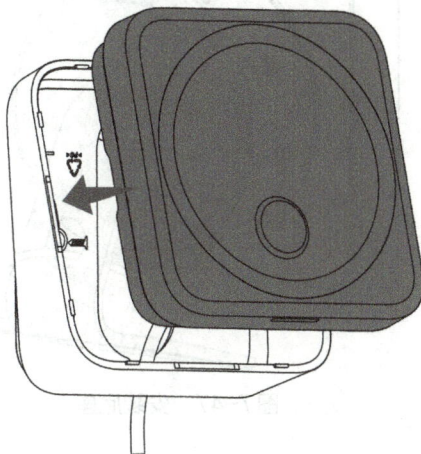

图7-44 完成安装

3. 安装人脸识别式考勤机

根据人脸识别式考勤机的安装位置来划分，其安装方式分为桌面安装和挂墙安装两种。

（1）桌面安装

桌面安装即将人脸识别式考勤机平放安装，具体操作如下。

① 将支架前端插入固定板槽孔内，通过卡扣固定牢固，如图 7-45 所示。

② 将电源线穿过支架圆孔插入机身的电源接口内，如图 7-46 所示，将线缆顺着线槽放置。

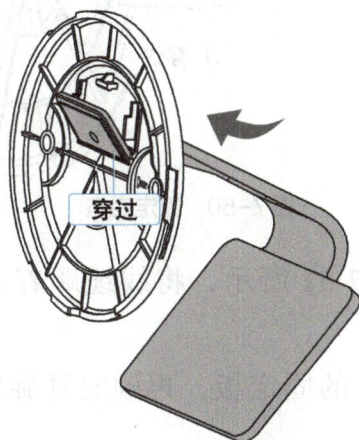

图7-45 固定支架和固定板

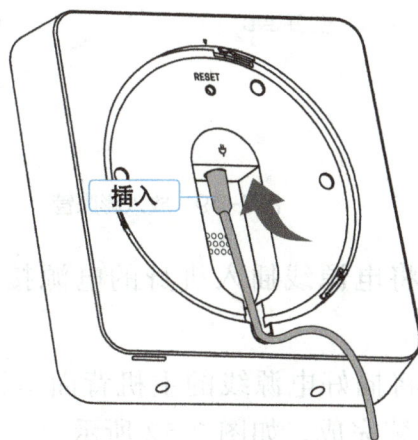

图7-46 插入电源线

③ 将装上支架的固定板装入机身上的卡槽内，完成底座的安装，如图 7-47 所示。

④ 顺时针旋转机身，直至机身上标记与安装对位标重合，安装完成，如图 7-48 所示。

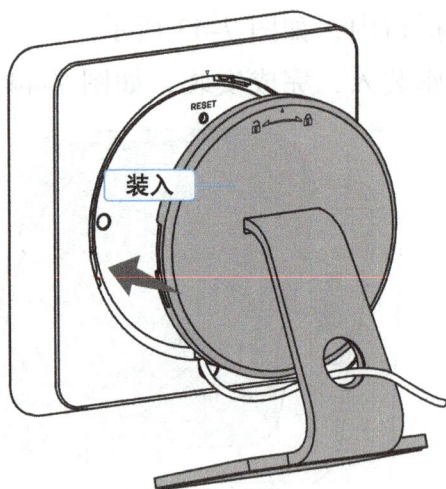

图7-47　安装底座

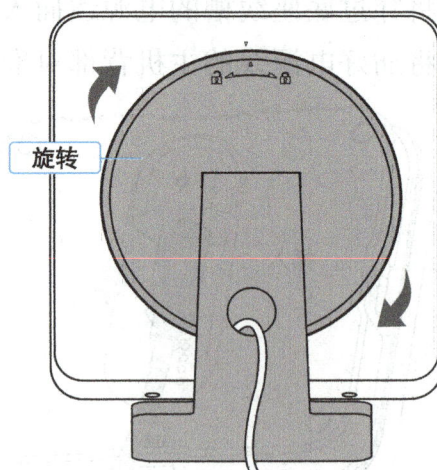

图7-48　完成安装线

（2）挂墙安装

挂墙安装需要将底座固定到墙面上，具体操作如下。

1 按照定位孔卡片上的孔距在墙上打孔，并放入膨胀管，如图7-49所示。

2 用带有钻头的螺钉对准膨胀管拧紧，固定底座，如图7-50所示。

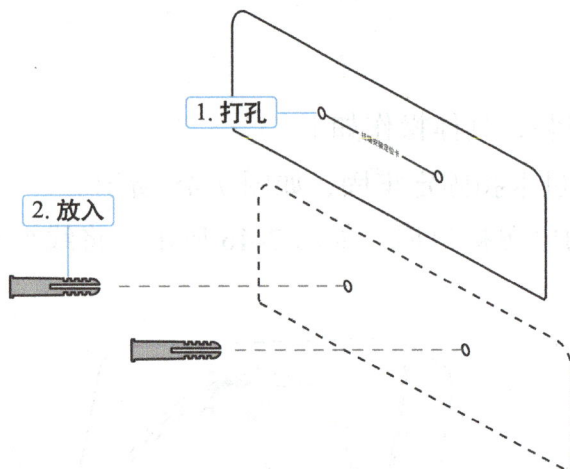

图7-49　放入膨胀管

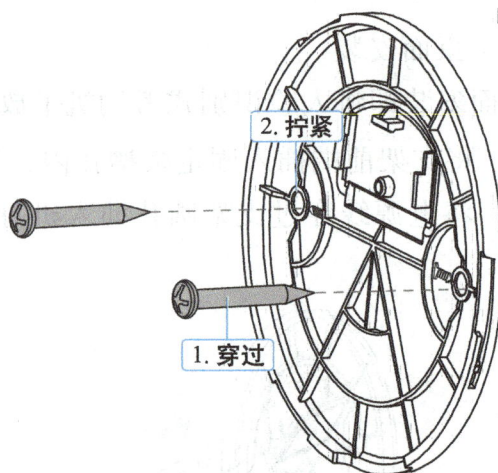

图7-50　固定底座

3 将电源线插入机身的电源接口内，如图7-51所示，将线缆顺着主机下方线槽放置。

4 将插好电源线的主机背面卡口对准固定好的固定板，再顺时针旋转主机，直至锁死，安装完成，如图7-52所示。

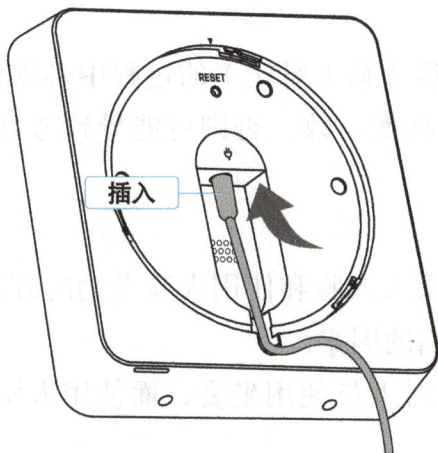

图7-51 插入电源线

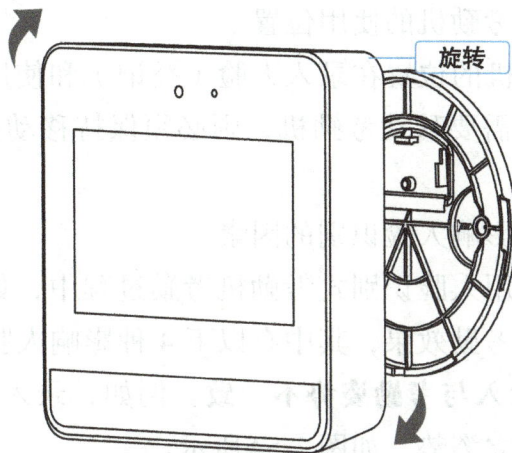

图7-52 完成安装

> **知识补充**
>
> 无论是指纹式考勤机还是人脸识别式考勤机，在安装好后、使用前都需要使用手机扫描考勤机背面的二维码，下载专用的 App 进行注册和绑定，再根据 App 的提示录入指纹或人脸，并设置人员、时间等考勤内容。

4. 使用人脸识别式考勤机

在使用人脸识别式考勤机的过程中，主要需注意人与考勤机的位置。

（1）人员站立位置

建议人员与考勤机之间的距离为 0.3 ~ 0.5m（适用人员身高范围为 1.55 ~ 1.85m），可根据考勤机获取人脸图像的效果进行调整，如图 7-53 所示。当人脸图像较大时，人员可适当向后移动；当人脸图像较小时，人员可适当向前移动。

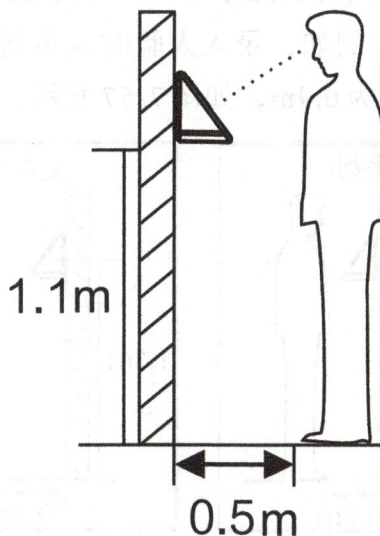

图7-53 推荐的人员站立位置

（2）考勤机的使用位置

考勤机的位置在录入人脸（登记）和使用人脸考勤（对比）的过程中必须保持不变。如果确实需要移动考勤机，则必须保持移动前后高度一致，否则可能导致考勤机的识别效果变差。

（3）影响人脸识别的因素

在使用人脸识别式考勤机考勤过程中，如果录入人脸和使用人脸考勤的方法不一致，容易影响考勤效果，其中有以下4种影响人脸识别的因素。

● **录入与考勤姿势不一致**。例如，录入人脸时人员使用坐姿，而使用人脸考勤时人员使用站立姿势，如图7-54所示。

● **录入与考勤位置高度不一致**。例如，录入人脸时人员正常站立，而使用人脸考勤时人员站在更高的位置，如图7-55所示。

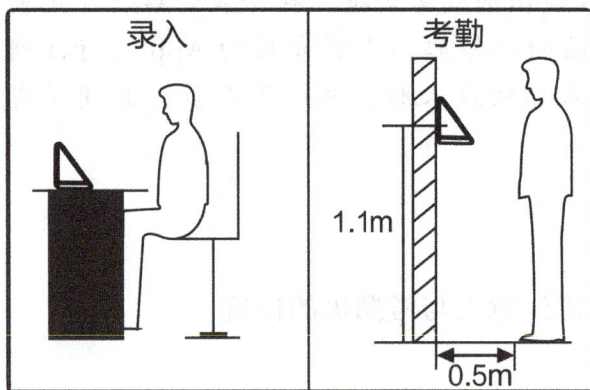

图7-54　录入与考勤姿势不一致

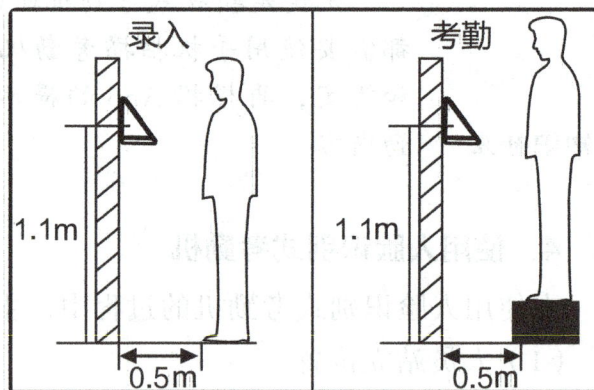

图7-55　录入与考勤位置高度不一致

● **录入距离比考勤距离远**。例如，录入人脸时人员与考勤机的距离为0.5m，而使用人脸考勤时人员与考勤机的距离只有0.3m，如图7-56所示。

● **录入距离比考勤距离近**。例如，录入人脸时人员与考勤机的距离为0.5m，而使用人脸考勤时人员与考勤机的距离为0.9m，如图7-57所示。

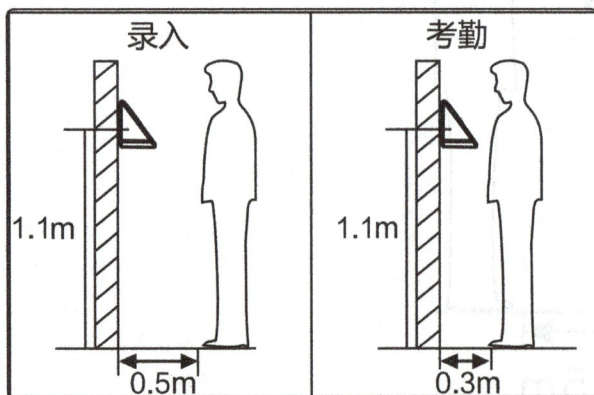

图7-56　录入距离比考勤距离远

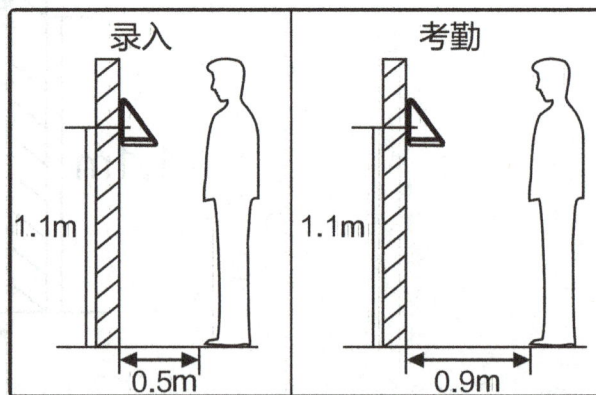

图7-57　录入距离比考勤距离近

5．考勤机的日常维护与保养

目前常用的 3 种考勤机的日常维护与保养的方法如下。

（1）感应卡式考勤机

对感应卡式考勤机的维护主要面向其感应设备，有以下 5 点。

- 使用时要按秩序依次通过考勤区，避免多人一起通过考勤区造成混乱、漏识、相互干扰。
- 通过考勤设备时请停顿一下，尽量将卡片靠近考勤机，但不要触碰到考勤机。
- 不要用灯头、灯帽触碰考勤机。
- 不要携带金属物品通过考勤区，以免造成干扰。
- 定期清理感应区的灰尘。

（2）指纹式考勤机

指纹式考勤机的日常维护与保养主要注意以下 5 点。

- 避免考勤机在恶劣环境下工作，如日晒、雨淋、强磁、强电等环境。
- 严禁金属物、导电物质接触或者靠近传感器指纹录入窗口的表面，以防造成物理伤害。
- 尽量避免尖锐的金属物对传感器表面进行撞击。
- 保持环境卫生，避免指纹采集设备上堆积大量灰尘。
- 在采集指纹时，保证手指的湿润度与干净程度。

（3）人脸识别式考勤机

做好人脸识别式考勤机的日常维护与保养能保证考勤机的识别效果。最好不要将人脸识别式考勤机置于以下 4 种影响识别效果的环境中。

- 太阳光直射人脸识别式考勤机，如图 7-58 所示。
- 太阳光透过窗户直射人脸识别式考勤机，如图 7-59 所示。

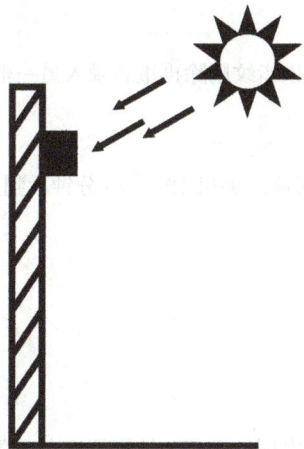

图 7-58　太阳光直射人脸识别式考勤机　　　图 7-59　太阳光透过窗户直射人脸识别式考勤机

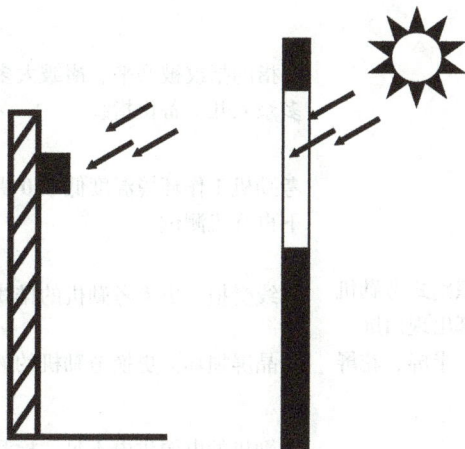

- 太阳光透过窗户斜射人脸识别式考勤机，如图 7-60 所示。

● 灯光近距离照射人脸识别式考勤机，如图 7-61 所示。

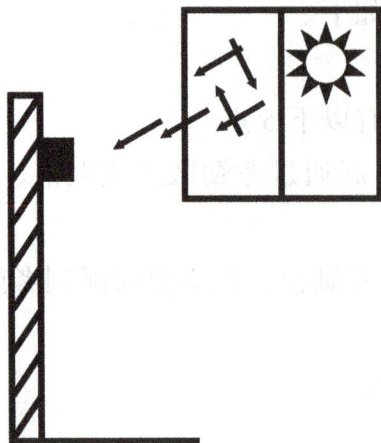

图7-60　太阳光透过窗户斜射人脸识别式考勤机

图7-61　灯光近距离照射人脸识别式考勤机

6．排除常见故障

考勤机同样会出现各种问题，表 7-7 所示为考勤机常见故障的排除方法。

表7-7　排除考勤机的常见故障

故障现象	故障分析与排除
不能开机	电源适配器损坏。更换电源适配器
	开关机键损坏。更换按键
指纹无法通过验证	手指太干。可以对着手指哈一下气，或用其他方法湿润手指
	手指太湿。擦干手指
	采集器长期使用造成背光亮度降低。在设置主菜单选择系统设置，并选择亮度调节
	手指的指纹被磨平、褶皱太多或脱皮严重。可将该指纹删除再重新录入另一根手指的，或者多录入几个备份指纹
人脸识别式考勤机的屏幕出现白屏、黑屏、半屏、花屏	考勤机工作环境温度低于 0 摄氏度或高于 45 摄氏度。关机 10 ~ 20 分钟后到正常温度环境下再开机测试
	排线受损。更换考勤机的排线
	液晶屏损坏。更换考勤机的液晶屏
	考勤机的电源供电不足。检测考勤机的电源输出电压、电流，按需更换电源适配器

任务四　使用与维护摄像头

摄像头作为一种视频输入设备，在与计算机进行连接后，被广泛运用于视频会议、远程医疗及实时监控等方面。普通用户也可以通过摄像头在网络中进行有影像、有声音的交谈和沟通。

任务目标

为了提升办公效率，公司需要为所有计算机安装摄像头，一方面可以实现实时的视频交流，另一方面可以进行安防监控，提高公司办公环境的安全程度。通过对本任务的学习，读者可以掌握摄像头的基本操作，并能够维护和保养摄像头。

相关知识

1. 摄像头的类型

摄像头分为数字摄像头和模拟摄像头两大类。

● **数字摄像头**。数字摄像头可以直接捕捉影像，然后通过串口、并口或者USB接口将影像传入计算机中。现在办公用的摄像头基本都以数字摄像头为主，而数字摄像头又分为有线和无线两种，如图7-62所示。

● **模拟摄像头**。模拟摄像头捕捉到的视频信号必须通过摄像头特定的视频捕捉卡由模拟视频信号转换成数字信号，经过压缩后才可以转换到计算机中使用。这种摄像头多用在专业办公领域，例如交通、银行或部分公共设施的监控系统，如图7-63所示。

图7-62　数字摄像头　　　　　　图7-63　模拟摄像头

2. 摄像头的结构

摄像头的结构比较简单，下面以数字摄像头为例进行介绍，其结构如图 7-64 所示，各部分名称见表 7-8。

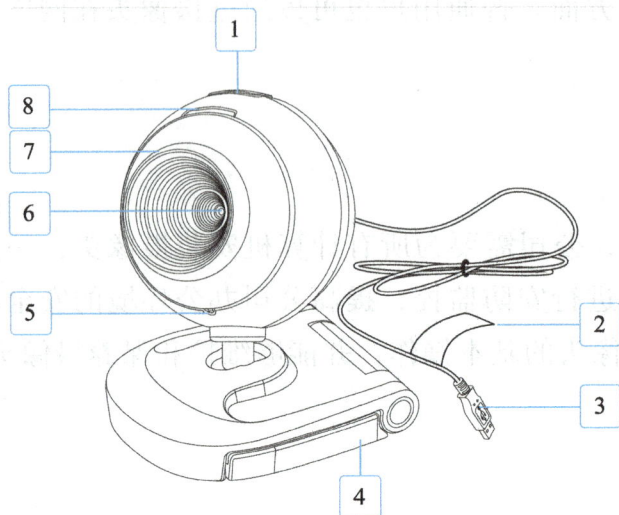

高清大图

摄像头的结构

图 7-64　摄像头的结构

表 7-8　摄像头的结构

编号	名称	编号	名称	编号	名称	编号	名称
1	快门按钮	3	USB 插头	5	内置麦克风	7	固定聚焦环
2	产品号和序列号	4	可调式卡夹	6	摄像机镜头	8	状态指示灯

3. 摄像头的重要性能指标

通常情况下，在摄像头产品的外包装盒上可以看到一系列的技术参数，其中主要体现摄像头性能的有以下 6 个。

● **感光器**。一般摄像头感光器可分为 CCD 和 CMOS 两类，其中 CCD 的成像水平和质量要高于 CMOS，但价格也要高一些。

● **像素**。像素值也是区分一款摄像头好坏的重要因素，现在市面上主流产品的像素值多在 30 万左右，在这么高像素的支持下，摄像头工作时的分辨率为 640dpi × 480dpi。

● **成像速度**。摄像头可用于网络聊天，所以成像速度也很重要，而成像速度取决于摄像头的整体配置，因此摄像头其他元件的好坏也决定了摄像头的好坏。

● **帧数**。帧数就是在 1 秒内传输图片的张数，通常用帧/秒表示，该值越大越好。

● **调焦功能**。摄像头采用的是超焦距，景深大但距离小时应手动调焦。因此，有时候需要手动调节摄像头的焦距才能得到最清晰的图像。

● **其他**。一些图像效果校正和增强程序对摄像头来说也很重要，例如，适当地调节摄像头的色彩饱和度、对比度、边缘增强、伽马值等，可以使拍摄效果得到很大改善。

4. 摄像头的选用

摄像头的选用没有什么技巧，但要注意以下 3 点。

知识链接

摄像头的选用

● **并不是像素越高越好**。图像是否清晰不能只看像素，还与镜头材质、软件处理等其他因素有关。

● **并不是 CCD 一定比 CMOS 好**。常见的摄像头多用价格相对低廉的 CMOS 感光器，CCD 感光器的实际使用效果与 COMS 感光器相比并没有绝对的优势，甚至在清晰度方面还稍有不及。

● **镜头也重要**。摄像头的镜头一般是由玻璃镜片或者塑料镜片组成的。玻璃镜片比塑料镜片成本高，但在透光性及成像质量上有较大的优势。因此购买摄像头时，一定不要一味地贪图便宜，还是尽量选择玻璃镜片的摄像头。

任务实施

1. 视频交流

视频交流除了要安装摄像头外，还需要相关软件的支持，常用的视频交流软件有 QQ 和微信等，下面就利用 QQ 进行视频交流，具体操作如下。

① 将摄像头 USB 插头插入计算机的 USB 接口，固定摄像头，如图 7-65 所示。

② 在计算机中启动 QQ，找到需要视频交流的好友，打开对话窗口，单击左上角的摄像头图标，在弹出的菜单中选择"开始视频通话"命令，如图 7-66 所示。

图 7-65　固定摄像头

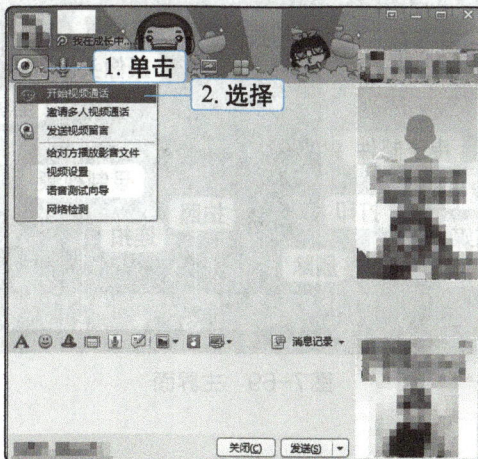

图 7-66　选择"开始视频通话"命令

③ 此时好友对话窗口中将在右侧弹出视频请求栏，单击"接听"按钮，即可接受视频邀请，如图 7-67 所示。

④ QQ 将打开视频交流窗口，显示双方的视频图像，如图 7-68 所示，窗口显示的是对方的视频图像，窗口右下角显示的是自己的视频图像。

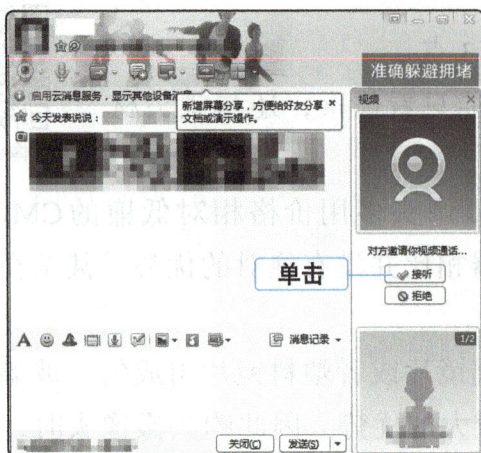

图 7-67　接受视频邀请

图 7-68　开始视频交流

2. 录制视频

使用摄像头进行安防监控通常需要录制视频，这种操作需要使用比较专业的视频录制软件，下面以 ArcSoft WebCam Companion 为例，介绍录制视频的方法，具体操作如下。

① 连接摄像头，安装并启动 ArcSoft WebCam Companion，其主界面窗口如图 7-69 所示。

② 单击"捕获"按钮，进入视频录制窗口，单击"捕获文件"选项卡图标，单击右下角的"录制视频"按钮，即可开始录制视频，如图 7-70 所示。

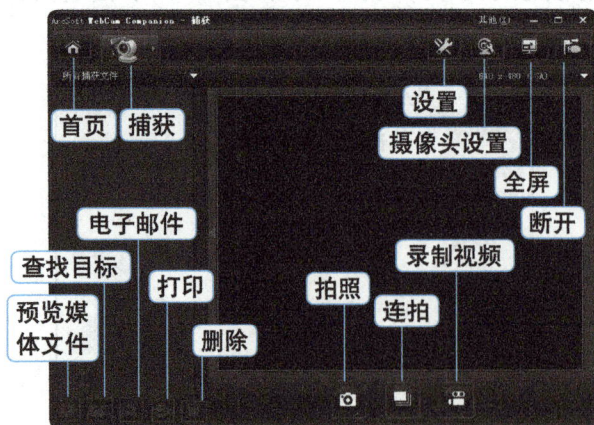

图 7-69　主界面

图 7-70　录制视频

3. 参与视频会议

摄像头也能帮助用户进行视频会议，通常需要在安装好摄像头的计算机中安装视频会议软件，例如，腾讯会议等，然后就能加入视频会议，具体操作如下。

1 连接摄像头，安装并启动腾讯会议，在其主界面中单击"加入会议"按钮，如图 7-71 所示。

2 打开"加入会议"窗口，在"会议号"文本框中输入创建的视频会议号，在"您的名称"文本框中输入自己在视频会议中的称呼，在"会议设置"栏中勾选"入会开启摄像头"复选框，单击"加入会议"按钮，开启摄像头，如图 7-72 所示。

图7-71　单击"加入会议"按钮　　　　图7-72　开启摄像头

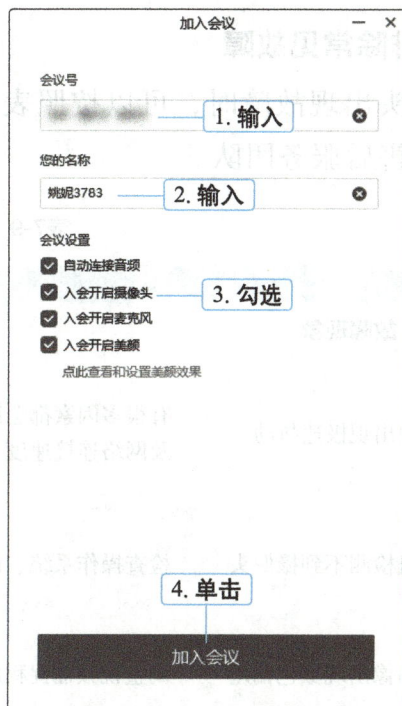

3 打开该视频会议的窗口，即可进行视频会议。

4. 日常维护与保养

用于制作摄像头的材料比较特殊，所以摄像头的使用寿命比其他电子产品的要短，因此更需要进行维护与保养。下面讲解摄像头日常维护与保养的相关知识。

● **严禁直接触摸**。为了提高摄像头成像效果，生产厂家往往会在它的表面涂上一层特殊的光学膜，以便高效地吸收环境光线，但这种光学膜一旦被手触摸，其表面就会留下细微的手印或者污迹，会直接影响摄像头吸收环境光线，从而降低它的成像效果。因此，不能直接触摸摄像头表面，否则不但会把它的光学膜损坏，还会降低视频的互动交流效果。

● **用酒精擦拭镜头**。如果摄像头没有防尘盖，在使用一段时间之后镜头表面就会粘上许多灰尘、毛屑，拍出来的图像效果就会变得模糊。这时可以使用酒精擦拭镜头使其恢复洁净，以恢复视频的清晰度。

● **防尘**。考虑到摄像头在工作过程中会直接暴露于空气中，而灰尘会对摄像头造成损伤。因此，为了避免摄像头受到灰尘的侵袭，在不使用时一定要用盖子将摄像头保护好，或者为摄像头安装防尘罩。

● **防水**。多数摄像头是不防水的，一旦进水，其内部的零件就很容易被烧坏。

● **防撞防震**。碰撞容易把摄像头的一些零件或者是线路给碰松或碰坏，可能会使镜头报废。

5. 排除常见故障

摄像头出现故障时，可以按照表 7-9 所示的方法进行处理，如果无法排除故障，再联系厂商售后服务团队。

表7-9 摄像头的常见故障及排除方法

故障现象	故障分析与排除
视频出现极速抖动	有很多因素都会影响视频质量，其中包括照明条件、计算机处理器频率和内存，以及网络连接速度等。如果出现视频极速抖动的情况，可以试试设置较低的分辨率
计算机检测不到摄像头	检查操作系统、BIOS 设置、USB 接口；检查是否存在驱动程序安装错误
显示图像出现颜色偏差	调整视频捕捉程序中与颜色相关的设置；或者更改 PCI/VGA Palette Snoop 相关设置
在使用摄像头时花屏	检查驱动程序安装和可能引起冲突的设备

实训一　在考勤机中录入人脸信息

【实训要求】

指纹式考勤机和人脸识别式考勤机需要录入指纹或人脸信息才能实施考勤操作。本实训将使用得力 e+App，录入人脸信息。

【实训思路】

本实训需要先下载并安装得力 e+App，然后将考勤机绑定到公司的网络中，并录入考勤人员，最后录入人脸信息。本实训的操作思路如图 7-73 所示。

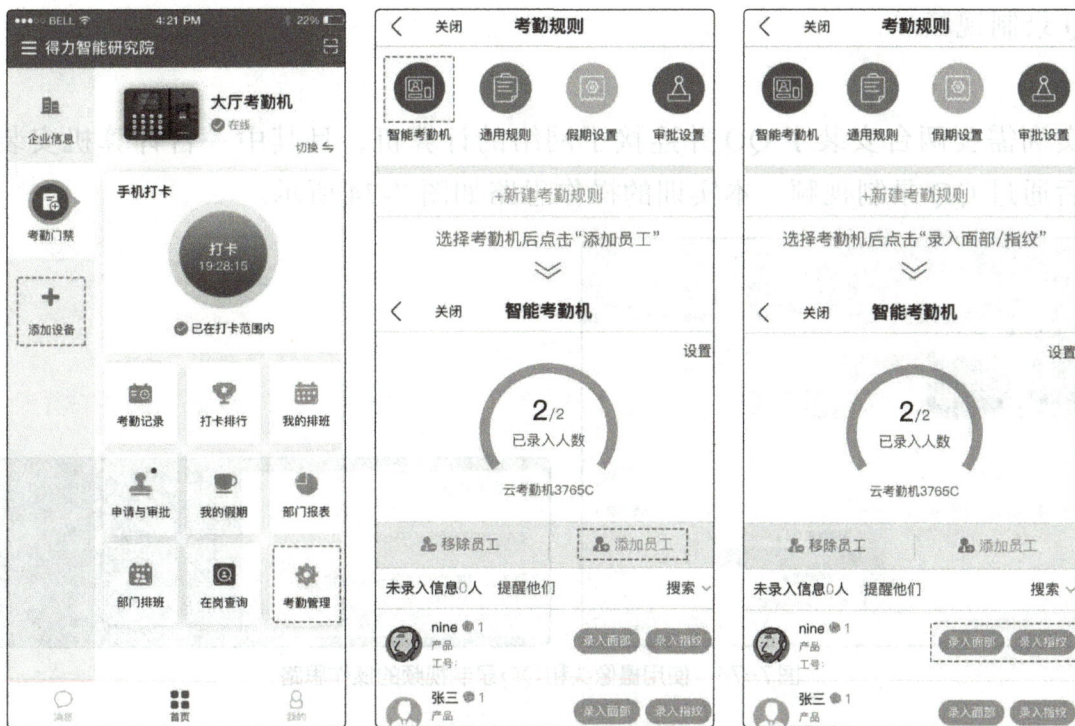

图7-73 在考勤机中录入人脸信息的操作思路

【步骤提示】

① 在手机上打开得力 e+ 的官方网站，下载得力 e+App 并安装。

② 使用手机号进行短信验证并注册，登录得力 e+App。

③ 打开手机蓝牙功能，靠近考勤机，点击得力 e+App 界面右上角的"扫一扫"按钮，扫描考勤机界面上的二维码，按照 App 界面中的提示完成考勤机的绑定。

④ 在 App 界面点击左侧的"企业信息"按钮，点击"企业人员"按钮，进入"企业人员"界面，点击右上角的"添加人员"按钮，在打开的界面中录入相关人员。

⑤ 返回 App 界面，点击左侧的"考勤门禁"按钮，点击"考勤管理"按钮，进入"考勤规则"界面，点击"智能考勤机"按钮，在打开的界面中点击"添加员工"按钮，然后勾选需要添加的员工对应的复选框，将这些人员录入考勤机中。

⑥ 在录入的某个员工右侧点击"录入面部"按钮，让员工站在考勤机前，根据提示录入人脸信息即可。

实训二　使用摄像头录制视频

【实训要求】

使用摄像头录制视频也是办公安防的常用功能。下面利用计算机上安装的摄像头，通过 QQ 录制视频。

【实训思路】

本实训需要两台安装了 QQ 并连接了网络的计算机，且其中一台计算机安装了摄像头，然后通过 QQ 录制视频。本实训的操作思路如图 7-74 所示。

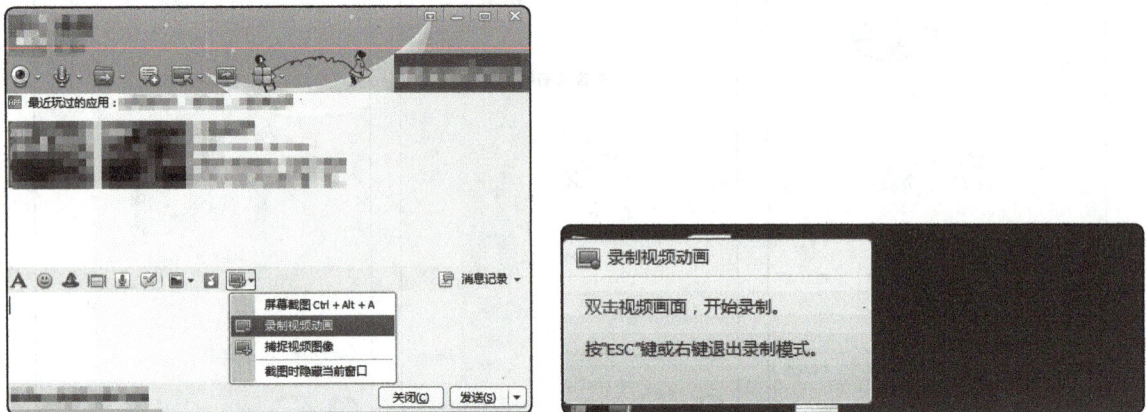

图7-74 使用摄像头和QQ录制视频的操作思路

【步骤提示】

1 启动计算机，连接好摄像头，用未连接摄像头的计算机（以下简称 A）向连接了摄像头的计算机（以下简称 B）发出视频对话请求，B 接受请求，在 A 的视频窗口即可看到摄像头拍摄的视频画面。

2 在 A 打开的对话窗口中单击"视频剪辑"按钮，在弹出的菜单中选择"录制视频动画"命令。

3 在计算机桌面左上角将显示视频录制提示菜单，提示双击视频画面，开始录制。

4 在 A 打开的视频窗口上双击，开始录制视频，10 秒后，自动完成录制。

课后练习

练习1：装订一份个人简历

在计算机中编辑一份个人简历，然后使用打印机打印出来，再使用装订机进行装订。

练习2：召开视频会议

使用计算机和摄像头与自己的朋友召开一次视频会议。

技能提升

1. 使用 UPS 备用电源

不间断电源（Uninterruptible Power System/Uninterruptible Power Supply，UPS）是

将蓄电池（多为铅酸免维护蓄电池）与主机相连接，通过主机的电路将直流电转换成市电的系统设备。UPS 主要用于给计算机和各种办公设备提供稳定、不间断的电力供应。UPS 的使用比较简单，连接好各种线后启动电源即可，具体操作如下。

1 拆开 UPS 包装，将 UPS 放置在市电输入插座附近，市电输入线的一端已与 UPS 相连，将其另一端插入市电插座即可，如图 7-75 所示。

2 将负载电源线插入 UPS 输出插座，如图 7-76 所示。

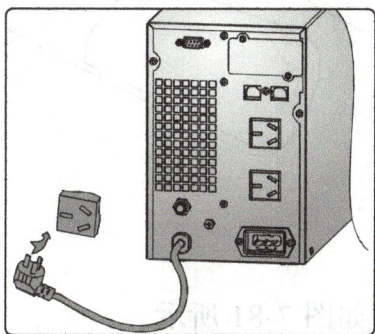

图7-75　连接市电

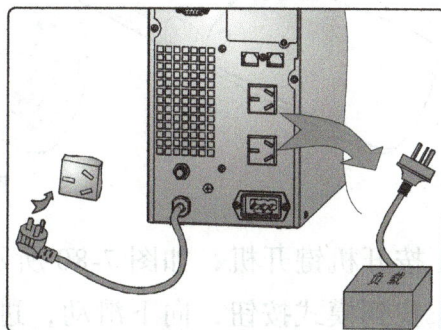

图7-76　连接负载电源

3 取出长效型 UPS 附件中的电池连接线，该线一端为插头用以连接 UPS，另一端为开放式 3 根线用以连接电池组，电池连接线先接电池端（切不可先接 UPS 端，否则会有电击危险），红线接电池正极 "+"，黑线接电池负极 "-"，黄绿双色线接地，如图 7-77 所示，将电池连接线插头插入 UPS 后面板上的外接电池插座。

4 通过 RS-232 通信电缆连接 UPS 与监控设备，如图 7-78 所示。

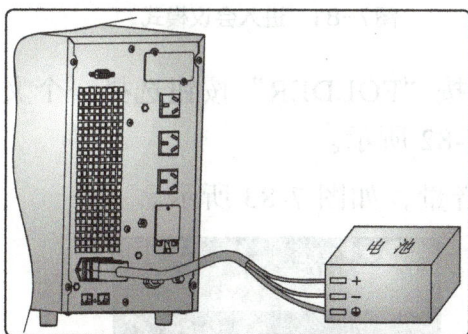

图7-77　连接电池

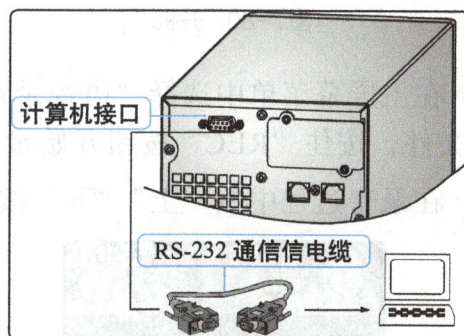

图7-78　连接监控设备

5 持续按开 / 关机键 1 秒以上，将 UPS 开机。开机时 UPS 会进行自检，此时面板上负载 / 电池容量指示灯会全亮，并从左到右逐一熄灭，几秒后逆变指示灯亮，UPS 已处于市电模式下运行。若市电异常，UPS 将在电池模式下工作。

2. 使用录音笔

　　录音笔也称为数码录音笔或数码录音机，是一种通过数字存储的方式来记录音频的数字录音器。录音笔除了可以广泛应用于各种办公领域外，在学习生活中同样适用。录音笔的主要功能就是录音，除此以外还有很多辅助和扩展功能，如作为 MP3、复读工具和移动存储工具等。使用录音笔录制音频的具体操作如下。

1 按箭头方向推开电池盖，按正确极性放入电池，再按箭头方向盖上电池盖，如图 7-79 所示。

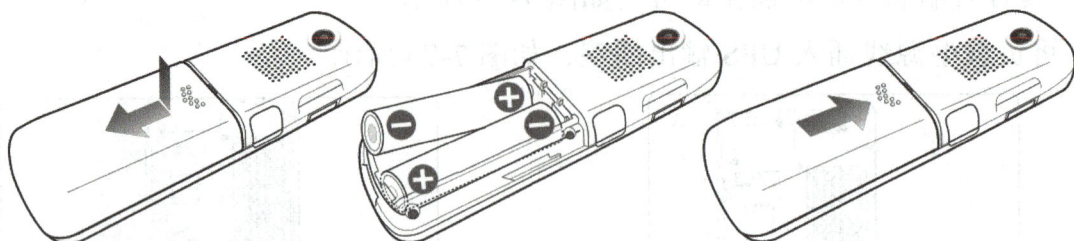

图7-79   安装电池

2 按开机键开机，如图 7-80 所示。

3 找到模式按钮，向下滑动，进入会议模式，如图 7-81 所示。

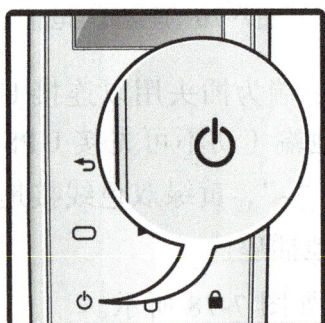

图7-80   开机

[MEETING 模式]

图7-81   进入会议模式

4 在主屏幕菜单中选择"语音录音"命令，按"FOLDER"按钮选择一个文件夹保存语音文件，按住"REC"按钮开始录音，如图 7-82 所示。

5 在录音过程中按"上""下"按钮可调整音量，如图 7-83 所示。

●REC   A
SP
VCE_080414_A001
00:00:01
100:25:32

图7-82   开始录音

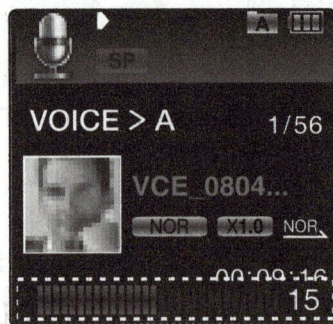

A
SP
VOICE > A   1/56
VCE_0804...
NOR X1.0 NOR
15

图7-83   调整音量